用地圖
看懂中國經濟

張昱謙 著

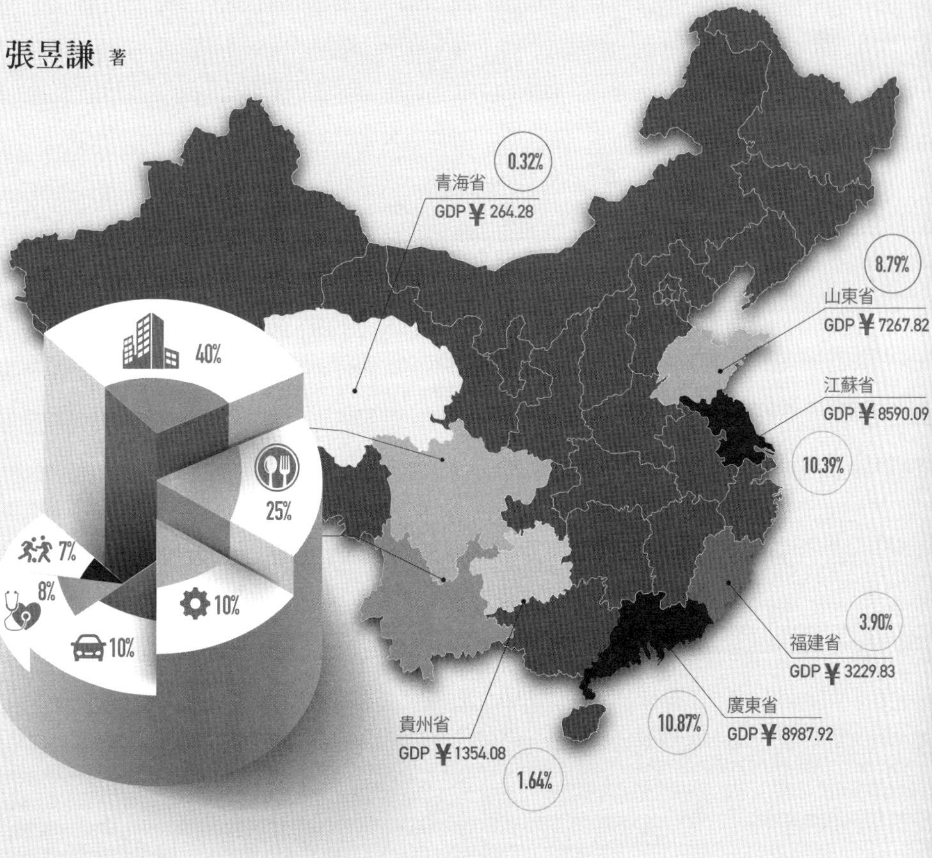

目錄

第一章

戴上「中國式的眼鏡」解讀中國經濟

要了解中國經濟，不能不懂中國政治，
因為經濟市場中所謂「看不見的手」，在中國卻顯而易見。
具有「中國社會主義特色的市場經濟」，就是其經濟發展的一貫主張。

1-1 中國的政治與經濟發展

馬克思，一個大家耳熟能詳的經濟思想家，終其一生都在為共產思想奮鬥，忠誠扮演著資本主義的批評者。馬克思理想中的共產世界，是一個無政府的烏托邦世界，但他也承認，這除了需要穩定的經濟發展，還需要有共同理念的高素質人民配合，因此在達到共產境界前，要透過社會主義模式做為過渡。

但事與願違，他崇高的理念在戰亂紛擾的二十世紀初，被野心勃勃的政治家加以利用，變成發動階級革命的最好理由，尤其是後來的蘇俄領袖——列寧，將共產主義和專制政府連接在一起，變成極權統治的象徵。

中國社會主義的起始

二次世界大戰之後，毛澤東仿照列寧對共產主義的論述，強調「社會主義建設總路線」，建立「馬列毛主義思想」，做為中國重要的發展方針。簡要來說，其價值觀是：一黨專制，重視軍火重工業，堅持群眾動員路線。

但在這種政經思維底下，中國早期的經濟發展就像是「摸著石頭過河」，充滿了試驗性和不確定。

在得到蘇俄政府的協助後，中國開始執行「計畫經濟」，諸如「大躍進」、「人民公社」等等我們經常在歷史書籍中讀到的名詞，都是這個階段的產物。雖然整體上有著宏遠的計畫方針，但國內政治鬥爭不斷，而政治鬥爭也影響了經濟發展。

最終毛澤東主政下的經濟以失敗收場。後來不少學者用「崩潰」來形容當時的情況。七〇年代中後期，毛澤東的強人政治結束，逐漸趨於穩定的中國政府開始反省社會主義思想的缺失。整體來說，可歸納四個重要的檢討方向：

一、基礎知識教育不足。

二、基礎工業供給不足。

三、投資金額不足。

四、私有財產的重要。

這四個問題環環相扣，相互影響。而在鄧小平上任後，針對這四個問題提出解決之法，奠定中國經濟發展的重要基石。

鄧小平主導改革開放

一九七八年，鄧小平在中國共產黨第十一屆三中全會上宣示「對內改革、對外開放」，確立了中國政治經濟發展的新路線，其方式如下：

一、對內政策：首先進行農業改革，過去集體耕作，現在改為將土地發還給農民，並允許部分私有。

二、對外政策：

1. 國家不再統一物價。
2. 允許企業私有。
3. 設立經濟特區，積極尋求外國資金的挹注。今日眾所皆知的珠海、廈門等經濟特區，都是在這個時期逐漸茁壯。

◆ 中國大陸第一批經濟特區

福建省廈門經濟特區
發展電子儀器、輕工、食品、紡織服裝、五金機械、家具工藝等加工出口業
廣東省深圳經濟特區
早期以外銷加工業為主，後期建立高科技製造產業，如電子零件、光纖通訊，並發展生物工程產業
廣東省珠海經濟特區
原以電子、食品、紡織、建材、外貿和農漁業出口為主，並開發旅遊業
廣東省汕頭經濟特區
原以發展資訊產業、紡織服裝、玩具加工為主，逐漸開發化工、音樂影像製作與現代農業、高科技園區

◆ 中國第一批經濟特區

特區名稱	成立時間	所在地	面積（平方公尺）	GDP（2017年）
珠海經濟特區	1980.08.26	廣東	1732.33	2564.73億元
深圳經濟特區	1980.08.26	廣東	1997.27	22438.39億元
廈門經濟特區	1980.10.07	福建	1699.39	4351.18億元
汕頭經濟特區	1981.10.16	廣東	2198.7	2350.76億元

後續又重新翻修了義務教育法，讓人民的知識水準能夠銜接上經濟發展，並通過了「八六三計畫」，奠定高技術研究發展的基礎。

當時有一個重要的經濟戰略考量，就是「先讓一部分的人富起來」。因此從一九八〇年至今，中國的經濟和產業發展有計畫的先從沿海展開，然後逐漸遷徙至內陸。透過解決沿海的貧窮，再把富裕的經濟果實分享給其他地區。

一九八七年第十三屆全國黨代表大會，總書記趙紫陽將這套經濟思想定調為「沿著有中國特色的社會主義道路前進」。於是「中國特色的社會主義」，便成為今天中國經濟發展最重要的核心理念。

三十年來中國經濟快速發展

鄧小平曾說過一句名言：「不管黑貓還是白貓，只要能抓老鼠的都是好貓。」顯見他的政治態度較為務實。但他所主導的改革開放，看在保守派人士眼裡，卻認為是資本主義。

一九九二年，鄧小平發表「南巡談話」，強調市場經濟不等於資本主義，計畫經濟與市場經濟都只是經濟手段，批評聲浪才逐漸平息。

中國從八〇年代進行一連串的開放政策，依靠著計畫經濟的執行，國內治安、社會安全、勞工權益等方面，並沒有因為制度改變就放棄了社會主義的基本精神，長久來看，中國無論在教育、勞工權益方面都有大幅的提升。在一九七八年至一九八九年鄧小平領導的十多年期間，經濟成長率不僅維持在一〇%左右，後續接任的江澤民同樣在「八五計畫」、「九五計畫」間延續經濟成長的理念和氣勢。三十年後的今天，中國的GDP成長仍高達接近七%，這是了不起的成就。也因為如此，「經濟要強大，民族要強盛」，成為當今中國人的唯一信仰。不過，中國雖然不再有到底是資本主義還是社會主義道路的爭辯，但每個經濟發展國家會遭遇的麻煩，中國也無法避免。

亞洲金融風暴影響，帶來改革轉機

隨著一九七八年改革帶來的經濟基礎及觀念轉變，一九九七年是中國經濟另一個轉變的起點。這一年，除了慶祝香港回歸之外，在經濟上，亞洲金融風暴橫掃許多開發中國

◆ 1997 年亞洲金融風暴發展與影響

泰銖大跌
泰國是最早在金融風暴中失守的國家，因政府宣布泰銖與美元脫鉤，泰銖狂跌，外資撤出，銀行利率上升，股價崩跌，企業陷入倒閉
香港金融保衛戰
1997.10香港恒生指數大跌，跌到6600點，外匯基金進入股市與期貨市場，勉強守住股市
日商破產
日本在韓國投資的銀行與企業受連帶影響，接連破產，日幣嚴重下滑
韓國經濟崩盤
韓元兌美元匯率重挫，韓國向國際貨幣基金組織求援
菲律賓升息
菲律賓一週內四次升息，限制兌換美元的上下波幅，但仍導致大量貶值
馬幣撤守
馬來西亞政府雖然進場拉抬馬幣，但最終失敗
印尼經濟大崩盤
印尼在東南亞金融風暴中衝擊最晚，但影響最嚴重，印尼盾與美元比價10000:1
新加坡風暴
新加坡採用高利率控制市場，但仍受到衝擊

家，泰國、韓國相繼陷入窘境。

中國政府有鑑於此，擔心正在成長的國內經濟也會遭受國際投資客的傷害，於是整頓國營企業並加強私有財產的法規鬆綁，短短五年內就讓四〇%的國營企業轉型成功，也減少許多國營企業的無效率，帶動私部門的投資來增強企業競爭力；另一方面，為了要走向國際市場，市場必須要更開放才能接軌海外，與此同時「西部大開發計畫」也拉開了序幕。

中國在二〇〇一年成功加入了世界貿易組織ＷＴＯ，二〇〇三年在香港進行離岸人民幣的清算業務，為人民幣國際化邁出重要的一步。中國外匯存底從此急起直追，二〇〇六年躍居世界第一，持續與日本拉開差距，成為全球第一大的貿易國家，更在二〇〇八年舉辦了北京奧林匹克運動會。

一連串爆炸性的經濟成長，也帶來了產業的變化，過去發展失敗的重工業技術，在二〇〇〇年後無論是產能或品質都出現大幅度的進步。特別是鋼鐵業，自二〇〇八年起中國已成為世界第一產能國及輸出國，而中國高速動車（高鐵）的技術進步，也搖身變成技術輸出國。當然還有很多產業有著蓬勃發展，後續將一一仔細介紹。

而隨著經濟實力的增強，中國開始發展全球布局的經濟戰略，除了區域經濟、國際金融的參與，近十年企業的海外購併、品牌建立等等，都快速且積極地進行。對內，中國同時展開大規模的政治改革以及產業轉型，包括打擊貪腐和強制關閉汙染工廠等措施。

習近平就任國家主席後，用「中國夢」作為這些政治和經濟上的總訴求，而所謂的中國夢，目的是訴說著要重新建立中國民族自信心和國家實力，透過品質的提升以及民族團結，來完成夢想。

把民族意識和經濟結合在一起的發展，是「新重商主義」的主要特徵之一。中國並不是第一個新重商主義國家，南韓和美國也都曾有過這樣的時期。但在發展上，「中國夢」意味著過去由歐美建立的全球經濟秩序，出現強勁的挑戰，而這些國際情勢必然的變化，又與中國未來經濟發展息息相關。

無論如何，中國已不再是個封閉的世界，它必須開始對全球經濟秩序的穩定負起責任。當然，如何看待中國的崛起，更是所有國家的重要功課。因此，了解中國經濟的第一步，不能不先理解它的發展脈絡，避免失真。

1-2 計畫經濟與發展歷程

在上一節內容當中，不斷提到「計畫經濟」一詞，到底什麼是「計畫經濟」呢？又，「中國式的計畫經濟」有什麼特點呢？本節主要介紹「中國計畫經濟」的面貌和過程，並從這些計畫之中，勾勒出中國經濟的地區發展輪廓。

計畫，就是一切都在掌控之中

「計畫經濟」一詞狹義解釋，泛指社會主義或共產主義國家的經濟施政方式和手段，但就廣義的角度來說，計畫經濟的主要目標是為了強健國家資本和社會秩序，避免資源利用失序，因此利用控制或引導價格或操控供需的方式，達到上述目的。

像是台灣早期菸酒公賣，或是目前仍在運作的台電、中油等公司，都可以算是計畫經濟產物。早期歐美國家，眾所皆知的美國電信巨擘 AT&T、荷蘭的殼牌石油、英國有名的東印度公司等等，也都曾為國家扮演著執行計畫經濟的角色，但隨著社會與經濟局勢發展，最後都逐步走向民營化。

一般來說，透過計畫經濟來執行的生產行為，多半具有國家安全、資本或技術進入門檻過高、自然資源壟斷等等考量，像上述所提到的美國電信業，與台灣的台電公司相似，初期投入設備資本額很高，並需要大量土地與行政力量支持，如果完全採取民營化，容易形成寡占或壟斷，而寡占市場的私人生產，容易引發售價過高、供給不足的情況，最後導致無效的經濟資源浪費。

因此，在計畫經濟下，政府透過實際掌握這些商品的生產，讓民眾可以使用無虞，也避免經濟發展不至於操控在少數人手中。

大多數國家的發展歷程中，計畫經濟是不得不為的作法。台灣、韓國都有過類似的經驗，但對於中國來說，發展計畫經濟的原因在於：

一、基於政黨對於社會主義的信念。

二、基於人口眾多、土地廣大，資源分配容易不均。

三、基於令國家發展的穩定成長的考量。

所以，計畫經濟一直是中國施政的核心價值，這個方式現在不會改變，未來也恐怕會持續。

影響中國發展的歷年經濟計畫

從一九五三年開始，中國進行第一次五年計畫經濟的執行，時至今日，已推動了十三個五年計畫。從這十三個計畫當中，我們可以清楚看到整個中國的發展輪廓、方向及順序。

這十三個計畫經濟，毫無疑問，就是整個中國經濟和社會的歷史縮影。

一五計畫：發展重工業，以外援扶持國內建設（一九五三年～一九五七年）

▲歷史背景

一九四九年中國共產黨正式建立中華人民共和國。經過二次世界大戰後，國內百廢待舉，律法制度與基礎建設缺乏，對外仰賴蘇聯物資與金錢上的支援。

一九五〇年韓戰爆發，令中國意識到國內輕、重工業的嚴重不足，軍隊配備與科技技術落後，因此加速催生計畫經濟，於一九五三年韓戰末期，開啟第一個計畫經濟。

▲發展方向

一、以外援培植國內建設：以蘇聯幫助中國的一百五十六個大型建設項目為中心，進行六百九十四個大、中型建設項目所組成的工業建設，建立工業化基礎。

二、主力發展鋼鐵等重工業：此時發展項目以國防、機械、電子、化學、能源等五個大方向為主，又以發展鋼鐵工業最重要。

三、建立汽車廠與發電廠：打造了第一個汽車品牌「長春汽車」，廣設發電廠，陸續新建、擴建總計二十五座發電廠。

四、發展文教建設：一五計畫是中國教育普及化的起點，投入七百六十六億人民幣。

▲「一五計畫」地域產業發展

一五計畫將全國區分為七大區域，各地主要發展項目如下：

地區	發展產業
東北	電力、鋼鐵、煤炭、重化（鋁）、石油、紡織、機械
華北	電力、鋼鐵、煤炭、輕化工、機械、醫藥
華中	電力、重化（銅）、機械
華南	無相關計畫
華東	重化（鎢）
西北	石油、電力、鋼鐵
西南	電力、重化（錫）

從分布圖我們可以看出，中國的經濟發展基礎是從北至南，一方面與天然資源分布有關，北方資源較豐，極待開發，另一方面，南方在清末民初階段較少大規模戰亂，因此建設尚完整。不過，這不代表「一五計畫」完全排除華南地區，只是較少重工業發展。

◆ 一五計畫地域產業發展分布

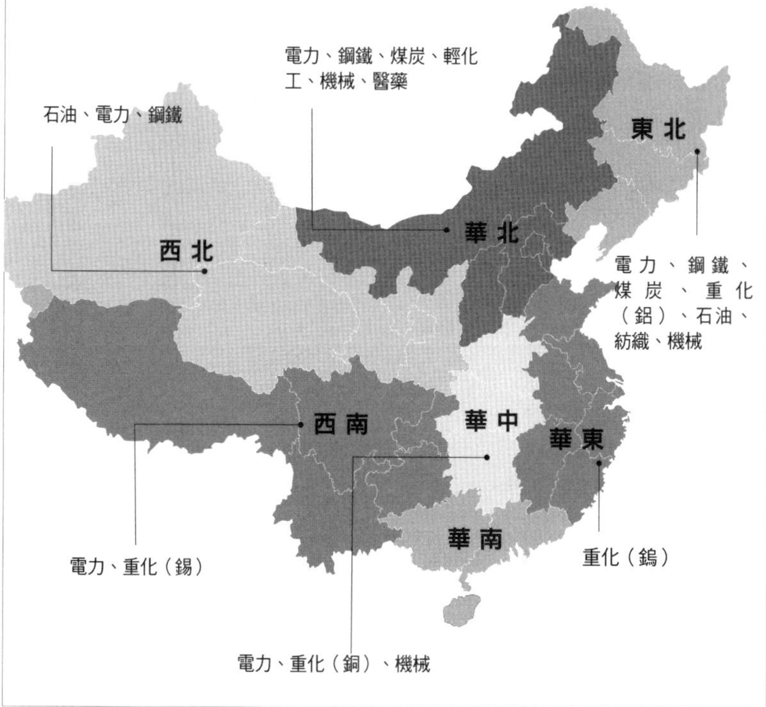

▲**總結**

一、成果顯著：從經濟數據來看成效顯著，經濟成長率約保持在九％，工業產值增長了一倍，農業和教育也超越預期。

二、國家控制過度，市場供給不足：為追求快速經濟產能，在國家的強力控制之下，反造成無效的資源配置，市場商品供給不足。

三、引發「大躍進」：財政負擔過大，引發政治動盪，造成後續計畫上的錯誤判斷。有學者認為，「一五計畫」直接引發了後來「大躍進」的經濟悲劇。

二五計畫：大躍進與大倒退（一九五八年～一九六二年）

▲**歷史背景**

因為對生產目標過於躁進（例如要求糧食生產總量必須增長三五％，以當時的技術來說根本是天方夜譚），加上政治情勢惡鬥，難以推動「二五計畫」。

歷史上將一九五八年至一九六〇年稱為「大躍進」階段，生產力嚴重停滯。

一九六〇年至一九六二年，中國政府以「調整、鞏固、充實、提高」等標準，重新檢討計畫內容。

▲發展方向

「二五計畫」的基本目標有以下五點：

一、進行以重工業為主的工業建設，期望打造工業化的鞏固基礎。

二、試圖鞏固和擴大「集體所有制」和「全民所有制」。

三、進一步加強工業、農業與手工業的生產，並發展運輸業和商業。

四、培養建設人才，加強科學研究。

五、增強國防力量，提高人民的物質和文化生活的水準。

「二五計畫」更明確表現出對於軟體方面的重視，特別是人力資源的培養，但結果氣論在行動或實際上並沒有顯著落實。

▲「二五計畫」地域產業發展

礙於政治、財政的雙重困難，與一九五七年到一九六〇的嚴重饑荒，（「大飢荒」發生時間認定各有不同，中國政府認定飢荒期間發生在一九五九年到一九六一年間，中外研究學者則統計約在一九五八到一九六二年間，主要發生原因在於「大躍進」時期的各種政策，諸如大練鋼鐵、人民公社、集體食堂、過度徵收糧食和種種政策、制度錯誤與氣候問題，中國大約有三千到四千五百萬人因飢荒而死）具體並沒有太大發展。

◆「大躍進」時期中國人口異常現象

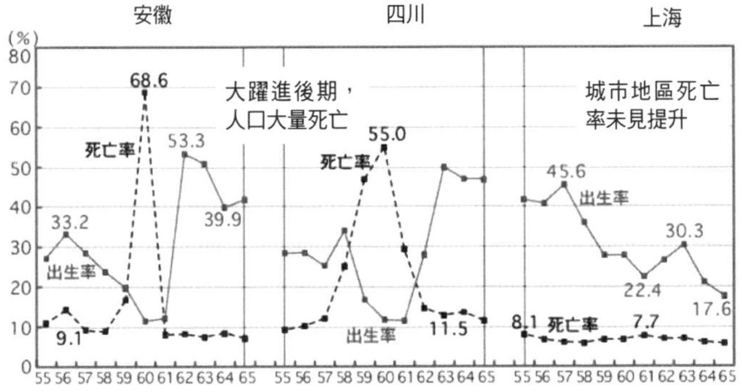

（資料來源：《現代中國的經濟》 小島麗逸　日本岩波新書）

◆「大躍進」時期中國國民生產毛額衰退比較◆

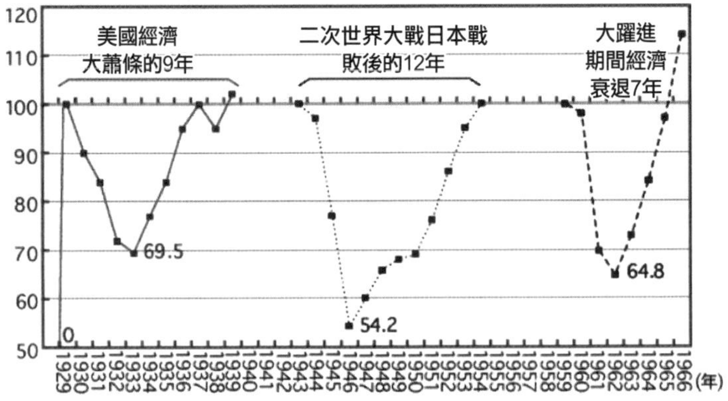

（資料來源：《現代中國的經濟》 小島麗逸　日本岩波新書）

▲總結

一、原本設定的目標工業、農業總產值成長、鋼產量提升、基礎建設與勞動平均收入增長等等設定，幾乎沒有一項達成。

二、一九六〇年的重新調整，讓下一個五年計畫有了新的建設方針。

三、政治紛爭仍未消除，「大躍進」之後是「文化大革命」時期。

四、雖然「二五計畫」受到眾多政治因素干擾，數字灌水、與生產現況脫節，但從後續發展來看，中國政府從中學到許多教訓。

三五計畫：文化大革命開始（一九六六年～一九七〇年）

▲歷史背景

一、對俄關係惡化：一九六〇年代，中蘇因軍事合作紛爭，關係降到了冰點。蘇聯不僅召回協助中國的一千多名科學家，並且要求盡快償還五十六億人民幣的債款，導致中國在一九六一年宣布退出蘇聯主持的國際共產黨代表大會以示抗議。

二、各方戰事紛擾：台灣與大陸情勢緊繃，印度也發動中印邊界戰爭，同時因為中國研發製造核武，美國增兵施壓，各地戰情一觸即發。

三、毛政權追求權力穩定：毛澤東認為飢荒剛過，外患將至，又為了鞏固自身政治權力穩定，希望以「備戰」、「備荒」為基礎，要求「三五計畫」延後。

四、文化大革命展開：一九六六年開始，文化大革命開始，長達十年，導致「三五計畫」沒有實際執行。

▲發展方向

一、推行農業，儲存戰備糧食。

二、加強國防建設，強化軍火技術。

三、加強基礎工業，增強農業和國防，有計畫發展國民經濟。

▲「三五計化」地域產業發展

一、投資基礎工業的金額減少。

二、加強重工業。

三、加強戰略物資產量。

四、在重慶附近建立八一六地下核工廠。

五、北京市地下鐵路於一九六五年動工。

▲**總結**

「三五計畫」是中國唯一沒有正式資料的計畫經濟。因處境內憂外患，農工業成長率不如「一五計畫」，但因為各項工業建設在一九七〇年逐漸成熟，工農業總產值仍然超出預期有一四％至一六％的成長。

其中石油開採二七七七萬噸，煉鋼六五二一．七萬噸、鐵礦開採三五九〇．一萬噸，鐵路建設長達三八九四公里，沿海港口吞吐量也達到一一九一萬噸，表現最為出色。

四五計畫：嚴重失控，政策混亂（一九七一年～一九七五年）

▲**歷史背景**

因為文化大革命，在軍事產業方面雖然間接達到工業產值進步，但投資比重失當，壓縮民生工業方面的發展。當時的中國政府混亂地推動「四五計畫」，訂定工、農業產值增長速度要達到一二．五％，並投資一千三百億人民幣的基礎建設。

但「四五計畫」開始沒多久，中國就陷入四人幫內鬥。一九七三年，時任中國總理的周恩來重新修正計畫大綱，縮小不合理的經濟目標和資金分配。

▲**發展方向**

一、大幅下調產能，繼續維持對西南地區的發展建設。

二、著重基礎工業和交通建設，建立各地的經濟特點，例如扭轉北煤南運，以發展不同標準的經濟體系。

▲**總結**

在政治動盪下，「四五計畫」的內容顯得很混亂，雖然經過修正，但最後仍以草案的形式結束。最終工農業總產值達成計畫的一〇一．七％，平均每年增長七．八％，鐵路貨運量完成九八％，基礎建設投資完成一〇一％，平均國民經濟成長率約七．八％。「四五計畫」後期，鄧小平上台，中國經濟逐漸變革，突飛猛進。

五五計畫：新躍進與大轉折（一九七六年～一九八〇年）

▲**歷史背景**

一九七五年鄧小平上台，中國經濟出現重大轉折。

對外，中國與美國開始一連串籌備建交的行動，日本經濟快速升溫，一九七〇年後「亞洲四小龍」逐漸崛起，而中國無論是經貿實力或經濟技術，都產生了向外尋求出路的

◆ 中國平均個人糧食生產量變化

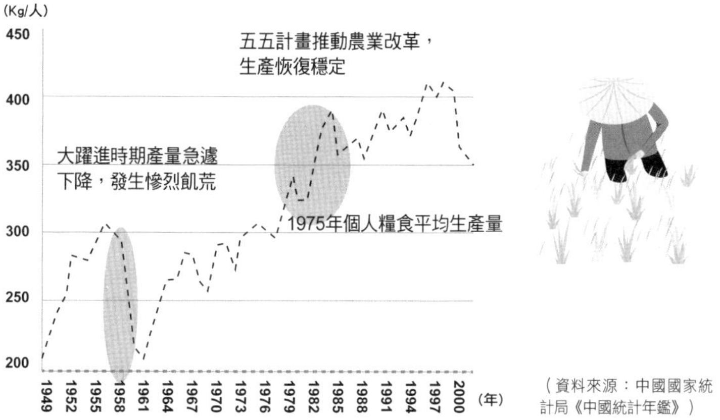

（資料來源：中國國家統計局《中國統計年鑑》）

◆ 中國城市與農村平均個人消費指數差異

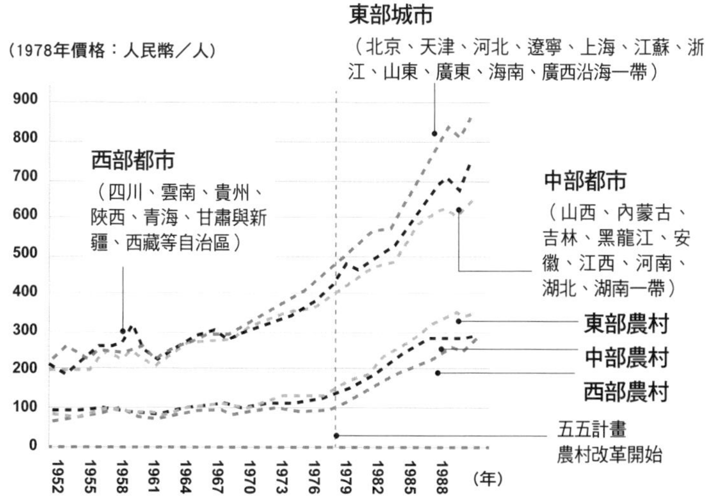

（資料來源：中國國家統計局）

需求。

對內，在結束文化大革命後，整體環境趨於和緩，社會逐漸對於開放有了共同認知。一九七五年第四屆人大，著手編制了「五五計畫」及「六五計畫」的雛型，也就是「十年規畫綱要」，一九七八年，鄧小平宣布改革開放。

▲發展方向

計畫的主要任務是：強化農業，發展燃料、動力、原材料工業，一九八〇年實現農業機械化。

當時中國政府致力於推動農、工業現代化。除經濟目標外，並調整法律制度以配合整體所需。一九七八年，因宣布全面實施改革開放，減少基本建設投資，將資源配置在發展農業、輕工業，並強調城鎮青年就業，增進民間消費改善人民基本生活。

▲總結

「五五計畫」的平均經濟成長率為六．五％。至一九八〇年底，糧食產量總計六四一一億斤，完成度九九％；鋼產量三七一二萬噸，完成度九三％；煤炭產量六．二億噸，完成度一一〇％；發電量三〇〇六度，計畫達成率一〇〇％。

「五五計畫」為後來的改革開放闢出一條道路，除了計畫穩定達成之外，在民生相關輕工業的拓展，增加大量的就業人口。也因開放部分私有制，人民累積材富，逐漸改善了商業服務和交易效率。

值得一提的是，過去文革時期的糧食分配不均終於得到大幅改善。農業基礎穩定，是民生工業發展重要的基石，早期台灣也是這樣子走過來。

六五計畫：走向改革開放（一九八一年～一九八五年）

▲歷史背景

「六五計畫」是首次全方位從經濟、財政、教育、政治、科技、文化等各方面提出的全盤計畫，更像領導人的總體施政總藍圖。「六五計畫」之後，相關經濟計畫才有確切的文獻資料，不像早期多是政治宣示。

▲發展方向

「六五計畫」嚴格控制固定資產投資的規模、調整企業體質和管理水準、提高科學技術以及穩健進行經濟改革。

這也是中國首次把政府財政問題搬上檯面，給予說明和制定發展方針，也第一次提到控制人口增長（即俗稱的「一胎化」政策）。雖然一胎化政策有干涉人權的問題，但從經濟角度來看，這代表中國經濟的發展思考方向已不再只是考慮生產，而是期望全面性的平衡。

在基礎建設方面，除卻鋼鐵生產，更重視石油、電力、交通、煤礦等規畫，興建三峽大壩作為發電和農業灌溉的設計，也在此時納入計畫中，此外也首次出現核電廠建設，並進一步談到改善西北漠化問題，並確立了人民財產的保障制度。

▲「六五計畫」地域產業發展

依據計畫的文件資料，我們大約將各地發展重點用圖表顯示：

地區	發展產業
東北	煤礦、石油、火力發電
華北	煤礦、石油（渤海）、火力發電
華中	水壩、火力發電
華南	火力發電、拓港
華東	煤礦、火力發電、核電、拓港
西北	石油、水壩
西南	煤礦、石油

◆「六五計畫」地域產業發展分布

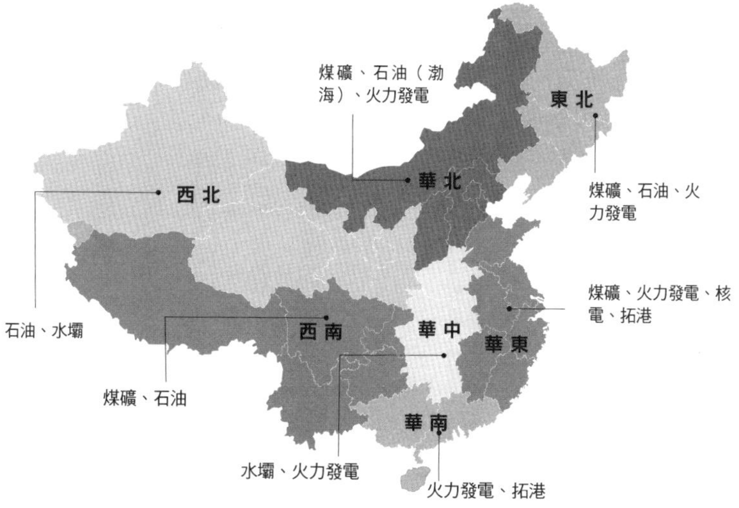

◆ 中國工業發展變化分布

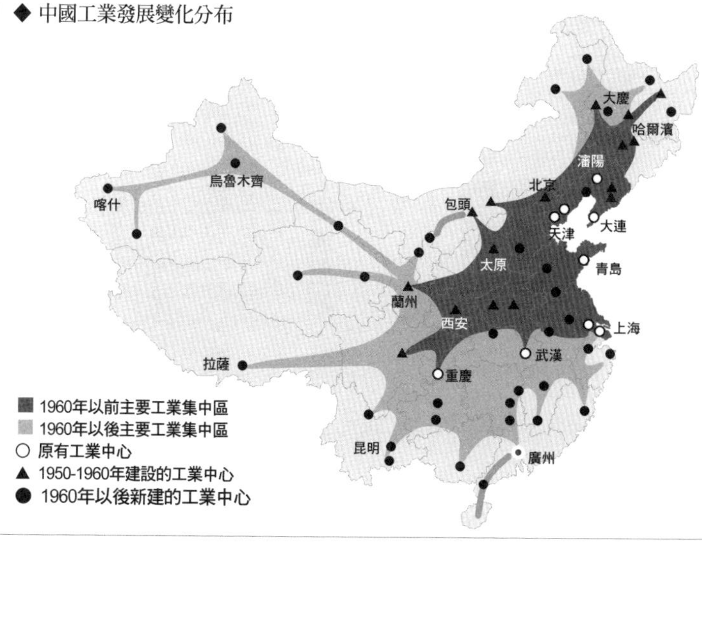

▲**總結**

這段時期的經濟成長率平均都在一〇%以上，計畫完成度達一七九%。其中社會總產值增長率為一一%，工業總產值增長率為一〇．八%，農業總產值增長率為一一．七%。投資部分，五年內總計固定資產投資五三三〇億元，其中基礎建設投資三四一〇億元，新增鐵路通車里程二二〇〇公里，新建電氣化鐵路二五〇〇公里，新增港口吞吐能力達九四〇〇萬噸。

更重要的是，中國的外貿交易大幅增長，外匯存底幾乎從零開始，迅速累積近至四十億。

七五計畫：國際變化衝擊中國發展（一九八六年～一九九〇年）

▲**歷史背景**

八〇年代中期，在自由經濟理念下，全球貿易、金融商品都呈現高速成長。蘇聯政府以及東歐共產政黨也在自由經濟浪潮下，走向崩解的命運。美蘇冷戰正式宣告結束，取而代之的是由美、日、歐等國所領導的新經濟秩序。

國際環境對中國帶來巨大衝擊，內部期望鬆綁外貿經營和私營企業。但由於嚴重價格與資源扭曲，計畫後期出現通貨膨脹。

▲發展方向

「七五計畫」最重要目的是期望創造良好的經濟環境和社會環境，保持社會總需求和總供給的平衡，並將許多新項目納入計畫之中，例如國土規畫（訂定各區域發展方向）、科技教育、社會教育、大學教育等等。

由此可以發現，中國正逐步調整人力素質，並針對改革開放之後，日益加重的投資需求和財產加以保障，也首次將發展方向納入計畫，更進一步開放資本的流動。

▲「七五計畫」地域產業發展

「七五計畫」開頭寫明：地區經濟的發展，要正確處理東部沿海、中部、西部三個經濟地帶的關係。七五期間以至九〇年代，加速東部沿海地帶的發展，同時把能源、原材料建設的重點放到中部，並積極做好進一步開發西部地帶的準備。

其重點發展工作如下表：

地區	產業發展
東部沿海	1 加強傳統工業和企業的技術改造。 2 開拓新興產業，發展知識技術密集型產業和高級消費品工業。 3 加速經濟特區、沿海開放城市和經濟開放區的建設，使該地區逐步成為對外貿易中心。 4 建立培養提供全國需求的高級技術和管理人才機構，提供新技術、諮詢和資訊的單位。 5 限制耗能高、用料多、運量大、「三廢」汙染嚴重的產業與產品的發展。
中部地區	1 加速電力、煤炭、石油、有色金屬、磷礦、建築材料的開發和建設。 2 在經濟發展水準比較高的城市和地區，發展知識技術密集型產業和新興產業。 3 發展農業，促進糧食和其他經濟作物產量穩定增長。 4 強化由西向東的交通運輸。 5 有計畫接收從東部沿海轉移過來的消耗能源、原材料多的產業和產品。
西部地區	1 大力發展農林牧業，穩定糧食播種面積，提高單產，逐年減少糧食調入量。 2 有步驟、有重點地開發能源與礦產資源，因地制宜地發展加工工業。 3 在經濟技術基礎比較好的城市和地區，加強對現有企業的改造，提高技術水準。 4 發展交通運輸，大力建設鐵路、公路與民用機場。 5 提高各族人民的科學文化水準，以加強人才準備。 6 加強地質普查和勘探工作，提供可供開發的礦產資源資料，並提供大型工程建設所需要的水文地質和工程地質資料。

▲**總結**

經濟成長的年增率為七・八%，完成計畫的一〇四%；工業增長率為一三・二%，完成一七六%；農業增長率為四・七%，完成一一八%。

但通貨膨脹率高，消費僅增長三・三%，只完成計畫的六六%；平均工資增長為二・八%，只完成計畫的七〇%。

「七五計畫」雖未能達到目標，但代表著新舊體制的轉型過渡，從發生問題到解決問題，強化了後續的經濟改革開放。

八五計畫：改革開放與鄧小平南巡講話（一九九一年～一九九五年）

▲**歷史背景**

國際方面，東歐的共產體制正式走入歷史，冷戰結束，美國在中東介入伊拉克戰爭，維護其石油經濟的命脈，種種變化都令中國再也無法採取封閉鎖國、置身事外的態度。

而個人電腦和網路所代表的資訊革命開始蓬勃發展，更致使中國沒有可能再走封閉的回頭路。

一九九二年鄧小平卸下領導人身分後，南下巡視上海、珠江等沿海重點建設，並發表著名的「南巡談話」，一再強調改革開放要膽子要大一點，如果放邁不開步子，對中國的發展沒有幫助。中國就是要在市場經濟上找到出路，建立具有中國特色的社會主義市場經濟。這番談話，至今仍奉為中國經濟發展的圭臬。

▲發展方向

「八五計畫」主要目標是解決過去阻礙經濟發展的各種問題。在農業上，增加單位農業生產力，推動類似台灣農業產銷班式的「農業雙層經營體制」，建立期貨和銷貨市場。

在工業上，這個階段的中國開始注重電子工業。於社會及國民經濟方面，延續區域發展平衡和人才培育兩項重點工作，除了擴大高等教育和科學研究之外，也初次調整工資標準。

一九九二年三峽大壩拍板定案，是此計畫中最重要的經濟建設，將大壩工程與前期長江水利工程統合為一體。大壩自一九九四年動工，總耗時十七年，是世界最大水利工程之一。

▲總結

「八五計畫」的設定與執行，看出中國的經濟思想在一九八〇年後，進步得相當迅速。整體來看，總計經濟成長率平均約一二％，成長狀況迅速、平穩。工業總產值則是增加二二・二%，超越計畫目標的三四二%。農業總產值增長率四・二%，完成一二〇%。

第三產業增長九・九%，完成一一〇%。國民收入增長率為一一・六%，完成二三二%。

此時兩岸舉行了「辜汪會談」，台商前進中國的資金、人數與技術大幅度攀升，但隨之而來的政治貪腐以及社會分配問題日趨嚴重。

◆ 中國都市與農村平均每百戶消費品擁有量

消費品	城市與農村	1978年	1980年	1985年	1990年	1995年
自行車（輛）	城市		126.77	152.27	194.26	162.72
	農村	30.73	36.87	80.64	118.33	147.02
縫紉機（臺）	城市		65.57	70.82	70.14	51.46
	農村	19.80	23.31	43.21	55.19	
收音機（臺）	城市		101.00	74.52	45.25	
	農村	17.44	33.54	54.19	45.15	
電視機（臺）	城市			84.07	111.40	117.76
	農村		32.29	11.74	44.44	80.73
洗衣機（臺）	城市		0.39	48.29	78.41	88.97
	農村		6.31	1.95	9.12	16.90
冰箱（臺）	城市			6.58	42.33	66.22
	農村		0.22	0.06	1.22	5.15
電風扇（臺）	城市			73.91	135.50	167.35
	農村		21.86	9.66	41.36	88.96

九五計畫：宏觀調控，經濟軟著陸（一九九六年～二〇〇〇年）

▲歷史背景

「九五計畫」可以視為「八五計畫」的加強版。

一九九七年亞洲金融風暴，導致中國的出口貿易衰退，整體物價通膨也高達一一%。中國政府在一九九六年提出了「軟著陸」政策，以較長時間用連續政策將通膨平穩降下，維持一定增長水準，但避免過度經濟發展吞噬掉全國區域均衡。

經濟改革開放後，開始產生從開發中國家邁入已開發國家的經濟煩惱，譬如環境、人口、外貿政策、匯率、社會貧窮等等問題。

▲發展方向

「九五計畫」的遠景，是希望二〇一〇年創造全面小康社會。隨著科技進步迅速，無論是農、工、商業，都強調植入科學精神以及科學體制，並極力推廣和深化各種社會科學教育。

一九九九年，中國第一艘太空船「神州一號」發射成功，成為中國科技進步的重要象徵。農業方面的重點在於扶貧，改善貧困家庭的生活條件，並透過農業金融和科學耕作改革，建立小康農村社會；在工業方面，全面建立科研機構，並且將科研機構面向經濟發展主戰場；在國民經濟方面，首次提及計畫經濟的轉型，從過去的目標型導向，逐漸進入中國社會主義的經濟體制，強調合理化的分配以及重視個體企業的發展。

換言之，整體目標是從過去粗放式的經濟成長方式，逐步推向整體利益平衡。

▲「九五計畫」地域產業發展

「九五計畫」首次將全國依照自然資源、經濟發展、文化相關，分為七大經濟區，其中以西北及西南兩區在此次計畫中最為重要。

三峽大壩的第一期工程於一九九七年完工，意味著水與電力的供應充沛無虞，因此在計畫中將西部地區的金融貸款條件放寬，以利企業發展，各大型製造業和高等教育也配合

經濟區	省分
東北	遼寧、吉林、黑龍江、內蒙的三盟一市
西北	陝西、甘肅、寧夏、青海、新疆、西藏
環渤海	北京、天津、遼寧中南部、山東、山西、內蒙中西部
中部五省	湖南、湖北、安徽、河南、江西
東南沿海	廣東（珠江三角洲）、福建（東南泉州、漳州、廈門等地）
長江三角	江蘇、浙江、上海
西南華南	四川、雲南、貴州、廣西、海南島、廣東

◆ 中國七大經濟區發展計畫

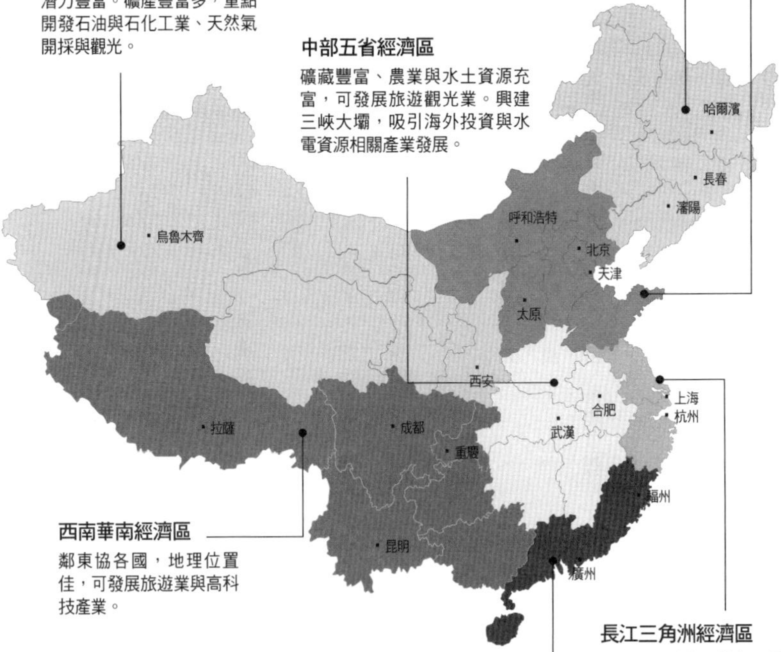

環渤海經濟區

海陸空交通發達，通訊設施優良，人才集中。天津發展技術密集產業，北京發展文化、金融、國際交流產業。

東北經濟區

傳統重工業與糧食生產地，以鋼鐵與石油開採、加工、航空、汽車製造業為主。

西北經濟區

發展水準較低，較為貧困，但潛力豐富。礦產豐富多，重點開發石油與石化工業、天然氣開採與觀光。

中部五省經濟區

礦藏豐富、農業與水土資源充富，可發展旅遊觀光業。興建三峽大壩，吸引海外投資與水電資源相關產業發展。

西南華南經濟區

鄰東協各國，地理位置佳，可發展旅遊業與高科技產業。

長江三角洲經濟區

自然與經濟資源豐富，是中國經濟最發達、生產效率最高的區域。江浙開發輕工業與紡織工業，並加強區域內交通連結。

東南沿海經濟區

此區地域位置良好，交通方便，可利用港澳台資源與外資開發，對外開放較早，珠江三角洲為發展最快的經濟核心區。

政府進入西部投資。

▲總結

「九五計畫」大致上按照進度完成，但對付通膨的手段引發爭議，導致軟著陸沒多久，馬上面臨通貨緊縮。但平心而論，中國成功地挺過亞洲金融風暴，而且經濟增長的速度仍然相當亮眼，因此，「九五計畫」也被評斷為確立了宏觀調控的指導性和可預測性。

總計在這五年間，經濟成長率為八．四％，農業產值成長率為三．五％，工業產值成長率為九．八％，第三級產業成長率八．二％。

十五計畫：經濟進步，社會問題浮現（二〇〇一年～二〇〇五年）

▲歷史背景

二〇〇一年中國確認加入世界貿易組織WTO之後，開啟了投資的黃金年代，外匯存底大幅竄升，海外對中國直接投資的金額（FDI）也飛速增加，再加上產業轉型，將全球原物料市場、黃金市場、全球貿易總額帶向歷史高峰。經過上個五年宏觀調控的經驗，與為了與國際市場接軌，讓市場合理產生價格與供需，中國從十五計畫開始，不再追求總體經濟的目標數字，取而代之的是個別項目可量化的指標。

▲發展方向

一、農業：加強農業的產業化以及農業土地利用，確保農村地區能夠脫貧。

二、工業：淘汰落後技術、設備與汙染的工業，加速推動製造品質和品牌發展能力，推動電子商務。

三、其他：生態、環保、教育、文化、公共衛生、體育、旅遊等發展倍受重視，特別重視空氣汙染問題。

▲總結

中國經濟突飛猛進，經濟成長率平均九％，東部沿海地區的人均國民所得正式突破一萬美元，「低通膨、高成長」，可說是中國經濟從改革開放之後最輝煌的時期。

再者，成功拿下二〇〇八年奧運主辦權，顯示綜合國力的提升。

而此時台灣對中國出口的依存度，也從原先的二三％，五年內攀升至近四〇％。

中國的迅速富有，伴隨許多社會問題接踵而至，除了區域和貧富差距之外，房地產暴漲、地下金融、下崗工人（原屬國有企業，但在改革中失去職位工作的工人）、三農問題（農業生產經營問題、農村與城市戶籍發展落差問題與農民收入低，權力得不到保障等問題）等等，都是嚴重的隱憂，需要解決。

十一五計畫：全球金融風暴下的經濟穩定策略（二〇〇六年～二〇一〇年）

▲歷史背景

自一九九〇年起，中國持續十多年經濟突飛猛進，但在全球影響下，美國雷曼兄弟投資控股公司帶頭造成的金融違約，從二〇〇七年底造成全球金融風暴。此一重擊令中國出現大幅度經濟轉折，出口衰退、房價飆升、貧富差距加大、消費不振、地方債務及國企債務擴大等方面都受盪。二〇〇八年，為了擴大內需市場，中國政府提出「家電下鄉」的策略，可見內外經濟情勢的嚴峻。

▲發展方向

「十一五計畫」強調保持經濟平穩、快速發展，加速轉變經濟增長方式，提高自主創新能力，並促進城鄉區域協調發展，加強和諧社會建設，強化改革開放。

國際原油價格從一九九〇年末快速全球化以來，迅速飆升到最高每桶一百二十五美元，對於各種工業正如火如荼發展的中國來說，成本加劇，影響獲利，而汙染問題又日益嚴重，因此推廣「十大重點節能工程」，規範工業鍋爐、發電、電機等等的使用，並積極開發稀土及其他替代能源，強調有效利用能源是未來經濟發展的基礎。

除此之外，加強國家自主創新能力建設，透過成立科技中心、政策補貼、調整稅法等方式，從高等教育、企業、產業等方面提升市場創新能力。這個項目為後來所謂的「創新示範基地園區」立下很好的基礎，也是奠立中國現在網路、金融科技等純熟運用的關鍵政策。

「勞動合同法」於二〇〇八年正式實行後，大幅提升工資的成本，嚴格執行保障工作環境和勞工職災等問題。不少台商在此法通過後，因為適應不良而離開。

▲總結

雖然歷經全球金融海嘯衝擊，但中國經濟表現亮眼，二〇〇六年與二〇〇七年經濟成長率分別是一二・七％與一四・二％，二〇〇八年大幅降至九・七％，二〇〇九年則來到九・四％。

十一五計畫最大的成就在於科技和綠能建設，二氧化硫減排一四％，其餘化學排放量減少排放一二％；建設完成二三八九座汙水廠，廢水處理量達每日一・一五億立方公尺，是二〇〇五年的兩倍之多。

科技方面，推行自製大型客機、中亞鐵路運輸動工，核電廠、海底油田鑽探，研發基因新藥，建立網際網路等成就。這些成績在未來的「一帶一路」政策上，成為向外拓展經濟實力重要的關鍵。

◆ 十一五計畫「四縱四橫」鐵路規畫

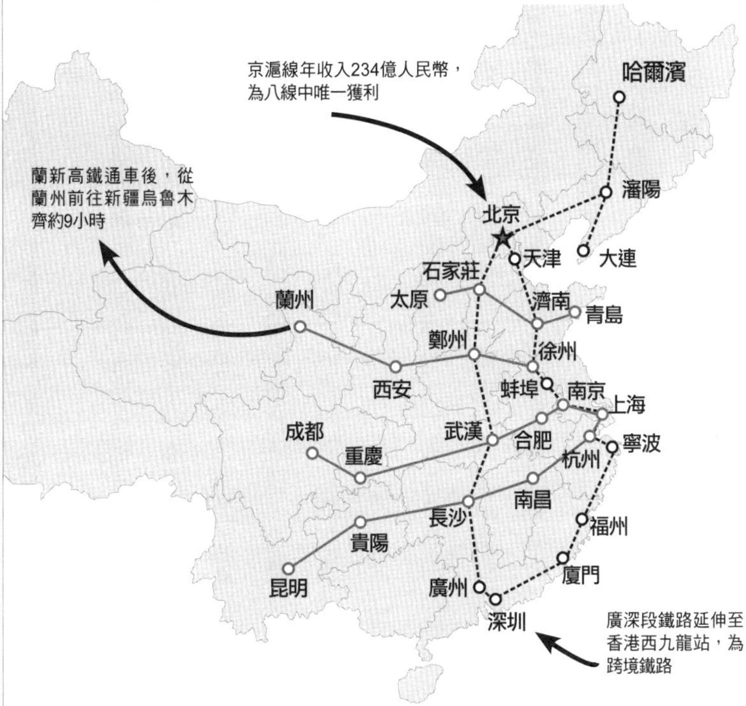

四縱

- 京廣深港高速鐵路→北京—武漢—廣州—深圳（香港）
- 京滬高速鐵路→北京—上海—（包括蚌埠—合肥、南京—杭州客運專線）
- 京哈客運專線→北京—瀋陽—哈爾濱（大連）
- 京福深客運專線→上海—杭州—寧波—福州—深圳

四橫

- 徐蘭高速鐵路→徐州—鄭州—蘭州
- 滬昆高速鐵路→上海—杭州—南昌—長沙—昆明
- 青太客運專線→青島—石家莊—太原
- 滬漢蓉客運專線→上海—南京—武漢—重慶—成都

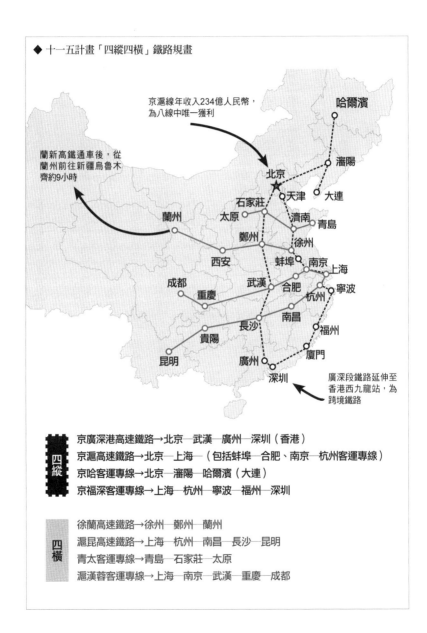

十二五計畫：金融風暴後面臨通膨危機（二〇一一年～二〇一五年）

▲歷史背景

全球金融風暴襲擊後，全球市場有相當大的變化，首先，在美國不斷地量化寬鬆貨幣政策下，美元一路貶值，連帶拖累了日本等主要出口貿易國家，全球貿易量產生衰退，此外大量的資金湧入投機的金融商品市場，又以亞洲多數國家的房地產最受青睞。

另一方面，歐盟因此爆發國家債務危機，希臘、義大利、西班牙、葡萄牙、愛爾蘭接連爆發債券紓困的需求，因此全世界的需求都在快速下滑，連帶使得中國這樣一個以出口貿易為重的受到影響。

正常已開發國家的民間消費力大約占ＧＤＰ的六〇％，但十二五計畫執行前，中國的民間消費占ＧＤＰ比重卻接連下滑到三四％，而投資則持續接近五〇％的水準。理論上，投資增加應該會逐步帶動薪資成長，薪資成長則會帶動民間消費，但中國產生了相反的現象，容易造成惡性通膨。

「十二五計畫」的重心在於：控制金融風險、提升消費需求，並逐漸從計畫經濟，轉向合理的監控管理。

▲發展方向

一、加強經濟建設：持續進行綠色改革，包括綠色能源進入農村建設，沼氣、太陽能以及擴大資源回收站。

二、農業布局設定：規畫「七區二十三帶」的農業政策。

三、控制汙染碳排：持續控制各工業工廠碳排，積極開發電動車、油電混合車、綠色建材。

四、建設核電廠與開發再生電力：在中西部廣建核電廠，以及各地增加風力和水力發電等再生電力。

五、強化生態工程：統整過去造林及防止漠化政策，規畫「兩屏三帶」的戰略格局。

六、對外發展與開發區域經濟：為了加速中國的全球競爭力以及未來區域經濟發展，二〇一三年設立亞洲基礎設施投資銀行，二〇一五年提出「一帶一路」經濟策略。

◆「七區二十三帶」農業發展計畫

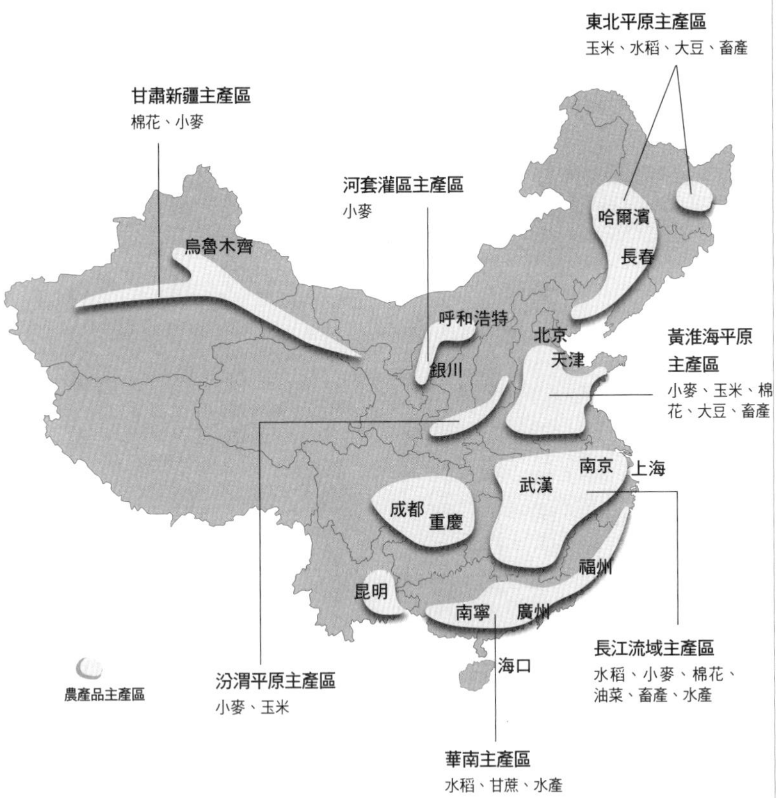
東北平原主產區
玉米、水稻、大豆、畜產
甘肅新疆主產區
棉花、小麥
河套灌區主產區
小麥
烏魯木齊
哈爾濱
長春
呼和浩特
北京
天津
銀川
黃淮海平原主產區
小麥、玉米、棉花、大豆、畜產
南京
上海
武漢
成都
重慶
福州
昆明
南寧
廣州
海口
長江流域主產區
水稻、小麥、棉花、油菜、畜產、水產
汾渭平原主產區
小麥、玉米
農產品主產區
華南主產區
水稻、甘蔗、水產

◆「兩屏三帶」生態計畫

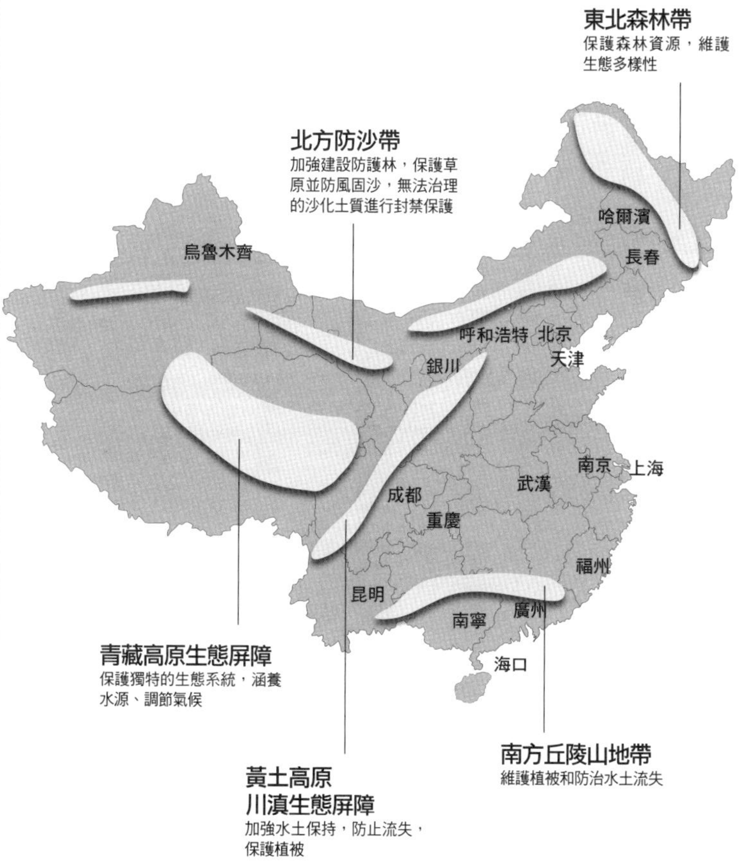
東北森林帶
保護森林資源，維護生態多樣性
北方防沙帶
加強建設防護林，保護草原並防風固沙，無法治理的沙化土質進行封禁保護
烏魯木齊
哈爾濱
長春
呼和浩特
北京
天津
銀川
南京
上海
武漢
成都
重慶
福州
昆明
南寧
廣州
海口
青藏高原生態屏障
保護獨特的生態系統，涵養水源、調節氣候
黃土高原
川滇生態屏障
加強水土保持，防止流失，保護植被
南方丘陵山地帶
維護植被和防治水土流失

▲**總結**

前四年經濟成長率雖然緩步下降到七．八％，二〇一五年甚至下降到六．九％，但國內整體生產總值卻超越日本，成為世界第二大經濟體。

民間消費也緩步從三四％提升至三七．一四％，第三級產業占GDP的比率也提升至四九％。

高速鐵路營業里程、4G網路規模、網際網路使用者人數均達到世界第一的水準。

十三五計畫：期望打造全面小康社會（二〇一六年～二〇二〇年）

二〇一二年，中國國家主席習近平提出了「中國夢」規畫，希望能建立全面小康的富強社會。因此「十三五計畫」除了延續轉型的任務，在城鎮化及城鄉收入的部分，投入相當多的資源，總計進行一百六十五項建設，希望二〇二〇年讓城鄉人口平均收入能比二〇一〇年多一倍。

另外，中國強調供給上的改革，許多傳統工業逐漸遭到取代或因環保標準問題而被要求而停工。

為了避免劇烈的內部經濟震盪，中國在金融貨幣方面採取緊縮政策，較不容易貸款，資金的匯出匯入受到嚴格監控。

二〇一六到二〇一七年是全球經濟復甦迅速的時期，中國這兩年的經濟成長率雖然降至七%以下，但像是金融科技的發展、網路零售及物流、交通工業的輸出、影劇文化的消費、企業併購的實力等等，都看得出中國的經濟活動力。

當東方的巨龍逐漸甦醒

中國經濟的發展確實令人驚豔。二次世界大戰之後，世界各國出現了許多強權政府，包括軍人領政的南韓、阿根廷、印尼、菲律賓、以及絕大部分的非洲，另外共產主義領政的國家有蘇聯、越南、中國、古巴、波蘭、緬甸等等，但這些國家在二十一世紀前的經濟發展，以失敗收場者居多，像是阿根廷曾爆發惡性通膨，造成國家財政瀕臨破產；菲律賓雖曾經強盛，但歷經政治動盪也因此消耗了許多國力和發展機會；蘇聯無論是國土、技術或天然資源在八〇年代遠比中國豐富，同樣也執行計畫經濟，但結果卻大不同，蘇聯走向分裂，經濟崩解，而中國則持續成長。

以經濟發展來看，中國前期幾乎只注重產出，忽略經濟發展的本質在人才與制度，但在一甲子的摸索之後，這條東方的巨龍已逐漸抬起頭來。未來，中國經濟發展的挑戰應該在國際金融、國際政治、資訊安全等等方面。

第二章

中國的經濟與貨幣金融

要理解中國經濟狀況，必須先深入了解貨幣金融發展的面貌。這一章，我們將透過解讀中國政府常用的經濟數據指標，理解中國在世界經濟中的分量與隱藏的問題。

2-1 從經濟指標數據看中國

從國內生產毛額指數看中國

國內生產毛額是全世界通用的經濟語言，其中又以GDP的成長率最重要。GDP的計算方式大致可以分為支出面和產出面來統計。產出面是以第一、二、三級產業的產值加總，並按照成本要素來計算，優點是簡單易懂。

早期中國和多數國家一樣，使用這一類方式來估算GDP。不過產出面的計算缺點很多，沒辦法更深入細微地判斷國內各種經濟活動。

因此，另外一個估算方式就是支出面的計算，也就是我們學到的 GDP＝C＋G＋I＋（X-M），C是民間消費、G是政府支出、I是總固定資本形成、X-M 則是出口減去進口。支出面的算法較為客觀真實，也是現在經濟指標的主流算法。

GDP的高低可以反映出國家的經濟流動規模，但無法反映國家的生活水準、工業品

◆ 全球各國幸福指數排名

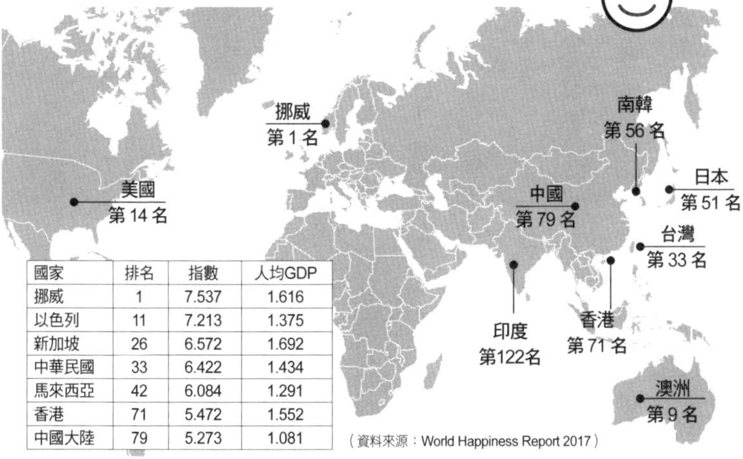

國家	排名	指數	人均GDP
挪威	1	7.537	1.616
以色列	11	7.213	1.375
新加坡	26	6.572	1.692
中華民國	33	6.422	1.434
馬來西亞	42	6.084	1.291
香港	71	5.472	1.552
中國大陸	79	5.273	1.081

（資料來源：World Happiness Report 2017）

◆ 全球各國痛苦指數排名

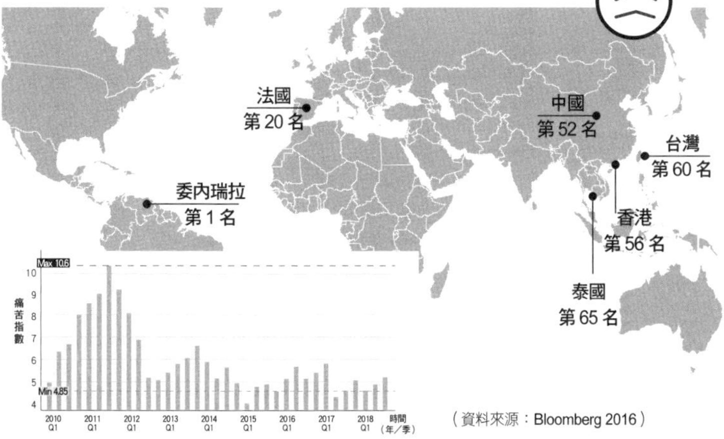

中國痛苦指數數值

（資料來源：Bloomberg 2016）

質，對人民來說，數字冰冷無感，因此，OECD國家正在推廣所謂的幸福指數（Better life index），或者是痛苦指數（Misery Index）以彌補GDP的不足，讓政府可以準確知道經濟品質的優缺點。

早期經濟發展追求高GDP成長

即便如此，GDP成長率依舊被中國政府所重視。因為中國是個相當龐大的國家，必須保持一定的經濟速度，以確保國內經濟活動量穩定，否則容易產生社會不安定。

另一方面，中國式的社會主義強調經濟分配，所以目前無論在基礎建設、城鄉發展、貧富差距都未達其理想目標。高成長率有助於加速這些目標實現。簡言之，整體經濟發展是先求有，再求好，這也是許多國家發展的經驗。

但在十二五計畫之後，中國政府也有所調整，採取了宏觀調控，著重改善品質，而非拚命追求高經濟成長率，取而代之的是「合理」的經濟成長率。

除此之外，由於金融開放，其他關於貨幣供給、債務占比、赤字、匯率等指標，重要性正日益增加。

整體消費率偏低，有供過於求的危機

二〇一七年中國的GDP組成當中，約有四三．六％來自固定資本形成，消費僅有四〇．四％，貿易進出口總額則是占三七．八％，其中出口為一九．七六％，淨出口僅占一．七一％，而政府支出則高達一四．二六％。從這組成比例可以看出，中國相當仰賴各種外在投資，無論是民間或政府的財政投入。

投資是中國經濟主要成長來源，相較之下，一般人印象中的對外貿易所貢獻於中國的GDP數值其實並不高。

從消費部分來看，中國整體消費率偏低，通常一般已開發國家的消費率幾乎接近六〇％，美國甚至高達六八％，但中國僅有四〇．四％。這樣發展模式遲早會遇到產能過剩的問題，也就是生產大過於需求。而無論投資或政府支出，最終都必須要有消費者來消費，因此消費偏弱並非好事。

另一方面，一國的消費能力也反映了國家勞動邊際生產力和綜合國力，由此來看，中國顯然還有許多結構型的問題需要改善。

NO 7
法國 2,583,560百萬美元
NO 12
俄羅斯 1,527,469百萬美元
NO 2
中國 12,014,610百萬美元
NO 3
日本 4,872,135百萬美元
NO 9
義大利 1,937,894百萬美元
NO 11
南韓 1,538,030百萬美元
NO 6
印度 2,611,012百萬美元
NO 13
澳洲 1,379,548百萬美元

◆ 2017 年世界 GDP 主要排名狀況

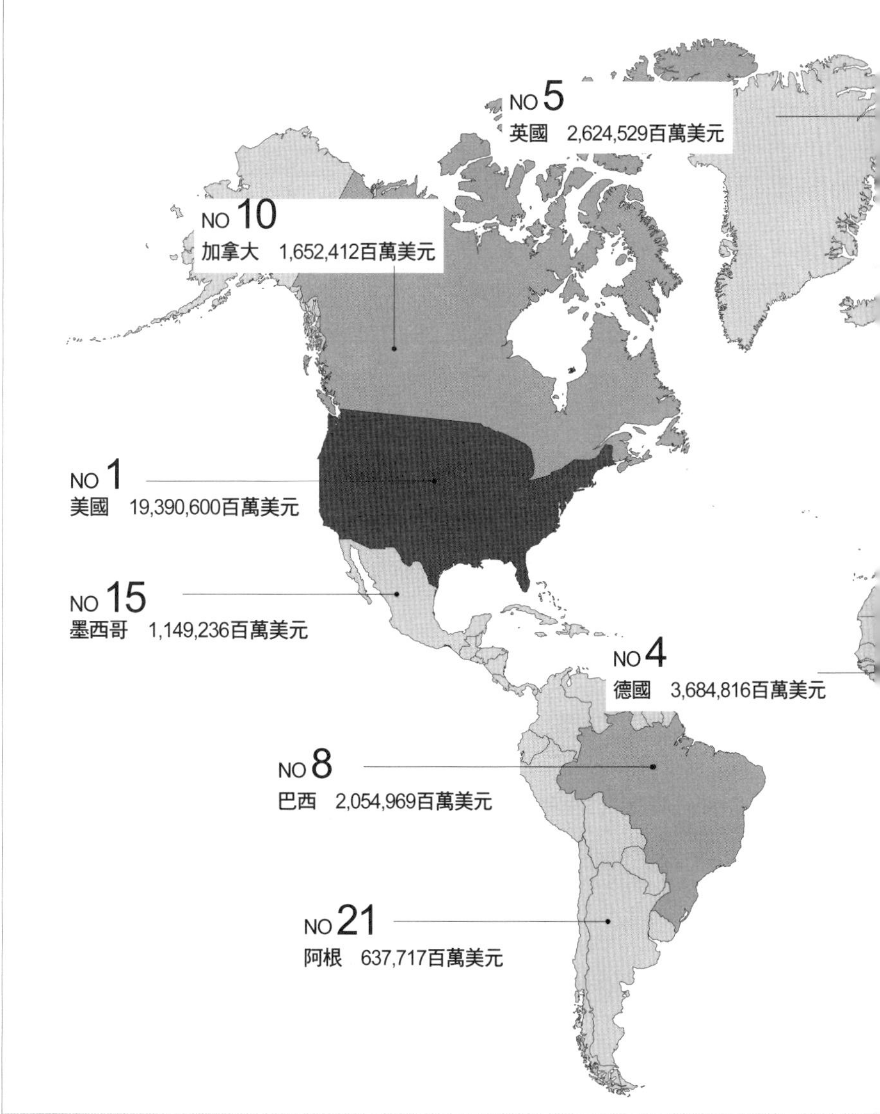

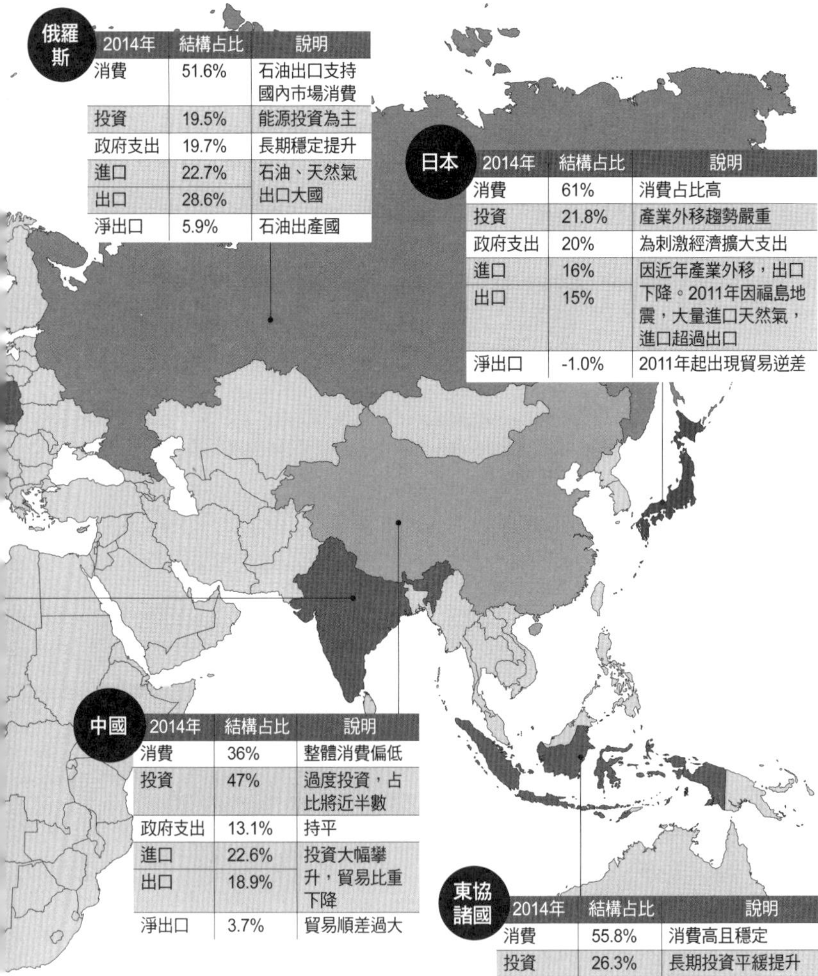

俄羅斯

2014年	結構占比	說明
消費	51.6%	石油出口支持國內市場消費
投資	19.5%	能源投資為主
政府支出	19.7%	長期穩定提升
進口	22.7%	石油、天然氣出口大國
出口	28.6%	
淨出口	5.9%	石油出產國

日本

2014年	結構占比	說明
消費	61%	消費占比高
投資	21.8%	產業外移趨勢嚴重
政府支出	20%	為刺激經濟擴大支出
進口	16%	因近年產業外移，出口下降。2011年因福島地震，大量進口天然氣，進口超過出口
出口	15%	
淨出口	-1.0%	2011年起出現貿易逆差

中國

2014年	結構占比	說明
消費	36%	整體消費偏低
投資	47%	過度投資，占比將近半數
政府支出	13.1%	持平
進口	22.6%	投資大幅攀升，貿易比重下降
出口	18.9%	
淨出口	3.7%	貿易順差過大

東協諸國

2014年	結構占比	說明
消費	55.8%	消費高且穩定
投資	26.3%	長期投資平緩提升
政府支出	10.7%	長期平緩提升
進口	71.3%	依賴貿易，出口帶動經濟需求
出口	79.0%	
淨出口	7.7%	貿易順差維持7%-10%間

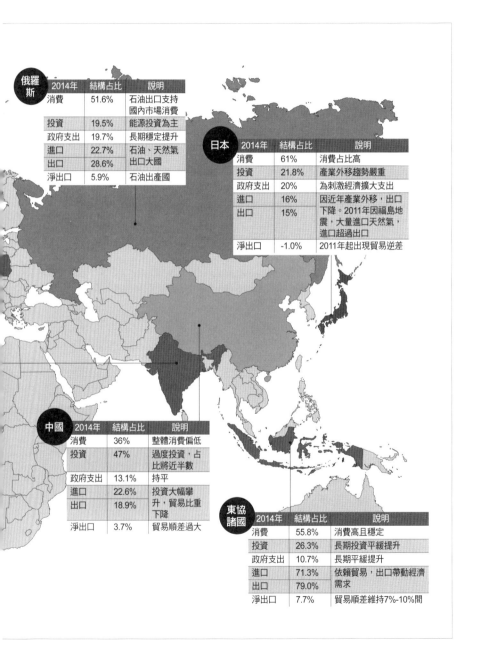

◆ 中國與國家 GPD 組成情況

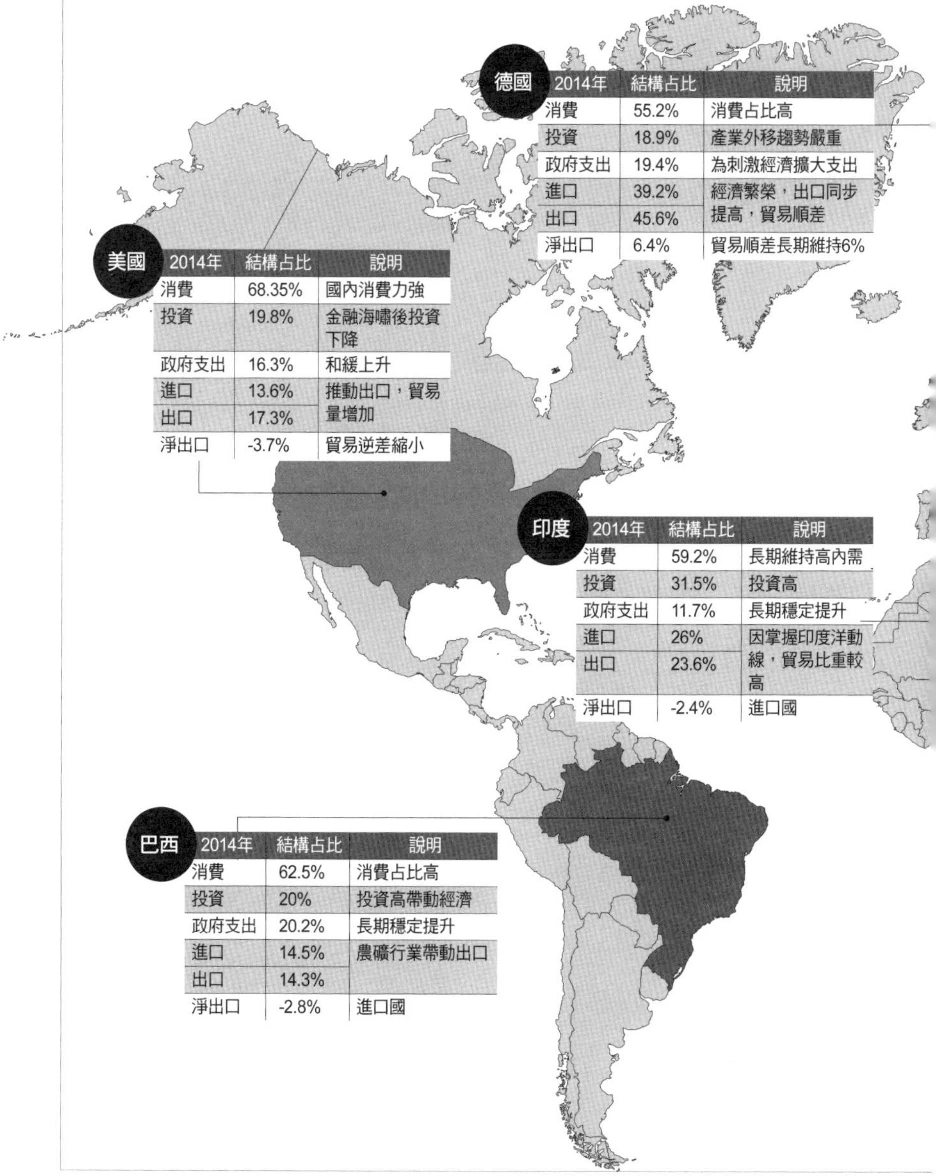

德國

2014年	結構占比	說明
消費	55.2%	消費占比高
投資	18.9%	產業外移趨勢嚴重
政府支出	19.4%	為刺激經濟擴大支出
進口	39.2%	經濟繁榮，出口同步提高，貿易順差
出口	45.6%	
淨出口	6.4%	貿易順差長期維持6%

美國

2014年	結構占比	說明
消費	68.35%	國內消費力強
投資	19.8%	金融海嘯後投資下降
政府支出	16.3%	和緩上升
進口	13.6%	推動出口，貿易量增加
出口	17.3%	
淨出口	-3.7%	貿易逆差縮小

印度

2014年	結構占比	說明
消費	59.2%	長期維持高內需
投資	31.5%	投資高
政府支出	11.7%	長期穩定提升
進口	26%	因掌握印度洋動線，貿易比重較高
出口	23.6%	
淨出口	-2.4%	進口國

巴西

2014年	結構占比	說明
消費	62.5%	消費占比高
投資	20%	投資高帶動經濟
政府支出	20.2%	長期穩定提升
進口	14.5%	農礦行業帶動出口
出口	14.3%	
淨出口	-2.8%	進口國

人均所得列位全球中等，但貧富差距極大

中國的ＧＤＰ總額在二〇一〇年已正式超越日本，成為全球第二大經濟體，但距離第一名的美國仍有六兆多美元左右的差距。若持續每年平均六．五％的增長速度，一般預料二〇二五年至二〇三〇年，將成為世界第一大經濟體。

不過對於中國政府而言，經濟轉型將是嚴苛挑戰。

比起國內生產毛額，或許更值得注意的是中國的人均所得。二〇一八年，中國預期人均所得約為八千四百美金，在全球排名列位中等。上海、北京等城市，是中國經濟發展成功的範例，但解讀數據會發現，中國國內的貧富差距很大，這也是為何在接下來十三五計畫中，中國政府將重點放在全面形成小康社會的原因。

從採購經理人指數看中國

採購經理人指數ＰＭＩ在世界各國都是實用的景氣判斷工具。顧名思義，主要是由工業製造的五個面向：生產數量、新增訂單數量、供應商交貨、原物料存貨與雇員狀況而設立的景氣指數。個別的統計機構稍有微調，例如加入商品價格，不過整體架構仍然一致。

指數以五〇作為中間標準，超過五〇，代表未來景氣樂觀，反之則是悲觀。

中國在進入改革開放之後，貿易是其經濟成長相當大的動力來源，無論外匯存底或是貿易總額都是全球第一，而製造業所帶來的產值，更是這項經濟奇蹟重要的支柱，由此可知ＰＭＩ指數對中國的重要性遠高於其他國家。

ＰＭＩ的架構相類似，但統計範圍各國卻不盡相同，因為它主要是透過問卷調查的方式，向數百間企業調查目前的狀況，回收後再製作成統計數據，所以數值高低關鍵在於這數百間公司要如何選定了。

以中國為例，我們常常可以在新聞中看到兩種ＰＭＩ的數據，一個是中國政府發布的官方ＰＭＩ數值，另一個則是財新ＰＭＩ數值，由財新集團調查公布。

官方挑選的公司樣本，偏重於大企業與重工業，而財新集團則偏重於中小企業、民生工業和服務業。也因此偶爾會發生官方和財新ＰＭＩ數值不同的狀況。

但是在美國，一樣也有不同機構發表ＰＭＩ數據發生差異的問題，甚至因為美國許多州的經濟支柱並非工業，而綜觀來說全美服務業所產生的經濟實力更強，所以美國還另外測定「非製造業經理人指數」。後來，非製造業經理人指數也引進到其他先進國家，台灣和中國也採用過非製造業經理人指數，但目前仍不如ＰＭＩ來得實用。

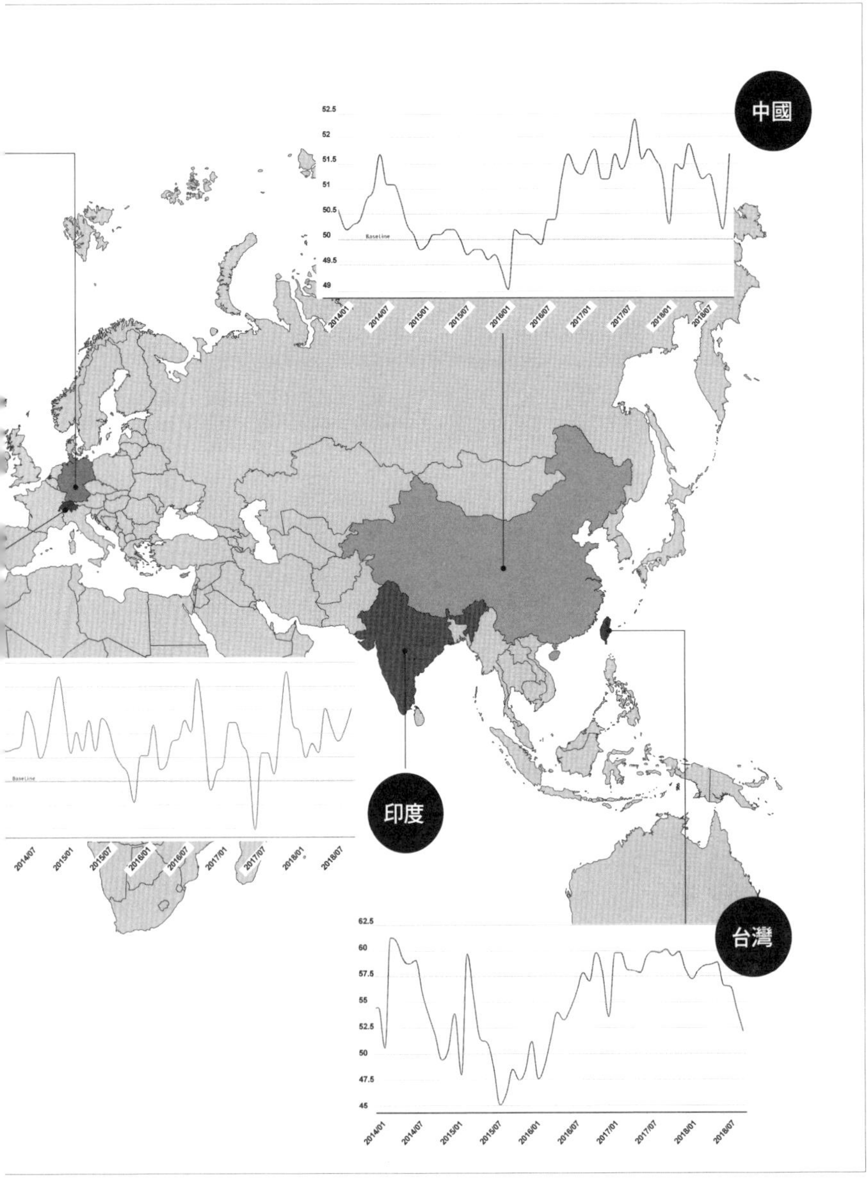
中國
52.5
52
51.5
51
50.5
50
49.5
49
Baseline
2014/01
2014/07
2015/01
2015/07
2016/01
2016/07
2017/01
2017/07
2018/01
2018/07
印度
Baseline
2014/07
2015/01
2015/07
2016/01
2016/07
2017/01
2017/07
2018/01
2018/07
台灣
62.5
60
57.5
55
52.5
50
47.5
45
2014/01
2014/07
2015/01
2015/07
2016/01
2016/07
2017/01
2017/07
2018/01
2018/07

◆ 近年世界各國製造業採購經理人指數

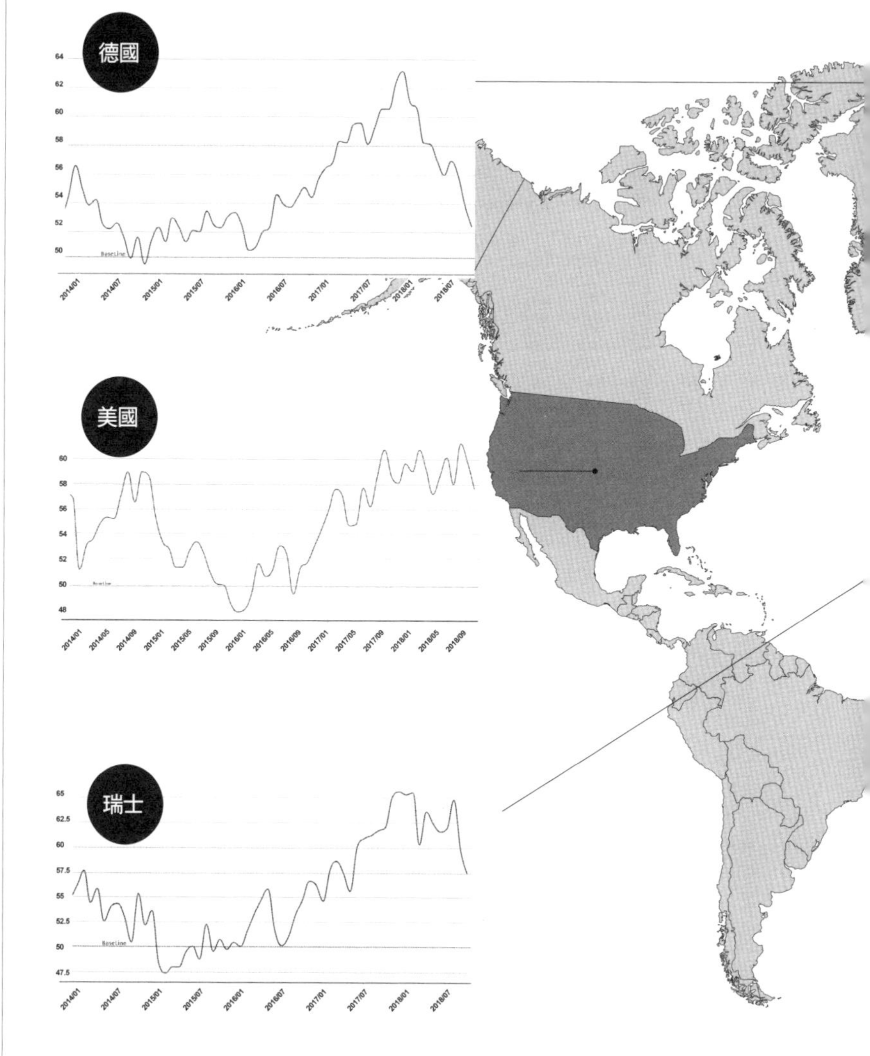

從社會消費品零售總額指數看中國

在GDP的支出面計算中，其中有一項叫做「民間消費」，所謂民間消費內容包羅萬象，食、衣、住、行、育、樂，全部都混雜在這項統計中，而且所算的是最終消費金額，其中也包含了有形與無形的產品。

但其實服務性質或虛擬交易，與一般商品交易性質不同。例如律師服務的收費，會看案件情節輕微或嚴重、所要達成的目的與牽涉金額高低、律師與委託人之間的交情而有所調整。委託人對於律師的需求程度，也絕對不是能用數量或價格可以說明的，這與我們在經濟學中所說的供給與需求法則並不相同。

為了更準確理解商品零售狀況，中國政府透過商品零售數字，掌握市場內需程度以及可以精準調整供給面，因此創建了「社會消費品零售總額」這項統計數據。其中主要含括食品類零售額、日用品類零售額、文化娛樂品類零售額、衣著類零售額、醫藥類零售額、燃料類零售額、農業生產資料類零售額等七大類的零售商品。

放眼世界各國，也都有類似的統計，例如台灣和美國都有所謂的「批發、零售、餐飲營業總額調查」，但使用上仍應避免混為一談，彼此難以相互比較，因為中國的社會消費

◆ 2016 年世界各國消費市場比較

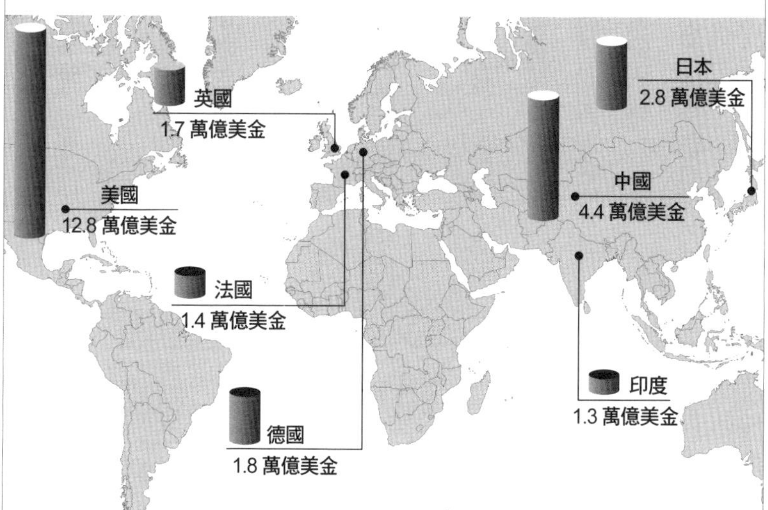

（資料來源：經濟學人智庫、波士頓諮詢公司）

◆ 2010-2018 年中國消費品零售總額與年增率對比

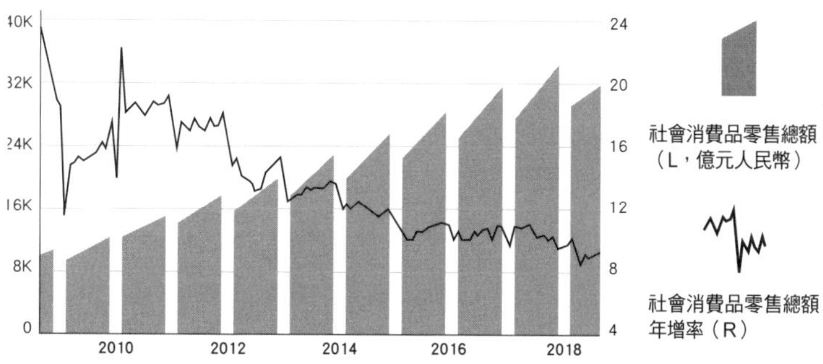

品零售總額是經由抽樣調查，並結合稅收數據來推算，除了企業樣本有限縮之外，商品金額也有限縮，並非所有零售商品都納入。

中國要邁入開發國家之林，經濟轉型無可避免，但要從製造業轉進至消費為主的經濟體，社會消費品零售總額的增長率就成為了重要的觀測指標。

中國經濟從原本以出口為主，目前已逐漸轉變成為由投資為主，但面臨投資過多、消費市場不振等問題，而社會消費品零售總額，就是面臨問題時政策判斷的主要依據。

從宏觀經濟指標看中國

在台灣，我們常聽到主計處公布景氣訊號燈，紅燈表示景氣過熱，黃、藍燈則表示未來景氣轉壞等等，這些景氣循環訊號的判讀，在中國就叫「宏觀經濟指標」。該指標綜合許多總體經濟數據的分析，並且可分為四大類，分別為：領先指標、一致指標、落後指標以及預警指數。

領先指標是指統計項目中的產業狀況，通常會比總體經濟更早看出變化，而這些項目包括：輕工業總產值、一次能源生產總量、鋼產量、鐵礦石產量、十種有色金屬產量、國內工業品純購進、國內鋼材庫存、國內水泥庫存、新開工項目數、基建貸款、海關出口額、經貿部出口成交額、狹義貨幣M1、工業貸款、工資和對個人其他支出、農產品採購支出、現金支出、商品銷售收入等共十八項。

一致指標則與總體經濟變化幾乎一致，統計項目包括：工業總產值、全民工業總產值、預算內工業企業銷售收入、社會商品零售額、國內商品純購進、國內商品純銷售、海關進口額、貨幣流通量、廣義貨幣M2、銀行現金收入等共十項。

落後指標則表示總體經濟變化後，將跟著景氣變化的項目，包括：全民固定資產投資、商業貸款、財政收支、零售物價總指數、消費品價格指數、集市貿易價格指數等共六項。

綜合上述三個指標項目，得出十個重要的經濟數據，包括：工業生產指數、固定資產投資、社會消費品零售總額、海關進出口總額、財政收入（不含債務）、工業企業利潤總額、城鎮居民人均可支配所得、金融機構貸款、廣義貨幣M2、居民消費價格指數。

而預警指數則是台灣的景氣訊號燈，也是宏觀經濟指標裏頭最常被使用的判讀數據。

這些指標皆以一九九六年的數據做為基準點，也就是一〇〇，再細分成五個燈號，由中國景氣監測中心每個月皆會發布一次，但在分析時，應該要再詳細判讀指標的上升或下降細部原因以及整體趨勢，例如天災就很可能造成某項指標變成藍燈等等，中國景氣監測中心也會提供詳細變化說明。

流動人口過高導致失準的指數——失業率

在大多數的國家統計資料中，失業率通常是以抽樣問卷方式來做調查的，以台灣為例，每個月會回收一萬六千份以上的抽樣問卷，且遵循國際勞工組織的規定來進行抽樣。

在中國，失業率通常稱為「城鎮失業率」，類似於美國的「非農就業人數調查」，主要排除農業就業人數以確定實際失業狀況。依照調查方式，又可以分為三種。

一、城鎮登記失業率：這是中國最主要的失業率數據，依照行政統計出來的數字。

二、城鎮調查失業率：依抽樣方式統計，統計方法與台灣相同。

三、城鎮普查失業率：大約十年一次調查，在進行人口普查時同時做的失業統計。

中國政府從一九七八年開始，僅公布城鎮登記失業率，直到二〇一三年才首次發布城鎮調查失業率的數據，二〇一八年又更進一步提供城鎮普查失業率，此舉是為了與國際經濟接軌。

◆ 2016年中國官方發布各省失業狀況

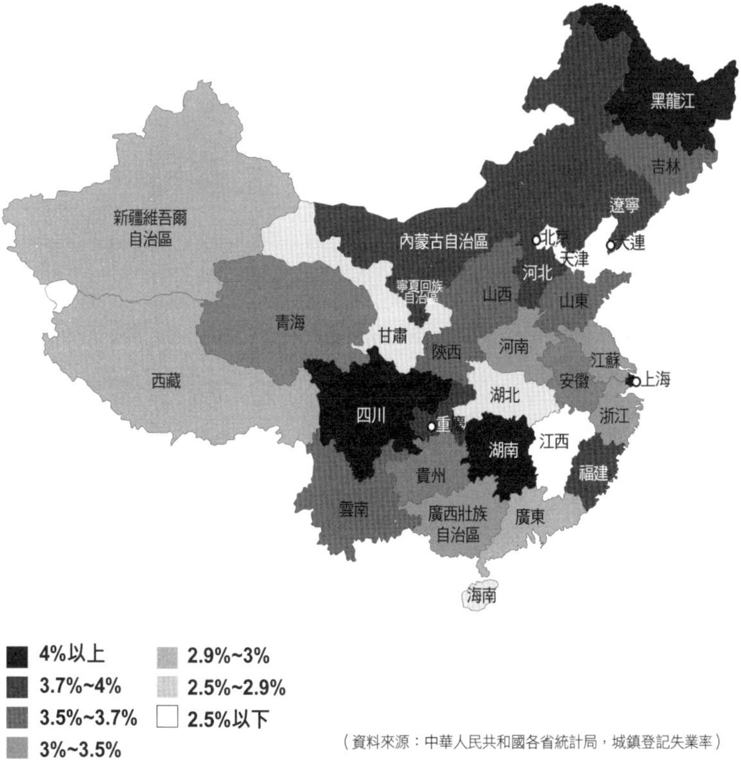

（資料來源：中華人民共和國各省統計局，城鎮登記失業率）

之所以先前不曾公布數據，主要原因在於中國城鎮人口外流情況非常嚴重，抽樣不易準確，且小村城鎮中剩下的人口，多半都是無力向外謀職者居多，數據也會失真，因此用「城鎮登記失業率」來代替抽樣調查，較為貼近事實。

但這些數據隨著社會變遷，質疑或反對聲浪也越來越大。因為真正會去登記失業的人並不多，且此登記規定的年齡上限只到五十歲，許多現實生活中，靠裙帶關係的工作者，或非固定就業的臨時打工者並沒有登記，所以數字變化不大，並不堪用。

因此很多外國智庫機構會用自己的方式來調查、推估中國的失業率。

即便中國的失業率有些表述紛亂，但未來在這數據的調查上可能會有更符合實際情況、更科學的做法。畢竟失業率是未來經濟發展相當重要的指標，因為人民是否充分就業，代表著中國社會是否穩定與小康的指標。

從居民消費物價指數與製造者生產價格指數看中國

居民消費物價指數CPI與製造者生產指數PPI，也是總體經濟學的重要數據。

在中國，前者是以消費者購買商品和服務的價格，計算市場物價的變動程度；而後者則是以製造商購買原物料所需的成本價格，計算出供給市場的變動。

顯然，製造者生產價格指數往往是消費物價指數的先行指標。若ＰＰＩ呈現上漲趨勢，可預期不久後ＣＰＩ也會隨之上揚。

此外，這兩項指數都還可細分成許多類別。ＣＰＩ指數可再細分為：食品菸酒、衣著、居住、家庭設備、醫療、交通和通訊、文化和娛樂等七項細節指數。而ＰＰＩ則有：燃料類、有色金屬類、有色金屬材料類、化工原物料類、木材及紙漿、建材、農業副產品、紡織、工業控制等九大類。

ＰＰＩ背後代表著產業和經貿的穩定程度，若ＰＰＩ呈現持續上升，表示企業獲利可能會因此萎縮，必須審視是哪個環節出了問題，否則如果企業獲利長期偏低，並非經濟之福。

同樣道理，ＣＰＩ也有一樣的意義。中國在十一五計畫時期曾經歷過高度投資發展，而近二十年來，投資一直扮演著中國經濟成長的主角，但隨之而來的就是高度通貨膨脹。除了二〇〇九年因為全球金融危機，導致ＣＰＩ持平，二〇〇七年至二〇一四年平均ＣＰＩ年增率都在三％到五％之間。換言之，經濟成長率扣掉ＣＰＩ之後，這幾年中國實際經濟成長率僅剩下五％左右。

此外，高通膨會擴大貧富差距，所以ＣＰＩ指數是中國相當重視的一項數據。

◆ 中國市場變動況

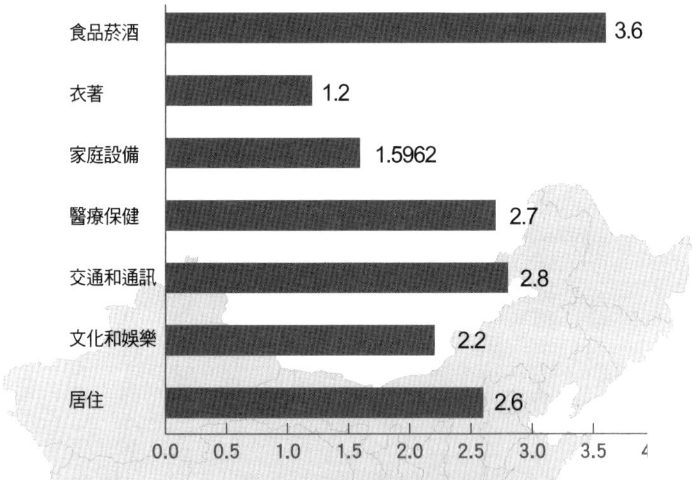

2018 年中國居民消費物價指數

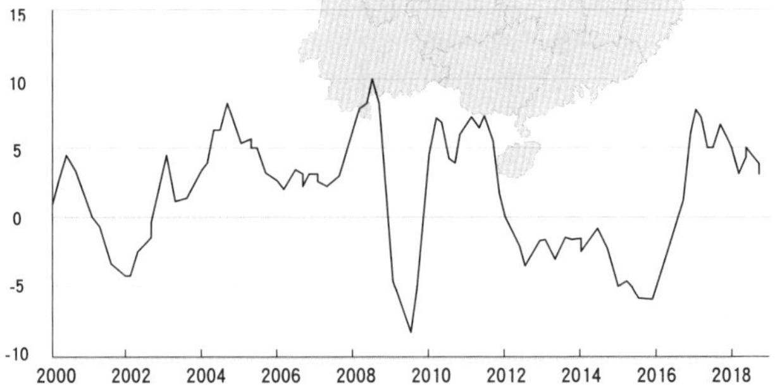

中國近年製造者生產指數年增率

2-2 具有中國特色的金融市場

金融就像是經濟的引擎，存錢與借貸之間一來一往，如活塞般快速地連動，便能驅動投資和交易這兩組輪子，讓經濟得以前進。政府在金融裡扮演的角色極為重要，它是確保這具引擎能夠運轉的工程師，必須同時保證存錢與借貸所形成的貨幣信用穩定，並努力避免投資和交易之間發生不平衡，讓經濟這輛汽車能夠持續走在安全穩定的道路上。

世界各國對於經濟狀況，都有不同的監理運作制度，中國也不例外。但不像多數國家以穩定金融為重點，中國的金融還隱含著許多政治方面的含意，無論是會計或金融政策，都有它獨特的一面。

獨特的兩種匯率制度——離岸人民幣（CNH）和境內人民幣（CNY）

中國在改革開放後，貨幣的重要性逐步升高。而中國和美國在經濟上的競賽，也是一場貨幣戰爭。

一九七三年布列敦森林會議[1]結束金本位之後，匯率穩定的複雜性，不是可用市場決定的簡單邏輯帶過。布列敦森林會議後成立了國際貨幣基金（IMF）以及世界銀行（WB），掌控全球貨幣的監理，確保國際收支平衡以及主要貨幣國家的權利與義務。

隨著中國逐步發展，人民幣在國際間的需求和供給變得龐大且重要，但中國就像早期台灣、泰國一樣，在金融體系尚未強健時，政府在匯率控制上必須加強監控，防止金融禿鷹狙擊貨幣造成經濟崩盤，也要防止資金的大量流出，造成市場過度投機，但又要避免過度管制，導致貨幣不流動，因此自二〇〇四年開始，中國採取了兩種人民幣的兌換，也就是離岸人民幣以及境內人民幣。

離岸人民幣是指在境外辦理的人民幣幣清算業務，境內人民幣則是指在中國境內（不含港澳）辦理的清算業務。

境外人民幣的清算匯兌業務從二〇〇四年首先於香港辦理，起初只是單純的匯兌清算，但由於境外匯兌人民幣的需求量相當龐大，中國因此也必須對國際貨幣市場開放，因此自二〇一〇年起將離岸人民幣定價，此後境內人民幣與離岸人民幣數值就此分道揚鑣，國際匯兌也以離岸價格為主。

此一政策讓中國政府可以有效控管境內的貨幣供需，不至於受到國際投機客操弄，而國際間對於人民幣的需求也有暢通管道可以自由買賣，並擁有較自由的人民幣匯率。

自二〇〇六年起，中國央行每天早上九點會宣告人民幣的中間價格，並規定上下浮動以兩個百分點為準，可見中國對於匯率的控管是相當謹慎且帶有政治意義的。

為了加速與國際金融接軌，在十二五計畫中，新增倫敦、新加坡、紐約為第二波清算交易地，其中前兩座城市已於二〇一六年前成立了清算中心。另外，其他許多城市，像是台北、東京等地也都與中國簽訂「人民幣清算備忘錄」，可以從這些都市直接向清算中心做匯兌業務。

二〇一三年起，中國政府每月頒布「跨境人民幣指數」，從跨境流出、跨境回流、境外流轉三個層面編制指數，用以偵測人民幣匯兌的活躍程度。其中跨境回流指數可以適時了解人民幣回流中國境內的流量大小，對人民幣邁向國際化深具貢獻。

1　一九四四年至一九七三年間，世界大多數國家都加入以美元為國際貨幣中心的體系，但因為多次爆發美元危機與美國經濟蕭條等問題，於一九七三年宣告完結。

可能很多人會問，這兩種人民幣最後會回歸一致嗎？

理論上，如果人民幣真的想要成為真正的全球性流通貨幣，這兩種價格必須合而為一，但在達到這個目標之前，中國境內必須要先解決許多非政府債務的問題，而且貨幣流通度必須隨著國力向外延伸，達到一定交易程度，才有可能讓人民幣價格達成統一。雖然中國政府並沒有公布時間表，但看發展情況可知，目前中國政府一直朝著這樣的方向在前進。

納入特別提款權計價貨幣對人民幣的發展與意義

近年來，中國金融實力有目共睹。二〇一五年底，人民幣正式納入特別提款權的計價貨幣之一，並且占有近四％的配額，成為第六大國際通用貨幣，到二〇一八年六月，配額已經上升至六．四一％，足見人民幣在全球的實力攀升。

什麼是特別提款權？

特別提款權（ＳＤＲ）是國際貨幣基金為了維護國際收支平衡所設置的一種記帳單位，

◆ 特別提款權中貨幣所占比重

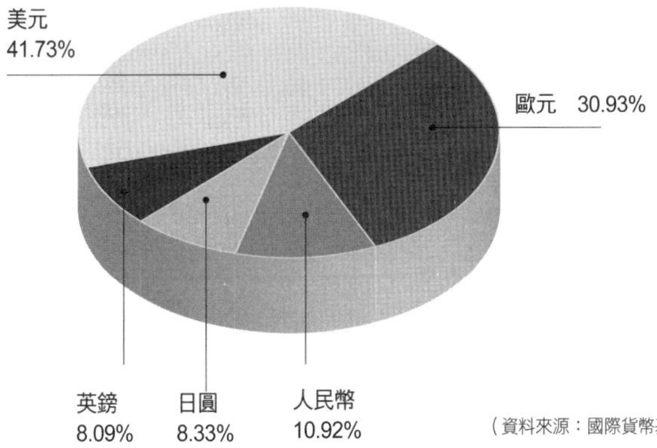

（資料來源：國際貨幣基金，2016）

俗稱「紙上黃金」。我們可以把它想像成是國際貨幣基金設置的一種貨幣，它的價值由主要由美元、英鎊、日圓、歐元、人民幣（俗稱「一籃子貨幣」）等五種貨幣依照權重來計算，其中人民幣占一〇．九二%。該權重每五年調整一次。特別提款權的貨幣不能單獨對外流通，要使用時，必須先兌換成某種貨幣。

為了讓讀者能夠更清楚理解，我們用一個簡單的比喻來解釋特別提款權吧！

保持國際收支平衡的特殊貨幣制度

設想有三個農夫，各自持有不同水果，老張有十顆蘋果、老丁有十根香蕉、老李有十顆奇異果，彼此之間相互交換比率為一比一。

某天，老丁大豐收，總共收成二十根香蕉。他先拿十根香蕉和老張交換十顆蘋果，又拿了五根香蕉和老李交換了五顆奇異果。此時，老張覺得十根香蕉吃不完，想再拿五根香蕉和老李再換五顆奇異果，但老李心想：「這樣換下去，我手上不就全都是香蕉了嗎？」於是不願兌換，或者提出要求，要改換比率，以二比一來兌換，那麼，老張該怎麼辦呢？

把水果看成貨幣，如果老張和老李不肯互換，就表示貨幣無法流通，換到經濟發展上，便會影響貿易運作，甚至可能導致老丁主控了三方的全部交易；但如果老張接受了二比一交換的條件，香蕉就對奇異果貶值了，結果可能導致三位農夫日後不願意大量採收，以避免豐收卻貶值的命運，這對總體經濟運作也不是好事。

由此來看，這兩種結局恐怕都不是三位農夫所樂意見到的。

這時，國際貨幣基金這個單位就出來說話了。為了維持整體經濟穩定，它發行特別提款權，允許老張用五根香蕉先和老李換三顆奇異果，同時記錄老張有兩個單位的特別提款權。也就是說，接下來，老張還可以用這兩個單位的特別提款權和老李再要求兌換兩顆奇異果。當然，這些兌換也允許交換「其他水果」，因為比率會維持在一比一的狀態，這就是國際收支平衡。

人民幣逐漸成為可信任的國際貨幣

人民幣被納入了特別提款權的指數，就代表人民幣正式成為國際儲備貨幣之一。過去很多國家因為中國匯率的嚴格管制，對於人民幣抱持不敢信任的猶豫心態，但現在因為有了國際貨幣基金的擔保背書，對於人民幣信心大增。對中國而言，這也是成為經濟強權的重要一步。

然而在另一方面，人民幣被納入特別提款權，獲得貨幣基金的擔保後，中國雖然大幅減少未來增減貨幣供給時可能發生的金融危機，但隨著人民幣的流通加速，中國本身在財政、經濟發展及金融收支帳的平衡上，必須持續穩定，且人民幣也必須加速和浮動匯率接軌，否則仍有被剔除出特別提款權的一天。

2-3 各司其職的四大銀行

如果不知道中國的四大銀行，就不可能了解中國的金融狀況。

所謂四大銀行，到底有多大呢？

中國的四大銀行，也是全世界資產最高的四大銀行，依序分別是中國工商銀行、中國建設銀行、中國農業銀行以及中國銀行。光是中國工商銀行的資產規模，大約一百二十兆新台幣，比台灣所有銀行的資產加總起來還要大。

不過此四大銀行都是國營銀行，能夠累積如此龐大資產，一方面除了受惠於政治分配，另一方面，它們各有各的分工領域，彼此合作，少競爭。

全球資產最大的中國工商銀行

自從一九七八年改革開放後，金融就是相當關鍵的經濟引擎。在改革開放之前，中國可以說只有一家商業銀行，也就是我們熟知的人民銀行，它兼具中央銀行以及一般工商業融資的種種功用，但一直被詬病是球員兼裁判，耽誤或阻礙許多融資活動，而且因為壟斷一切有利的金融項目，容易造成資金配置不公平。有鑒於此，一九八三年，中國國務院發布政策，讓人民銀行正式回歸中央銀行的職務，並於一九八四年成立中國工商銀行，承擔原來由人民銀行辦理的工商信貸和儲蓄業務。

中國工商銀行雖然在四大銀行中成立最晚，但它承接了人民銀行過去最大宗的企業融資業務，並且以工商銀行的運作為藍本，逐步開展出各種商業及金融的運作體系。它的存在，類似台灣早期台企銀、彰化銀行、華南銀行等官股銀行的角色。

目前中國工商銀行是全球資產額最高的銀行，其本身除了一般融資業務，也包括基金管理、信託、境內匯兌清算等，同時擔任中國企業向外併購的主要舵手。

深入中國農村與鄉鎮的中國建設銀行

計畫經濟是中國在經濟發展上重要的手段，但執行計畫經濟，前提必須是要有錢與人才，而金錢的部分就由中國建設銀行來承擔。

一九五三年中國開始執行一五計畫，成立中國建設銀行，就是其中建設項目之一。一九五四年，中國成立了建設銀行的前身「中國人民建設銀行」，主要協助財政建設的支出及收入、融資與存貸，就像早期台灣銀行與財政部之間的關係。

一九七八年改革開放後，中國人民建設銀行也開始辦理一般的銀行業務，例如信用貸款、外匯、定存、基金投資等等，逐步放寬商業銀行的業務比重。一九九四年，它將財政建設方面的金融功能分別移轉回政府單位和國家開發銀行，並在一九九六年改名為中國建設銀行，成為了一般的商業銀行。

中國建設銀行的歷史，就是一部中國金融發展史。建設銀行後來擴展成金控集團，截至二〇一七年中，單就銀行的資產已達三・三兆美元，是全球第二大銀行。建設銀行集團的特色是，深入中國各鄉鎮，成立村鎮銀行，在中國地方的財政建設上，有著重要功能。

為發展農業現代化而設立的中國農業銀行

在台灣，我們都聽說過「農會信用合作社」這樣的機構，這類金融機構的成立，主要因為農業與工商業本質有極大的不同，農業的利潤不容易被商業銀行所青睞，如果缺乏政府支持，很難得到資金投入，所以早期以農為主的社會裡，這些有著銀行功能卻又不稱為銀行的「信用合作社」，多是專為發展農業金融而設立，並由政府做有力的擔保。

而隨著經濟與科技發展，這些信用合作社從支持農業生產，逐漸進入工商業時代，像是紡織與食品業，都與農業有密切相關，而台灣的合作金庫也是因為轉型變化而誕生。在中國，中國農業銀行也走過類似的道路。

中國農業銀行的成立相當崎嶇，一九五一年，農行的前身「農業合作銀行」成立，成為中國政府專責農業發展的貸放款機構，但它本身隸屬於人民銀行管轄，但因拓點困難、業務重疊，且內部資金受到人民銀行的制肘，於一九五二年與人民銀行合併。

一九五五年，中國農業銀行再度成立，但同樣問題沒有改善，於是一九五七年又與人民銀行合併。一九六三年，有鑑於農業發展資金常常遭到其他部門排擠，再度成立農業銀行，並且有計畫地在各省、鄉、鎮、市快速成立據點。然而緊接著一九六五年便進入混亂的文革時期，在政治要求下，農民銀行第三次併入人民銀行。

直到一九七九年改革開放後，為了加強農業現代化，中國農業銀行再次成立，並且直接隸屬國務院，正式成為地方農業合作社的領導機構，一九九四年正式轉型為商業銀行，但對農業發展仍持續有其功能存在。中國農業銀行目前總資產約有三・一兆美元，是全球第三大銀行。

成立最早，與國際接軌的中國銀行

中國最老牌的銀行，莫過於中國銀行了。中國銀行成立於一九一二年，原由中華民國政府仿照日本銀行的型態而成立。初期中國銀行相當於早期的人民銀行，一手包辦所有業務，除了承接民間工商業放貸款，也負責財政建設與中國最早的保險業務、證券業務，以及換匯買賣及清算。

後來，中國銀行合併進入人民銀行，主要財政功能和中央銀行職務改由人民行經手，直到改革開放後，中國銀行再度獨立出來，並且繼續辦理中國所有外匯業務，可以說是最專業的國際貿易銀行。自此，中國銀行逐步力拚轉型，於一九九四年成為四大商業銀行之一。

中國銀行歷史悠久，且成立以來一直都有商業銀行的影子，相較於其他三大銀行，中國銀行具備更多的工商業經驗及管理，也是中國最早與國際會計制度接軌的銀行，為中國跨國企業貢獻良多。目前總資產約為三兆美元，排名全球第四，但其銀行競爭力評價在許多財經雜誌中，常列中國第一或第二強。

四大銀行實力驚人但都有債務問題

這四大商業銀行因為其歷史演進以及特殊性，都由中國政府主要持股，所以即使都已轉型為商業銀行，但對於中國政府的任何財經政策，仍然具備其應有功能，像是這二十多年來的城鎮化建設中，都可以看到這四大銀行穿梭其中的影子。

當然，由於與政治關係密不可分，債務問題的嚴重性也逐漸在這幾年間浮出水面。但如果我們再把幾個中國主要私人銀行列入其間，如匯豐銀行、恆生銀行等等，不難發現，中國的金融實力早已成為全球第一且堅不可破。

此外，中國目前對外積極主導「亞洲基礎設施投資銀行」（亞投行）的運作，欲藉助這四大

◆國際清算銀行評估銀行體系早期風險指標

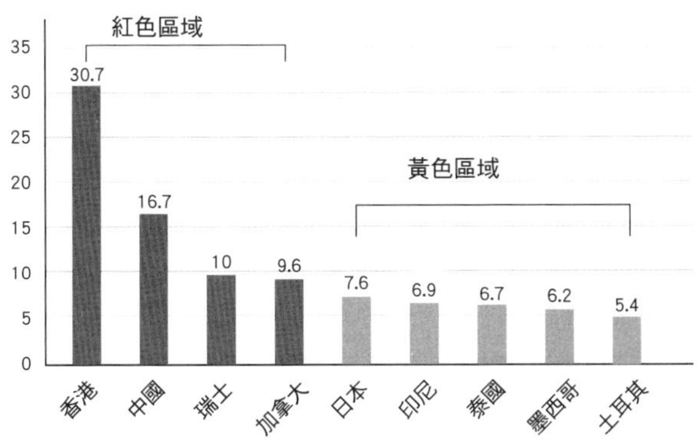

（指數≧9為紅色區域，4-9為黃色區域）　（資料來源：國際清算銀行BIS）

◆ 世界十大資產銀行與分布

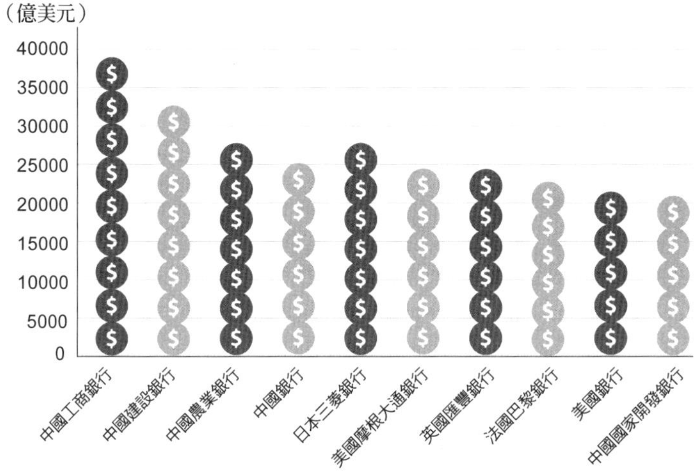

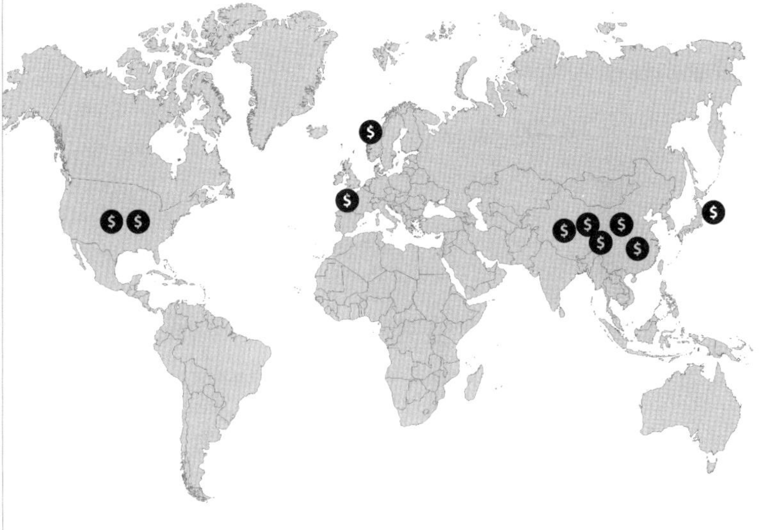

商業銀行的發展經驗，透過亞投行逐步走入亞洲各個國家，一方面拓展中國商業市場，另一方面也是仿照歐美，作為國際實力的延伸。

◎什麼是國際清算銀行？

國際清算銀行（Bank for International Settlements，BIS），成立於一九三〇年，主要由英國、法國、德國、義大利、比莉時、日本等國的中央銀行，與代表美國銀行界的摩根大通銀行、花旗銀行等組織而成的國際性金融組織，現有會員國六十家中央銀行參與。

國際清算銀行原本是為了處理第一次世界大戰後，德國戰敗賠款問題而成立。但隨著一次年歲變化，戰爭賠款相關事務逐漸結束，隨後調整屬性，轉向推動國際財政貨幣合作方面努力。

今日國際清算銀行的主要工作內容為處理如歐洲經濟合作組織、黃金總庫、歐洲貨幣合作基金等機構的金融業務，或辦理、代理各成員國中央銀行的黃金與貨幣存款、買賣，向各中央銀行貸款或存款等等。另外定期舉辦會員國中央銀行行會議，協調有關各國的金融政策，促使合作。

2-4 中國新運動——全民來買股

隨著金融行業的發展，大型公司都需要流通的籌資管道以及風險分攤，股票市場的形成是必然的，但股票市場的成立，在中國早期的政治環境底下，曾引發過很大爭論。一九九〇年，中國在上海以及深圳成立了證券交易所，並在鄭州與大連成立商品期貨交易所，當時鄧小平更在南巡談話中談到股票期貨市場的成立，希望大家要有試驗的精神，不必對這一類金融發展感到害怕，並且強調如果金融市場制度不適合社會主義發展，可以隨時取消。

而事實證明，今日股票期貨市場已經是中國經濟發展不可或缺的重要部分。中國股市發展非常繁榮，若以單日平均成交額來看，上海與深圳兩大交易所平均成交金額約為一．八兆新台幣，是台灣股票市場的十八倍大，更略強於美國股票市場，為世界首位。

兩種中國股票市場

不包含香港，中國目前上海與深圳兩個證券交易所的商品項目和台灣一樣，主要辦理證券、基金、債券、權證等業務。其中證券市場發展出「上證指數」以及「深圳成指」。但因為避免外資進入中國股市進行購併，尤其是保護國有企業的股份，所以在主要指數之外，還發展出Ａ、Ｂ兩種主要股票指數。

Ａ股又稱「人民幣普通股票」，只要是中國境內合格的法人和自然人都可以參與，但如果外資想要買賣Ａ股股票，必須要先取得QFII（Qualified Foreign Institutional Investors）的資格。這種情況並非中國獨有，在台灣股市也是一樣，目的是為了監控外資匯兌和購買方向。

Ｂ股又稱「人民幣特種股票」，特色就是不分境內或境外資格，並且以外幣進行交易。上海Ｂ股以美元計價，深圳Ｂ股則以港幣交易。因為Ｂ股主要吸引外國投資人參與，因此能在Ｂ股上市的股票種類較少，且必須經過中國政府特別批准，所以相形之下，Ａ股指數仍是主要參考指標。且因為成交量多集中在Ａ股，所以Ａ股的起伏也比Ｂ股更大。

除了Ａ、Ｂ兩種股票之外，在香港交易所，還有一種Ｈ股也跟中國股市有極大關係。

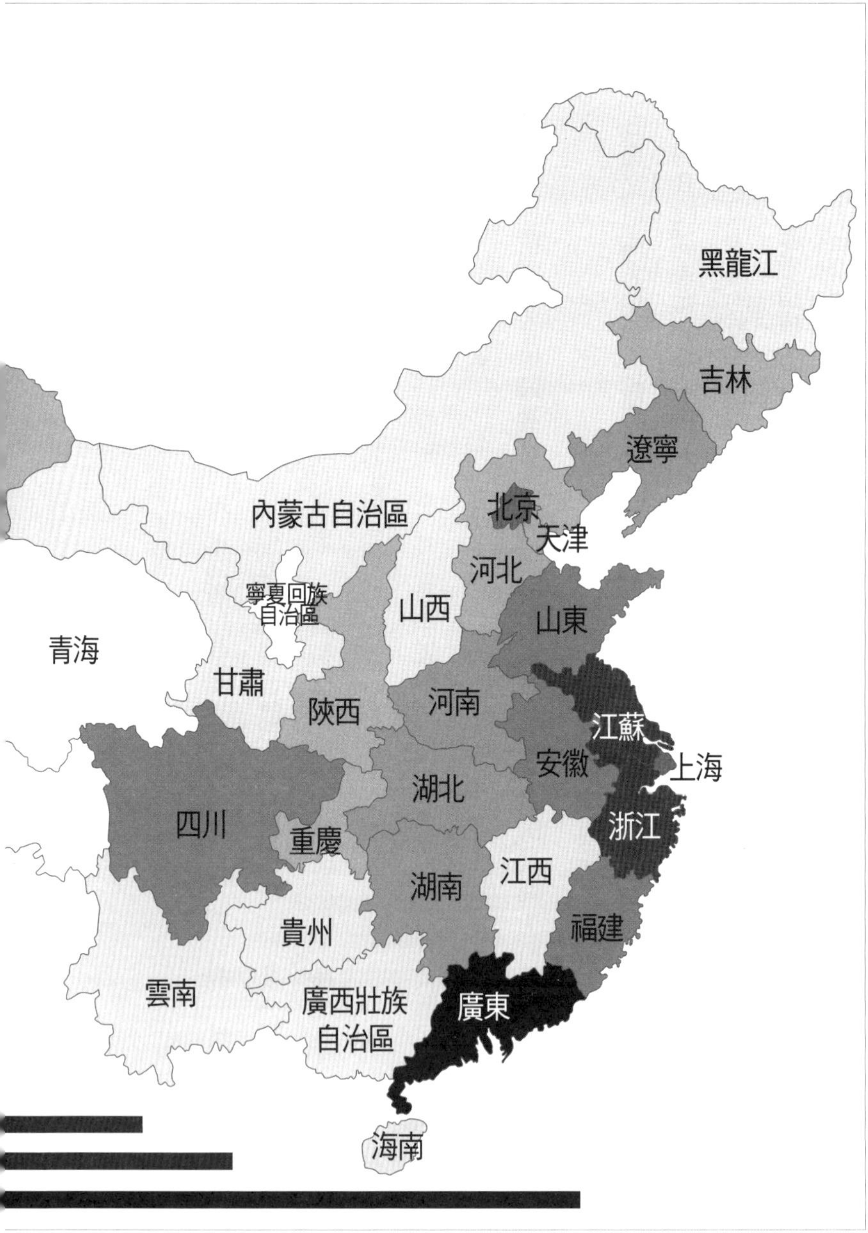
黑龍江
吉林
遼寧
內蒙古自治區
北京
天津
河北
寧夏回族
自治區
山西
山東
青海
甘肅
陝西
河南
江蘇
上海
安徽
湖北
四川
重慶
浙江
江西
湖南
福建
貴州
雲南
廣西壯族
自治區
廣東
海南

◆ 2017 年中國各省A股上市公司數量

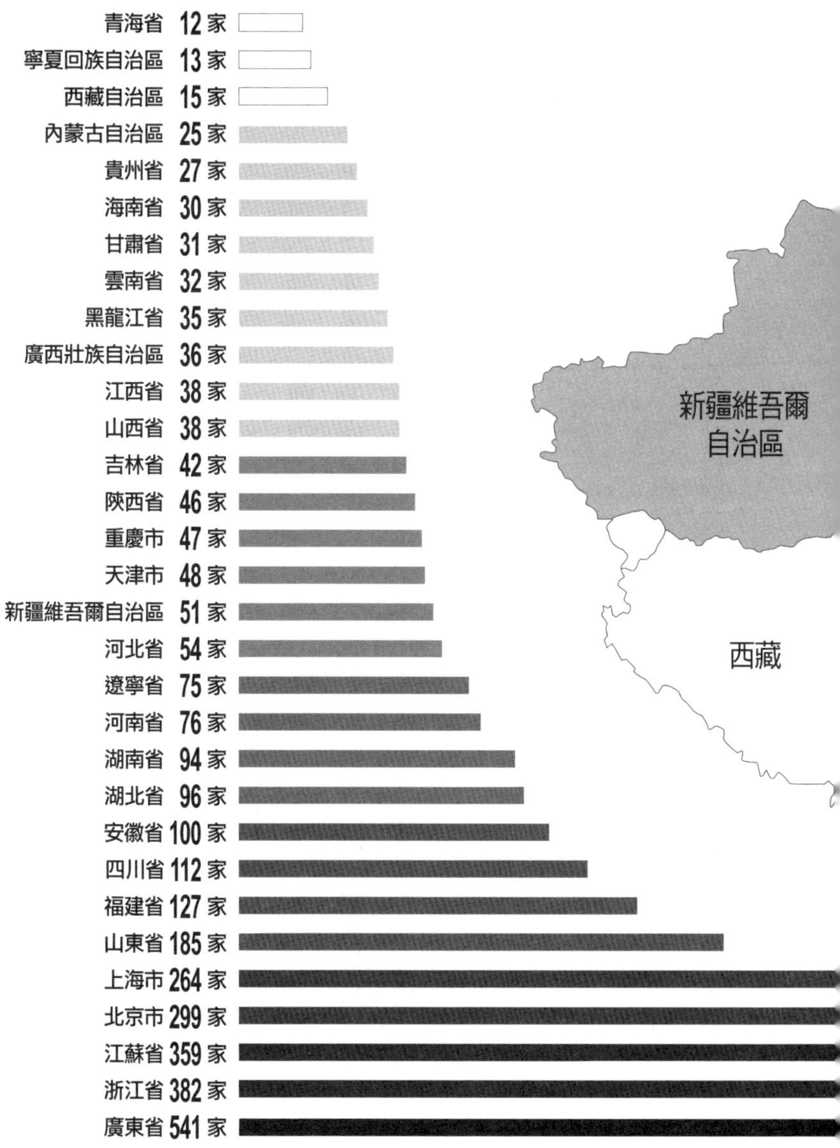
青海省 12 家
寧夏回族自治區 13 家
西藏自治區 15 家
內蒙古自治區 25 家
貴州省 27 家
海南省 30 家
甘肅省 31 家
雲南省 32 家
黑龍江省 35 家
廣西壯族自治區 36 家
江西省 38 家
山西省 38 家
吉林省 42 家
陝西省 46 家
重慶市 47 家
天津市 48 家
新疆維吾爾自治區 51 家
河北省 54 家
遼寧省 75 家
河南省 76 家
湖南省 94 家
湖北省 96 家
安徽省 100 家
四川省 112 家
福建省 127 家
山東省 185 家
上海市 264 家
北京市 299 家
江蘇省 359 家
浙江省 382 家
廣東省 541 家
新疆維吾爾自治區
西藏

H股以恆生中國企業指數為代表，又稱「國企股」。能夠進入H股的公司必須是在中國註冊，但在香港上市之中資企業，其主要大股東多為國有企業或部門。因為H股設在香港，和國際資金接軌的程度比較高，因此成為許多中國傳統產業的最愛。

企業除了依照自身的需求以及資格，可以自由地在中、港兩地掛牌買賣股票之外，中國近年來有許多大型的科技類股也開始發行ADR（美國預托證券）赴海外掛牌上市。為了輔導新創事業，各大交易所也另外成立類似台灣櫃買中心或興櫃市場的交易平台，將股票分為「主板」、「中小板」、「創業板」。

深圳交易所為此三種平台分別成立指數，提供投資人觀察，因此，創業板指數也成為時下最流行、最夯的討論話題，雖然它的投資風險很高，但下一個螞蟻金融或阿里巴巴，隨時有可能在此誕生！

中國的期貨市場以商品為主

期貨是高度槓桿的金融交易，意思是以借貸資金進行投資，以期望獲得高於資金成本的報酬率。看似投機，但最初的設計目的就是在降低大宗貨物商品的供應風險，避免天災人禍造成供給或需求者的損失。

期貨的發展對於原物料經濟有著極大貢獻。中國在九〇年代成立了大連和鄭州商品期貨交易所，兩者皆以農產品為交易重點，配以少數的煤、鐵等原物料商品，後來在一九九九年成立上海期貨交易所，以工業原料交易為主，例如銅、鋁、橡膠、黃金、石油等等。

二〇〇九年，天津市政府成立渤海商品期貨交易所，這是中國第一個省級單位成立的期貨交易平台，除了為當地政府帶來財政稅收之外，渤海商品期貨交易成立的最重要目的，在於想將天津建造成北方國際貿易中心，成為石油化工、煤炭、鋼材、棉花、糧食等大型商品交易市場。

商品期貨交易提供了中國企業強而有力的風險趨避操作，也因為中國企業蓬勃的發展，根據美國期貨協會（FIA）的統計，中國農產品期貨交易合約量已於二〇一一年達到全球五八%，二〇一四年更達到接近七〇%，雖然二〇一七年下滑到二〇一一年的水準，但一直與美國芝加哥農產品期貨交易，位居全球第一、二名。

金融期貨交易是高度投機的商品，中國政府遲至二〇〇六年才於上海成立中國金融期貨交易所，自此開始衍生性金融商品的開發和交易。雖然相當保守，但相較台灣也是股票交易走了二十個年頭後才開始逐漸發展金融期貨，最重要的關鍵在於擔心不成熟的金融知識和交易工具，導致貪婪過度，就像大約十年前有一波搶買黃金的熱潮一樣，造成股價大幅動盪，波及社會治安和金融秩序。

中國金融期貨交易所成立至今（二〇一八）剛好十二年，但所發行的商品項目仍然相當保守，總計有「滬深三〇〇指數」、「上證指數」、「中證指數」三檔指數期貨，另外還有「五年期公債期貨」及「十年期公債期貨」，共五種商品。

未來一定還會有更多金融衍生商品會被開發出來，但在凡事求穩的中國經濟制度體系中，首要考量還是著重經濟與社會之間的平衡穩定。

只許進，不許出的外匯管制手段

中國高度經濟成長，逐步累積外匯。至二〇一七年底仍擁有將近三兆美元的外匯存底，但隨著十二五計畫開始「去產能、去庫存、去槓桿」[2]的政策，加深外匯存底與國內經濟的糾葛，變成複雜難解的金融問題。

二〇一四年中，中國外匯存底來到歷史最高點三．九九兆美元，相當於台灣外匯存底的十一倍之多，也是全球第一大外匯存底國。但外匯存底主要是貨幣負債準備，再加上部分政府的海外資產，換言之，進入中國投資的資金，無論賺賠，都會隨時有換回原本幣別的需求，這些兌換都需要由外匯存底來支應。如果沒有足夠的外匯，就有可能像一九九七年的泰銖一樣，因為遭到突兀其來的金融禿鷹投機攻擊，大幅貶值，導致金融風暴。

二〇〇八年全球金融風暴加上二〇一〇年歐債危機，全球經濟歷經了長達七年的寒冬期，不僅原物料價格大跌，全球貿易也大幅度降溫。中國在這波漫長的「寒流」中，經濟成長下滑導致產能過剩的問題一一浮現，不分內外資，都開始有了離開的想法，這是人之常情。

以當時中國的外匯存底能量，要應付這些離開者的需求，顯然不是問題，但真正關鍵在於若放任完全不管，可能造成類似銀行擠兌的惡性循環。

中國在二〇〇〇年之後的經濟成長多依賴投資，如果此時投資的資金撤出，經濟成長的衰退狀況可能會遠比想像中更嚴重。此外，中國積極推動「一帶一路」及「亞投行」等經貿策略，該政策將會需要龐大的資本流出。最後，基於政治考量，習近平於上任後不斷

2 所謂「去產能」是指針對鋼鐵、煤炭、水泥等建材，基於產量過剩與環保壓力，降低產能；「去庫存」是針對三、四線以下的城市超額的房地產，藉由放鬆小城市戶口管制，或配合租售的方式，消化掉滯銷的住宅；「去槓桿」是嚴加控管國企與地方政府向金融機構過度借貸或發債，並收束銀行表外業務，及限制影子銀行的擴張，避免金融風險。

向貪腐宣戰，為了避免貪汙洗錢問題逍遙法外，中國生起加重管制外匯的念頭。

壓垮駱駝的最後一根稻草，是美國升息訊號。因為根據利率平價理論，美國升息將引導大量資金回流美國市場。因此自二〇一五年至今，中國外匯管制手段隨著美國升息日益加重，例如二〇一七年起，個人換匯需填寫「換匯申請書」，並嚴禁個人境外買股、買樓及購買保險商品，違者三年內不得換匯，或面臨罰款刑責，此外，個人換匯金額從一年二十萬人民幣大幅降至五萬人民幣，外資企業也因為中國縮緊企業海外投資的規定，導致獲利無法匯回海外母公司。

外匯管制其實全世界都時有所聞，差別只在於程度不同，而中國近幾年嚴格的貨幣管制，特別又在人民幣進入SDR的同時進行，令世界各國不解，信任度大打折扣。當時美國總統川普甫上任不久，也因此批評中國人民幣受政府操控太深，違反國際協議。

自二〇一五年管制開始，中國外匯存底從原本三・九九兆美元，在兩年內迅速降至二・九九兆美元，直到二〇一七年一月才開始稍微回升。然而中國政府至今對於外匯管制仍不敢大意。

也有此一說，外匯存底是美元的俘虜，中國想要富強，必須擺脫受美元控制的貨幣體系。以此看來，未來中國和美國的貨幣戰爭，才正開始揭開序幕。

第三章

中國驚人的全球貿易

中國自古以來因為工藝和農業發達，一直都是世界各國爭相貿易之地，雖然經過清末民初的戰爭紛亂，但今日再度回到經濟強國之林。古有晉商、徽商、粵商名滿中國，現有溫商、浙商聞名遐邇，從賺取外匯順差為目的的貿易政策，逐漸轉變成輸出技術與資金的國家。

3-1 出口替代VS進口替代

二〇一七年中國貿易總額來到四・二七兆美元，比起二〇一六年增長了一四%，其中出口占二・三五兆美元，增長一〇・八%；進口一・九二兆美元，增長一八・七%，已成為全球一百二十多個國家的最大貿易夥伴。

中國貿易總額曾於二〇一六年時反被美國超越，但二〇一七年又再度重回世界第一，不過其中最重要的順差，卻在二〇一四年達到五千三百多億美元的高峰後，持續下滑，二〇一七年貿易順差約四千三百億美元，減少一四・二%。

看來，在二〇一八年中美貿易戰的對決下，中國整體貿易順差勢必會再下滑一段時間。

中國和台灣早期的貿易發展有非常相似的經驗，起初都以較為廉價的勞動密集產業出發，利用人口結構的優勢，建立起以加工出口貿易帶動本國經濟的經濟策略，這就是我們常聽到的「出口替代政策」。

等國內經濟發達、資金充實後，再展開扶植策略性的產業。在中國，所謂策略性產業

◆ 2017 年中國前五大出口國及出口產品結構

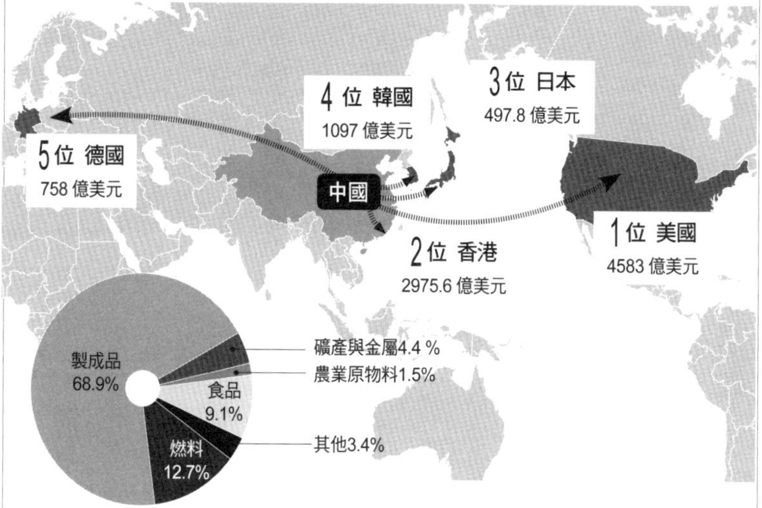

◆ 2017 中國前五大進口國及進口產品結構

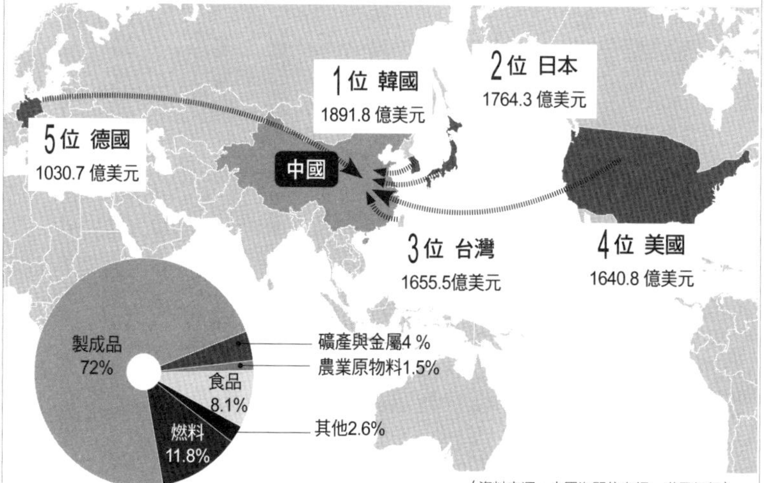

（資料來源：中國海關信息網、世界銀行）

以鋼鐵業、紡織工業或交通、土木技術等等為主，利用保護貿易的方式，讓這些產業在國內得到足夠的發展空間，並進一步培養出口產品的實力。這並非意味著此後不再需要進出口貿易，而是更多的進口製造產業所需的原物料，已組成本國的產品，這就是「進口替代政策」。

以台灣為例，早期我們以紡織業加工出口聞名，後來投入石化工業的發展，至今已轉變成紡織材料研發大國，許多世界出名的高級布料，像是潛水衣、機能運動衣或甚至是太空人穿著的太空衣等等，都是台灣研發製造。

中國也是一樣，以中國的電子產業來說，早期多是台商在中國南方設廠，製造並出口電子零件商品，但現在所謂的「紅色供應鏈」儼然成形，包括面板、記憶體等等皆由中國生產，已成為全球最仰賴的製造國。當然，無論策略為何，對於經濟發展都有正反兩面的影響。

倘若出口替代策略太過度，會影響國內所得結構以及經濟品質的發展，而進口替代策略太過，則會違反比較利益，經營風險和成本較不易穩定，也因為保護貿易易引起國際紛爭，更不用說貿易政策所帶來的匯率和貨幣影響極其複雜。中國的全球貿易有許多成就，但未來也還有來自四面八方的挑戰。

◎什麼是紅色供應鏈？

所謂供應鏈，是指由供應商與採購商組織而成的生產團隊，從設計、原料採購到生產製造，到最後的出售，一路連結而成的過程。

以台灣為例，早期台灣與中國製造業之間代工合作，由台灣廠商對海外接單、採購原料，再向中國製造商或台商於中國投資的工廠下單製造、加工，最後由台商負責出貨到第三地。但隨著大陸廠商技術成熟、原物料與零組件供應能力建立，逐漸取代了台商在供應鏈中的地位，甚至快速超越，例如DRAM、LED、面板及太陽能產業與手機、電腦製造等產業，中國廠商不但已經能夠自行接單生產，甚至建立知名品牌，取代了台灣產品在國際市場上的市占率，形成一條龍式的供應鏈，被稱為「紅色供應鏈」。

因早期台商赴陸投資、生產，多將中國工廠或子公司當成生產據點，但隨著中國製造產業技術純熟、取代與超越，台灣本地的廠商在研發與技術上未能有效提升，也沒有及早轉型，因此在與中國的紅色供應鏈競爭時，產品同質性高，卻未能有更好的表現，因此經常趨於下風，大受影響。

3-2 中國與美洲的貿易

中美貿易順差大，高衝突

長久以來，美國一直是中國主要的貿易順差來源國，二〇〇一年中國對美國貿易順差從約二八〇億美元，一路攀升至二〇一七年的二七五八億美元，占中國所有貿易順差額的六〇%，巨大的貿易順差也引起了美國政府的不滿。

這些順差背後，隱藏著許多中美貿易戰爭的導火線，從最初的智慧財產權戰，到反傾銷戰，與近年開啟的匯率戰爭，二〇一七年，美國再度祭出保護貿易政策，二〇一八年六月，兩方正式就部分商品互相提高關稅。

美國朝野一致認為，縮短對中國的貿易赤字，有助於增進美國政府威信以及提高就業與薪資等問題。當然，貿易戰爭背後也隱含許多包括圍堵政策、北韓問題等在內的地緣政治問題，貿易或許只是解決這些政治問題的施壓點。

◆ 中美貿易戰影響

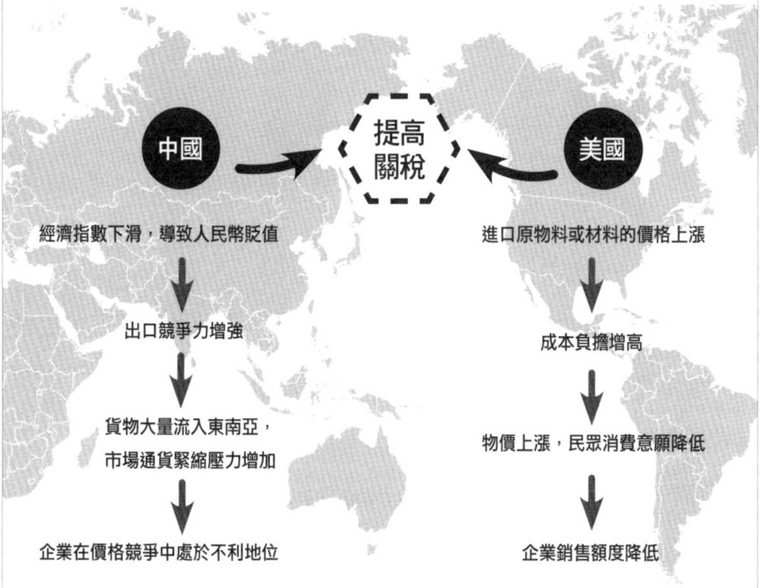
中國
提高
關稅
美國
經濟指數下滑，導致人民幣貶值
出口競爭力增強
貨物大量流入東南亞，
市場通貨緊縮壓力增加
企業在價格競爭中處於不利地位
進口原物料或材料的價格上漲
成本負擔增高
物價上漲，民眾消費意願降低
企業銷售額度降低

以情勢來看，至今未曾見到貿易戰爭落幕的曙光，一般預料互相制裁至少會維持一年左右的時間。

以現階段商業數字判斷，中國對美國出口前五項商品分別是：手機及相關設備、數據機、面板及投影類產品、車輛零組件、家具；而自美國進口則以農產品、積體電路組件、航空相關及車輛。這些商品後續的進出口及銷售變化，值得繼續關注。

中加貿易成長快速，少衝突

相較於美國，中國和加拿大之間的貿易則穩定許多，雙邊在二〇一七年貿易總額為七三〇億美元，中國一樣享有三六五億美元的貿易順差。加拿大是近年來中國貿易成長較為快速的國家之一，雙方基於比較利益，貿易衝突相當少。

中國向加拿大進口最大宗的物資為紙類、農產及礦產，而中國則是加拿大最大的金屬、紡織、機電光學產品進口國。

中國與拉美諸國相互依賴，具開發價值

拉丁美洲對中國來說，是一個極具開發潛力的市場。拉丁美洲因為長期政治不穩的緣故，工商業發展不佳，因此中國輸出拉丁美洲的很多都是品牌商品，又因為物美價廉，深受當地消費者歡迎，整體貿易在二〇一七年總額為二五七九億美元，其中中國出口一三〇八億美元，享有順差雖僅有三十八億美元，但因為產品特性，未來深具開發價值。

如果再深入一點，以個別國家來看的話，拉美各國之間與中國的貿易關係差距極大。

貿易總額前五大國家分別為巴西、墨西哥、智利、委內瑞拉與阿根廷，其中巴西之所以有如此大的貿易總額，主要是因為中國仰賴巴西出口的鐵礦，因此巴西反而對中國享有高達二九六億美元的貿易順差，但同時，中國也是巴西最大的出口依賴國家。

智利和委內瑞拉也是中國主要的礦產和石油輸入國，同樣也享有對中國的順差，但阿根廷和墨西哥則相反，反倒是中國享有順差。至於其他拉丁美洲國家，像是古巴、巴拿馬等，主要仰賴中國進口，對中國出口貿易金額相當少，但卻占了相當大的比重。

整體而言，中國對拉丁美洲出口最大宗還是手機產品與紡織品，而進口最大宗除了礦產之外，主要商品是農業及其副產品。

值得一提的是，中國最近十年成為巴拿馬運河第二大船舶通行國家，同時出資將近兩百億美元，協助拓展新航道（於二〇一七年開通）。一個遠在另一個半球的國家，竟成為拉丁美洲運河第二大船舶通行國，可見拉丁美洲國家對中國經濟的重要性。

◆ 巴拿馬運河航運狀況

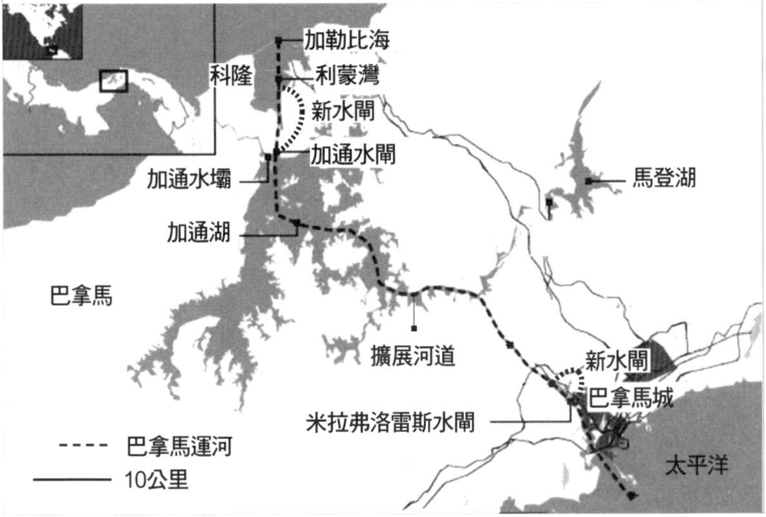
加勒比海
科隆
利蒙灣
新水閘
加通水閘
加通水壩
馬登湖
加通湖
巴拿馬
擴展河道
新水閘
巴拿馬城
米拉弗洛雷斯水閘
巴拿馬運河
10公里
太平洋

◆ 中國與巴拿馬進出口商品結構

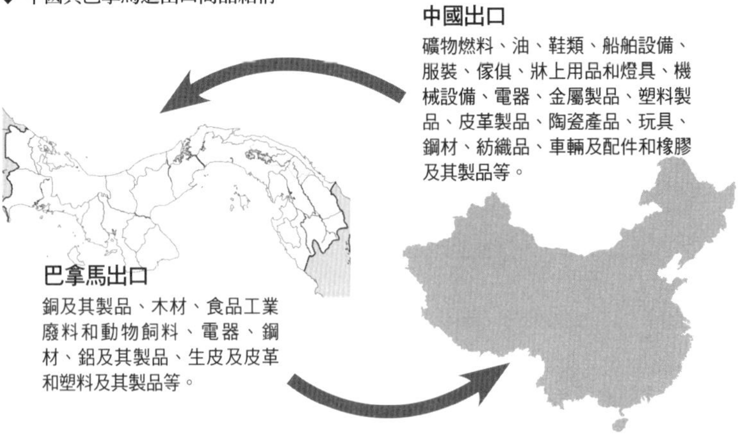
中國出口
礦物燃料、油、鞋類、船舶設備、服裝、傢俱、牀上用品和燈具、機械設備、電器、金屬製品、塑料製品、皮革製品、陶瓷產品、玩具、鋼材、紡織品、車輛及配件和橡膠及其製品等。
巴拿馬出口
銅及其製品、木材、食品工業廢料和動物飼料、電器、鋼材、鋁及其製品、生皮及皮革和塑料及其製品等。

3-3 中國與歐洲的貿易

歐洲是全球第二大消費市場，也是連續十多年來中國最大的貿易進出口夥伴，僅次於亞洲整體。二〇一七年，中歐貿易總額達到七五五八億美元，其中出口占四二九〇億美元，進口則有三二六八億美元。若以國別來看，貿易總額依序是：德國、俄羅斯、荷蘭、英國、法國和義大利。

中國是德國最大貿易夥伴，中資大量收購或入股德企

德國是中國第五大貿易國家，且德國對中國享有貿易順差，中國更是德國最大貿易夥伴。二〇一七年中國對德國出口總額七一一億美元，大約占中國對歐洲總出口的六分之一強，相當可觀，而中國對德出口的產品和美國類似，主要也是手機及電子零件、面板、LED燈和車用產品；進口部分，中國自德國進口總額九七〇億美元，主要產品除了車輛產

品之外，化學和生技醫療產品更是主要項目。德國在二〇一七年享有對中國總計二八〇億美元的順差。

不僅與德國有高密切的貿易關係，許多中國投資者更趨之若鶩地進行購併或入股投資。據統計，二〇一七年併購或入股德國企業金額創下歷年新高，達一三七億美元，幾乎占了中國在歐洲投資金額的五分之一，例如中國企業入股德意志銀行、收購德國能源 Ista、併購德國知名企業 Kuka 等等，都是近年來對德投資的重大新聞。

另外，中國企業也於二〇一八年入股賓士汽車及生產工業車輛的 Kion，成為最大股東。這一連串的購併投資，表現出中國企業對外策略的野心，但也因為併購數量和金額不斷攀高，且部分公司涉及國安資通訊及武器製造，二〇一六年美國前總統歐巴馬即針對 Aixtron 半導體收購案，強烈要求德國絕不能同意，並應審慎看待中國企業的併購行為。因此從二〇一七年起，德國政府謹慎否決了許多中資中企併購案的進行。以目前情況來判斷，未來中國併購德國企業的金額和數量應會有所減緩。

中俄曾是重要進口國，早期以買賣軍火為主

俄羅斯和中國之間的貿易歷史悠久，早期曾存在許多政治方面的關係。蘇聯尚未解體

◆ 2016 年中國直接投資歐洲前十大國家及主要產業

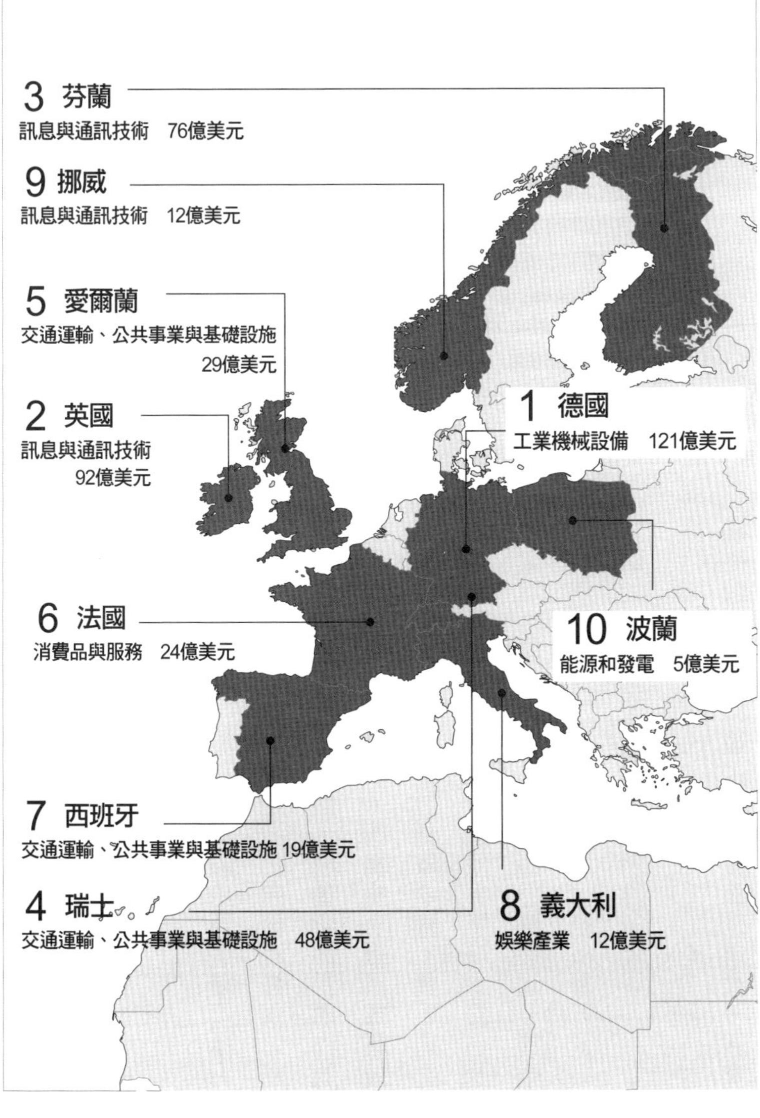

◆ 2016 年中國投資歐洲十大產業排名

	產業別	投資額
1	訊息與通訊技術	137 億美元
2	交通運輸、公共事業與基礎設施	122 億美元
3	工業機械設備	62 億美元
4	娛樂產業	29 億美元
5	房地產和酒店	29 億美元
6	能源與發電	21 億美元
7	消費品和服務	19 億美元
8	汽車	10 億美元
9	金融與商業服務	9 億美元
10	健康和生物科技	8 億美元

時，中國仰賴蘇聯的各種產品進口，包括食物、工業甚至武器，而蘇聯也一直是中國第一大出口國。蘇聯對中國的投資，更是當時中國最重要的工業資金來源。

自一九八〇年起，兩國角色逐漸互換，中國在改革開放之後逐步走向經濟強國，而蘇聯在一九九〇年解體。俄羅斯面對國內的政治殘局及經濟挑戰，即便擁有軍事或科技上的技術，但經濟實力難敵中國，與中國之間的貿易順差逐漸變成逆差。單以二〇一七年來看，中俄總貿易額八四〇億美元，其中出口俄羅斯為四二九億美元，自俄羅斯進口為四一一億美元，兩國貿易尚稱平衡。

而從進口項目來看，二〇〇〇年前，中國從俄羅斯進口最重要的產品是軍火，其次則是能源礦產，但之後中國軍事工業已經有能力自製軍火武器與外銷，不再仰賴從俄羅斯進口，這也是中俄貿易關係趨於平衡的主要原因。

中瑞貿易順差來自於中國內部對精品消費的渴望

其他歐洲國家，如英、法、荷等國，中國對其都有不少順差，出口產品也很類似，最大宗出口品皆是手機、電腦設備，接下來是LED、面板等3C產品，兒童玩具也列於前五大出口商品中。至於其他歐洲小國，都和中國有類似的貿易情形，唯有瑞士最為特別。

瑞士是少數能對中國擁有順差的國家，二〇一七年中瑞雙邊貿易總額為三七七・九億美元，其中，瑞士對中國出口為二四四・八億美元，進口則為一三三・一億美元。

瑞士之所以能夠享有高達一一一億美元的貿易順差，主要原因在於瑞士舉世聞名的精品產業。因為中國經濟實力越來越強，國內民眾對於精品的需求也隨之提高，進口自瑞士的貴金屬如鑽石、黃金、珠寶等等，就高達一三四億美元，幾乎占了瑞士出口中國的一半額度，如果再把鐘錶和精密醫療儀器算入，比重高達近八成。也因此，一般分析中瑞雙邊的貿易情況時認定，中國在短期內難以逆轉。瑞士號稱「精品王國」，可見並非浪得虛名。

3-4 中國與非洲的貿易

因為外交策略的緣故，中國與非洲各國一向友好，而非洲也是中國亟欲開拓的消費市場。二〇一七年，中非雙邊的貿易總量為約一七〇〇億美元，中國出口至非洲各國為九四七億美元，進口則為七五二億美元。雖然非洲整體加總起來，與中國的貿易總量不過約略等同德國，且因非洲經濟情況不佳，多數國家根本沒有出口能力，更缺乏進口能力，所以對中國享有順差的國家都蘊藏有豐富天然物產，例如石油、黃金、動物、鐵礦等等，而其他國家則都對中國逆差，但逆差總額並不大。

非洲總人口約十三億，是中國「一帶一路」策略延伸進入的一級戰區，因此除了進出口貿易之外，中國與部分非洲國家建立了緊密的公共建設合作關係，並從中換取政治支持及天然資源。此種策略，又被稱為是「安哥拉模式」。

◎什麼是安哥拉模式？

二〇〇四年，安哥拉在結束內戰後，向國際貨幣基金組織商借重建資金的貸款，但因為該國政治腐敗，國際貨幣組織要求於貸款項目中，附加經濟改革與提高執政能力等條件，為安哥拉所拒。

當時，中國以不干涉他國內政和優惠利率，向安哥拉提出了二十億美元的貸款，以換取安哥拉出口中國石油，至今貸款總額已超過兩百億美元。

此後中國對非洲地區資源豐富國家，經常採行此法，如衣索比亞、剛果等等。

透過建設投資取得貿易優勢

中國從二〇〇〇年至今，對非洲諸國家提供了三百多億美元的建設融資。在二〇一六年的中非論壇中，更宣布未來五年要再投入六百億美元的建設經費，這些都還未包括在「安哥拉模式」中的無償建設，以及私人企業的直接投資。

中國在非洲的投資案眾多，成功案例也不少，例如在亞丁灣旁的吉布地和衣索比亞兩國，建立總計近七五〇公里的跨國鐵路，全程皆由中國規畫、建造完成；另外，二〇一七年剛完工的肯亞蒙內鐵路，也是中國建設的成果。

這些建設工程固然有其經貿利益考量，但更重要的原因在於，非洲本身因為工業技術有限，大多數資源很早就受制於過去的歐美殖民國，而中國透過建設投資，使其在原物料貿易中取得優勢，像是紅海周圍的石油或南非的黃金等等。

中資湧入南非，進軍非洲的第一站

南非是中國在非洲的第一大貿易夥伴。二〇一七年中國向南非出口一四八億美元，但卻從南非進口了二四三億美元，總額為三九一億美元。

南非出口中國的項目九成是鐵礦與貴金屬礦，而中國的出口則以民生用品占多數，像是手機、電腦、衣服等等產品。

中國同時也是南非的第一大貿易夥伴，針對南非一國的企業投資金額約有一百三十億美元。另外，除了當地的基礎製造業，南非的汽車工業更是近年來中國企業的熱門投資項目。

再者，考量到南非是進入非洲各產業最重要的跳板，中國的新創公司也開始在南非當地進行布局。

中國幾乎成為非洲諸國的第一貿易夥伴

阿爾及利亞、埃及、肯亞是中國在非洲主要的順差國家，此三國二〇一七年貿易順差都高達五十億美元以上，其中埃及更高達八十億美元。中國出口項目也以民生用品為大宗，進口則皆以石油類的原物料為主。

至於其他大多數非洲國家，也多是類似的出口模式，例如辛巴威、坦尚尼亞、尼日等等，但貿易額都不算高，約享有十至二十億美元不等的貿易順差，但中國通常是這些國家的第一貿易夥伴。

值得一提的，肯亞是中國金融支付工具延伸的重要國家。肯亞當地工商業與一般交易使用電子支付的比率還比台灣高出一大截，連帶使得中國品牌的手機在肯亞受到高度歡迎，中國製造的手機普及率高達九〇％，甚至連２Ｇ手機也能夠進行金融支付。而肯亞的基礎建設，也成為中國「一帶一路」進軍非洲的最佳範例。

借款剛果，換取鈷礦

安哥拉、剛果則是中國貿易逆差的其他主要國家，二〇一七年逆差分別達一八〇億美元及二十二億美元。

剛果看似逆差不大，但卻是中國積極部署「安哥拉模式」的國家之一，主要原因在於鈷礦的資源。鈷是鋰電池中最重要的原料，全球五四%的鈷礦均由剛果供應。中國近年來不斷進行保護環境的改革，電池需求量極高，尤其用於電動汽車的生產，因此鈷礦被視為是重要的戰略資源。今日，全球鈷礦的提煉約有一半都在中國製造生產。

不可否認，大多數的非洲國家仍然落後，至今仍尚未達到工業化的水準，這其中固然有許多原因值得探討，但自古以來，因為非洲坐擁豐富天然資源所導致的資源經濟戰，至今沒有改變，因此中國與非洲的關係，經常被西方國家視為一種新的殖民模式。但非洲國家因為早年曾受歐美殖民，對歐美國家難免反感，至今仍然常產生歧見與紛爭，這或許也是中國之所以能夠快速進入非洲的原因。

◆ 中國在非洲投資建設情況

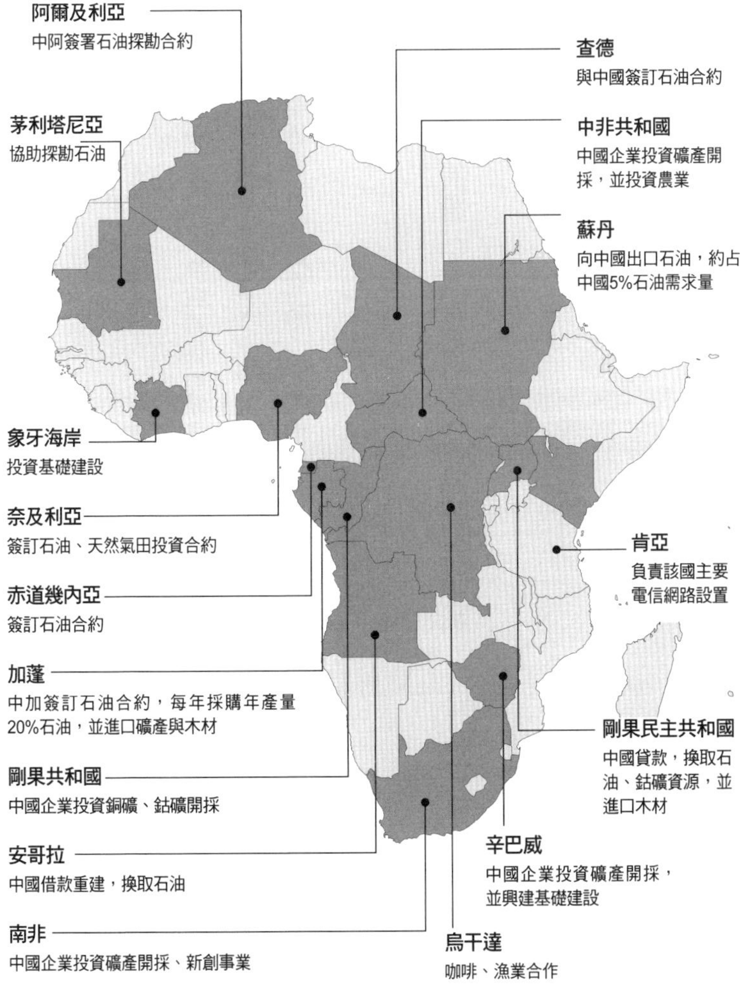
阿爾及利亞
中阿簽署石油探勘合約
查德
與中國簽訂石油合約
茅利塔尼亞
協助探勘石油
中非共和國
中國企業投資礦產開採，並投資農業
蘇丹
向中國出口石油，約占中國5%石油需求量
象牙海岸
投資基礎建設
奈及利亞
簽訂石油、天然氣田投資合約
肯亞
負責該國主要電信網路設置
赤道幾內亞
簽訂石油合約
加蓬
中加簽訂石油合約，每年採購年產量20%石油，並進口礦產與木材
剛果民主共和國
中國貸款，換取石油、鈷礦資源，並進口木材
剛果共和國
中國企業投資銅礦、鈷礦開採
辛巴威
中國企業投資礦產開採，並興建基礎建設
安哥拉
中國借款重建，換取石油
南非
中國企業投資礦產開採、新創事業
烏干達
咖啡、漁業合作

3-5 中國與亞洲及大洋洲的貿易

亞洲地區各國與中國的經貿關係複雜緊密，既存在地緣政治上的衝突，又存有高度貿易依賴。東亞、東南亞、中亞、中東及南亞等區塊，各有不同的課題，相較歐、非等地區，多數國家與中國貿易同質性高，而中國在亞洲地區的貿易，受制於政治因素的成分更多。

日本是僅次於美國的第二大貿易夥伴，但彼此防範

東亞國家中，日本是中國全球第二大的貿易夥伴，其重要性僅次於美國，二〇一七年總貿易額達三千億美元，而中國對日本的貿易逆差將近三百億美元。但與往年相比，這樣的逆差在最近幾年已降低許多。

中國和日本之間存在許多矛盾的歷史糾葛。但日本是工業技術大國，也是中國許多企

業模仿經營的目標。二〇一〇年之前，日本許多電子業和汽車工業，包括半導體、硬碟、光電等產品，大量委託中國製造，這與台灣和中國早期的三角貿易一樣，由日本向海外接單，再由中國製造生產，所以日本出口至中國的，大多數是工業半成品而非商品。

不過兩國因為過去戰爭歷史的糾紛，在二〇一〇年後衝突不斷。二〇一二年，日本扣留保釣漁船，隨後「日美安保條約」升級，屢屢造成中國不滿，令日本在中國開設的企業紛紛因受到民間壓力而關廠撤資，也導致日本國內掀起一波「中國威脅論」的論戰，力圖減少對中國的貿易依存。

此外，中國技術逐漸成熟，面板、記憶體、LED等產品大量出口，又引起日本對中國產品傾銷的憂慮。即便中日雙方都是WTO主要會員國，但彼此卻存在許多貿易壁壘，像是農業、紡織品等等，日本至今仍採取高規格的技術原則，防止中國傾銷，而中國對日本農業和汽車輸入也有所防範。因此中日貿易總額在二〇一一年達到最高的三四〇〇億美元後，至今已減少約一一%。

即便如此，中國經濟對日本的影響力仍然很大，據日本經濟研究中心報告指出，到二〇三〇年，中國對東南亞和日本的經濟影響效果將增至二〇一五年的一．八倍，比美國還高出四成。

中國與喬治亞自由貿易協定
中國與海灣合作理事會（GCC）自由貿易協定
中國與巴基斯坦自由貿易協定
中國與尼泊爾自由貿易協定
中國與蒙古自由貿易協定
中韓自由貿易協定
中日韓自由貿易協定
海峽兩岸經濟合作架構協議（ECFA）
內地與香港關於建立更緊密經貿關係的安排（CEPA）
中國與東協自由貿易協定
區域全面經濟夥伴協定（RCEP）
中國與新加坡自由貿易協定
與斯里蘭卡
貿易協定
與馬爾地夫
貿易協定
中國與巴布亞紐幾內亞自由貿易協定
中國與孟加拉自由貿易協定
亞太自由貿易區（FTAAP）
中國與印度自由貿易協定
中國與斐濟自由貿易協定
中澳自由貿易協定
中國與紐西蘭自由貿易協定

◆ 中國與世界各國自由貿易協定分布

中國與挪威自由貿易協定
中國與冰島自由貿易協定
中國與加拿大自由貿易協定
中國與瑞士自由貿易協定
中國與摩爾多瓦共和國自由貿易協定
中國與以色列自由貿易協定
中國與哥斯大黎加自由貿易協定
中國與巴拿馬自由貿易協定
中國與哥倫比亞自由貿易協定
中國與祕魯自由貿易協定
中國與智利自由貿易協定
中國與模里西斯自由貿易協定
已簽署的自由貿易協定
談判中的自由貿易協定
尚在研究階段的自由貿易協定

有趣的是，即使政治方面兩國紛紛擾擾，但中國前往日本的旅遊人數，並沒有因此減少，甚至在二〇一五年發生爆炸性的增長，總赴日旅遊人數達六百萬人，這也是另類的中日貿易逆差。

中國電子製造業正威脅南韓世界龍頭寶座

南韓則是中國第二大逆差來源國，二〇一七年總貿易額為二八〇二億美元，韓國貿易順差達七四八億美元。

過去台灣、南韓與中國的貿易結構非常類似，主要是在電子業的製造上，呈現三角貿易關係，但近十年南韓已獨步成為全球電子業的製造龍頭，除了晶圓半導體之外，幾乎都遠遠超越台灣，此外更挾帶著品牌的優勢，成為全球電子產業的重要出口國家。南韓對中國的出口主要貨物，也從過去全都是電子半成品，逐漸轉變成手機、汽車等品牌商品。

同時，所謂「韓流文化」的輸出，也成為南韓另類的隱形順差來源。中國許多影視娛樂節目、服飾都深受南韓娛樂文化產業影響。不過，中韓之間也因為北韓的因素，存在著政治上的摩擦。

二〇一五年，美國為了加強東北亞的戰略安全布局，南韓配合購買了薩德反飛彈系統（THAAD），引發中國強烈的不滿，因此在二〇一六年祭出了「限韓令」，也讓中韓原有的自由貿易區協定失去促進貿易的功能，導致二〇一七年貿易額度稍微下滑。

另外，在中國「紅色供應鏈」的經濟策略下，南韓原本引以為傲的電子製造業為之失色不少，其中面板和記憶體雖然目前市占率仍然是全球第一，但推估在二〇二五年之後，此兩項產品都將被中國超越。對南韓來說，它面臨了和台灣與中國之間一樣的製造業競爭。

中國、美國、北韓、南韓這四個國家的政治關係，深深影響南韓與中國之間的經貿往來。北韓的不可測，再加上美國的強勢介入，中國和東亞之間的經貿往來更顯複雜。

◎專欄：什麼是限韓令？

限韓令是一連串的事件。二〇一六年，因為南韓配合購買並安裝薩德反飛彈系統的緣故，中國宣稱薩德的雷達監測範圍影響中國，因此提出反對，採取各種報復措施。

限韓令主要針對影視方面，禁止韓國電影、電視節目在中國上映播出，停止發放簽證給韓國影視明星，禁止他們在中國舉辦大型表演活動，禁止韓國文化事業在中國投資。禁止時間達數月之久，有些禁止項目甚至長達一年。但中國外交部否認有限韓令的事實。

與限韓令相關的，因為南韓樂天集團同意讓薩德反飛彈系統安裝在旗下高爾夫球場中，因此網路上出現抵制樂天集團的聲浪。樂天集團在中國販售商品陸續被下架，相關商店遭到民眾抵制消費。另外在觀光旅遊方面，一度禁止中國赴韓觀光旅遊團，時間長達八個多月。

台灣製造產業幾乎被中國取代

台灣和中國之間的關係，絕非三言兩語可以交代清楚。

中國是台灣第一大貿易夥伴，也是台灣最大的順差來源，雙邊貿易總額在二〇一七年達到二〇〇〇億美元，其中台灣對中國順差達到一一〇〇億美元，也是中國最大的逆差來源。

此外，台灣對中國出口貿易依存度高達四〇%，出口部分有九三%來自於三角貿易的需求。從二〇〇〇年開始至今，台灣赴陸投資金額平均每年都在八十億美元以上，也是中國主要的投資來源之一。

但就如同韓國一樣，受到來自「紅色供應鏈」的競爭，台灣目前僅剩下晶圓半導體及封測產業足以與中國競爭，其餘皆失去昔日榮光。而投資的部分，隨著中國經濟的快速起飛、成熟，也逐漸不再受到重視。換言之，相較於其他國家的貿易，即便台灣商人全數集體退出中國，對中國的經濟影響並不大，但台灣的經濟成長率卻會因此減少兩成以上，雙方在經濟情勢上已完全逆轉。

姑且不論政治，台灣在產業發展上，一定要盡快重新找到新定位。

東協人多、市場大，未來可能與中國抗衡

東南亞的貿易主要以東協十國為主，其中又以馬來西亞、印尼、新加坡、泰國、越南為貿易大宗。二〇一七年，中國與東協十國貿易總額達五一四八億，成長一三％，東協也是少數中國近幾年貿易總額持續增長的區域，其中出口二七九一億美元，進口二三五七億美元。

◆ 東協經濟實力狀況

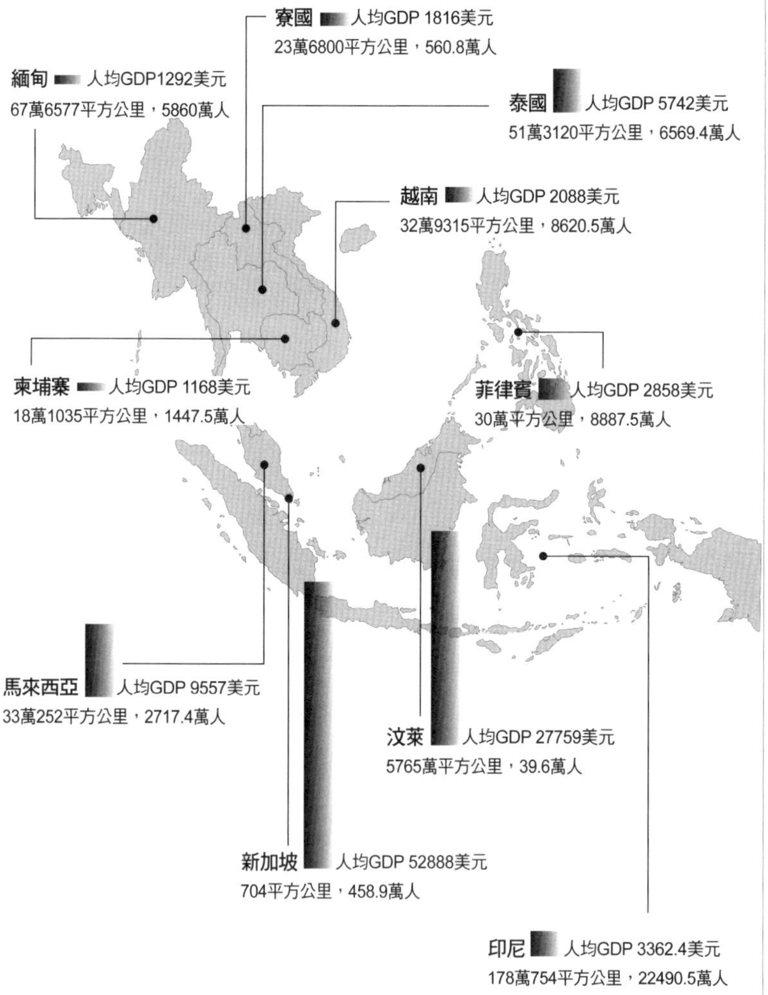
寮國 人均GDP 1816美元
23萬6800平方公里，560.8萬人
緬甸 人均GDP1292美元
67萬6577平方公里，5860萬人
泰國 人均GDP 5742美元
51萬3120平方公里，6569.4萬人
越南 人均GDP 2088美元
32萬9315平方公里，8620.5萬人
柬埔寨 人均GDP 1168美元
18萬1035平方公里，1447.5萬人
菲律賓 人均GDP 2858美元
30萬平方公里，8887.5萬人
馬來西亞 人均GDP 9557美元
33萬252平方公里，2717.4萬人
汶萊 人均GDP 27759美元
5765萬平方公里，39.6萬人
新加坡 人均GDP 52888美元
704平方公里，458.9萬人
印尼 人均GDP 3362.4美元
178萬754平方公里，22490.5萬人

◆ 2015 年世界各國投資東協金額占比

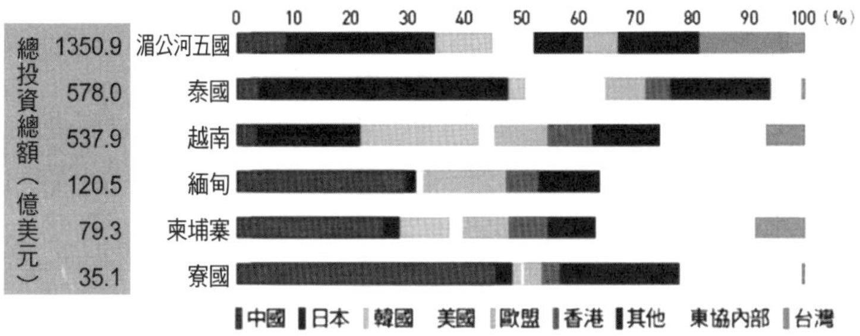

◆ 各國在東協六國進口市場市占率

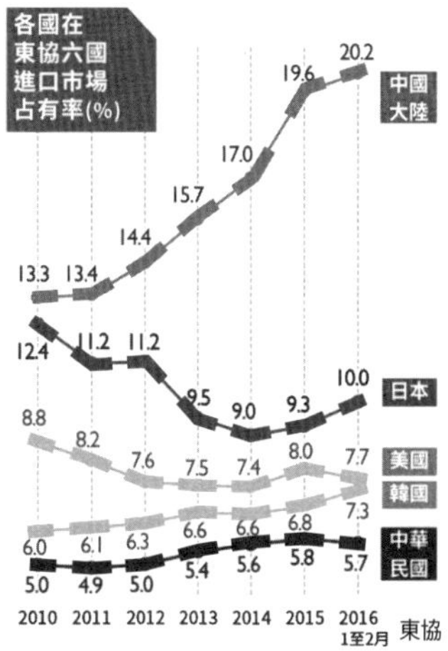

◆ 中國投資東協金額增長率

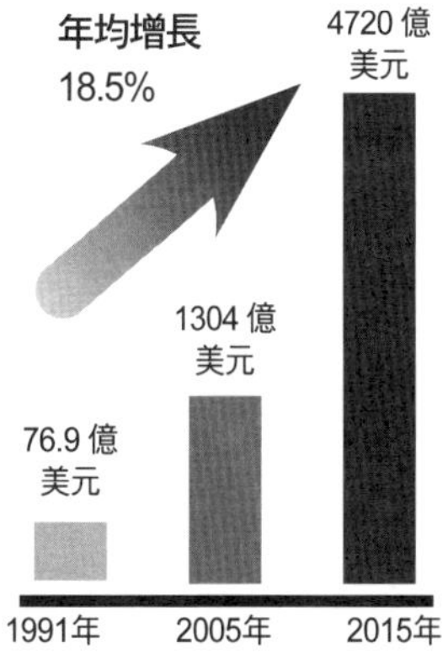

馬來西亞是中國在東協最大的逆差來源，二〇一七年約產生兩百億美元的逆差，主要出口的是電子零件半成品。其他東協國家則多為平衡狀態，中國對其享有數十億美元不等的順差，其中又以中國對越南的順差最大，二〇一七年約有六十億美元，而中國出口項目則多以電子商品和石化半成品為主。

東協十國之所以近幾年來成為兵家必爭之地，一方面這些國家人口結構年輕，且教育水準普遍提高，尤其是新加坡，儼然成為亞洲各類人才中心。

再者，東協過去因為政治混亂，工業化程度不高，中國在製造業上的人力資本優勢不再，逐漸由東協取而代之。在二〇〇八年中國頒布「勞動合同法」後，許多早期在大陸設廠的台商，轉向東南亞前進。馬來西亞之所以能夠對中國產生貿易順差，其關鍵原因就是台商過去在中國建立的電子供應鏈，多數遷移到馬來西亞所致。

不僅如此，包括越南的石化工業、鋼鐵業和紡織業、新加坡的金融業、泰國的電子業等等，整個東協市場未來十年內還有很強大的工業發展性以及厚實的消費市場。

中國與東協已成立自由貿易區，但過去因為地緣政治，令東協國家對中國所造成的「磁吸效應」感到既害怕又期待。不過在關稅逐漸合作及中國成為資金輸出國之後，產業競爭的狀況已逐漸不再是重要議題，再加上「一帶一路」的開發挹注，預料東協未來必定會和中國有更多緊密的貿易。

中亞礦藏豐富，經略中亞政治軍事意義較大

中亞地區對中國來說，透過貿易取得軍事戰略利益更大於商業本身。

中亞五國包括哈薩克、烏茲別克、土庫曼、吉爾吉斯、塔吉克，這五國與中國貿易量均在二〇〇〇至二〇一五〇億之間，中國皆享有順差，主要出口商品為鋼鐵、工業機具及基礎民生商品，但中國「一帶一路」政策，最重要的目標——陸上絲路——就是貫通中亞走廊。

中亞雖然尚屬窮困，不過各種金屬礦產相當豐富，銅、鉛礦產是主要出口中國的產品，另外還包括錳、鐵、鎢、鈦等稀有金屬。光是哈薩克一國，就進駐了來自歐美等多達數十家挖礦公司。據報導，目前哈薩克所探勘出來的礦產總值估計已達兩兆美元，這也是中國修築鐵路貫穿中亞的最大誘因。

此外，土庫曼和烏茲別克是中國生產的武器主要購買國家。中亞各國因內部政治紛爭不斷，再加上北有俄羅斯，西有激進回教組織，而中國也欲取得中亞國家支持來平抑新疆獨立問題，因此中國與中亞的合作，目前看來在政治軍事上的利益更多於貿易。

中國以高額投資企圖打入中東市場

中國並非產油國，幾乎一半的石油都由波斯灣地區諸國供應，所以與中東的貿易幾乎都以進口石油為主，主要供油國家是沙烏地阿拉伯、科威特、阿曼等等，對中國都有近百億美元的貿易逆差。其中，中國與沙烏地阿拉伯的貿易總額是中東地區最高，雙邊貿易在二〇一七年達到五〇〇億美元，但有一三〇億美元的逆差。

不過因為沙國與中國貿易互補性高，兩國於二〇一七年簽署了高達六五〇億美元的經濟合作備忘錄，未來雙方貿易金額可望更加攀升。

近年來中東戰事不斷，「亞洲火藥庫」之稱並非浪得虛名，各國在親美和反美勢力之間拉扯，中國就此殺出突圍，成為中東各國仰賴的經濟合作夥伴，單就二〇一六年，中國企業在中東地區就投資了二九五億美元，占當地外國投資額的三一％，更是美國的四倍之多。

此外，在「一帶一路」的政策下，中國也將透過雙邊外交方式，共同經營投資建設基金，企圖讓中國品牌打入中東市場。

◆ 中國能源進口四大通道與輸送量

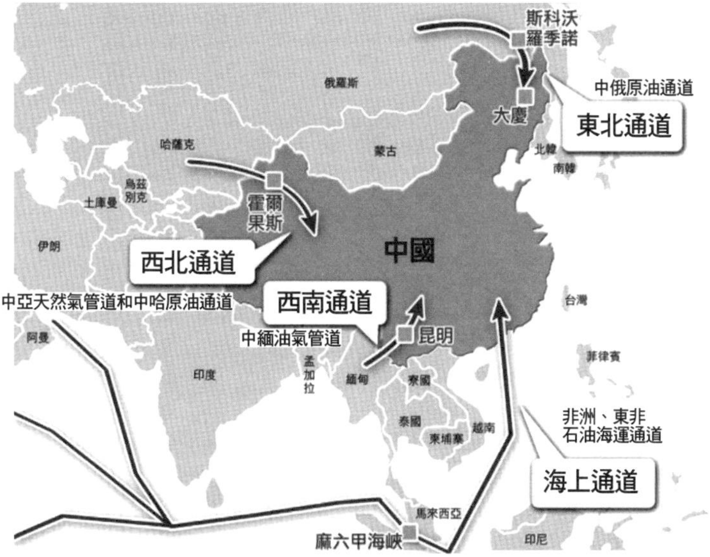

通道	油氣管	起點	終點	總長	載運量	特點
西北通道	中亞天然氣管道	土庫曼	新疆霍爾果斯	1833公里	300億立方米	
	中哈原油通道	哈薩克（斯坦阿塔蘇）	新疆獨山子	1200公里	3039萬噸	占中國全年進口石油12%
西南通道	中緬油氣管道	緬甸（皎漂市）	油管：四川重慶		2200萬噸	原油來自中東與非洲
			天然氣管：廣西壯族自治區		120億立方米	
東北通道	中俄原油通道	俄羅斯（沃羅季諾市）	黑龍江大慶市	近1000公里	1500萬噸	簽20年合約
海上通道	非洲、東非石油海運通道	非洲、中東、澳洲	中國東部沿海			

中國與南亞地區貿易，因大量逆差導致印度不滿

南亞地區可說以印度馬首是瞻。中印兩國在二〇一七年的貿易總額達八四三億美元，近兩年更成為印度最大的貿易夥伴，但與印度的貿易逆差卻不斷擴大。印度以輸出棉花和鐵礦為主，中國則是出口大量的電子商品及工具機械。雙方從二〇〇〇年的八億美元貿易逆差，至二〇一七年已擴大到五二三億美元，這個問題逐漸演變成兩國政治衝突的導火線。

印度指控中國過度商品保護政策，不符合ＷＴＯ原則，印度總理甚至批評中國的「一帶一路」貿易擴張政策，導致中國在拓展海上絲路的進度上遇到瓶頸。至於在邊界問題方面，雙方都保持克制，避免擦槍走火。不過印度近年來的經濟成長有目共睹，再加上中國願意加強對印度當地的投資，貿易上的爭執可望逐步趨緩。

至於南亞其他國家如馬爾地夫、孟加拉，對中國的貿易額度都相當小，也都是逆差，但馬爾地夫可說是近年來中國旅客的熱門觀光勝地，雖不出產商品，卻賺取大量觀光外匯。

大量中國移民，致使物價上漲

澳洲是中國在大洋洲最重要的貿易夥伴，而中國也是澳洲第一大貿易夥伴及第一大進出口夥伴。二〇一七年雙方貿易總額達一二一八億，澳洲享有逆差達五七五億。在兩國的出口貿易產品中，澳洲七〇%出口為鐵礦及其他金屬礦，紡織品原物料其次，而中國則以電子商品和家具、玩具居多。

除了貿易，中國移民、留學至澳洲的人數不斷攀升。單就二〇一六年整年來看，中國至澳洲的移民就有二十萬人，總計今天澳洲的中國移民和華裔人口共有一二一萬人，其中又以技術和投資移民居多。大量移民雖然為澳洲帶來經濟成長，但也造成房價和物價的大幅上漲，致使澳洲人反彈。澳洲議會曾多次討論移民政策，而雪梨與墨爾本市府也曾祭出限制買房的措施，但成效不佳。

雖然中國與澳洲之間簽有自由貿易協定，但對於「一帶一路」的政策，澳洲官方和民間卻有不同的聲音。澳洲官方更期待跨太平洋策略經濟伙伴關係協議（TPP）的重新組成，能夠讓澳洲在太平洋地區的貿易中有優勢的主導權。此舉頗有向中國較勁的意味。

中國貿易從出口賺錢，轉向融入當地

中國近十年來一直是世界大多數國家的最大貿易夥伴，但貿易不是手段，而是永遠不可能忽略的命脈，最根本的原因在於中國本身並不具備豐富能源礦產。

隨著技術的進步，中國在能源政策上一直採取多元並進的方式做調整，包括綠電、核能等等。漸漸的，除了透過貿易維護國家命脈之外，二〇一三年後，還發展出「一帶一路」貿易擴張政策，更加速對海外各區域的投資，不僅在基礎建設、工業，甚至包含教育、金融商業、農業，無役不與，中國國內更有研究單位發表「一帶一路貿易指數」，其中包含紅海貿易指數、非洲貿易指數與海上絲路指數等等，用來衡量中國與各區域國家間的關係緊密程度。

近幾年中國雖然貿易數字略有下滑，但因為海外投資的攀升，帶動當地民生工業和基礎交通建設發展，原本賺取貿易順差，現在可能轉而成為當地的企業家，直接賺取外匯甚至將商品出口母國。把這些因素全部都考量進去，我們才能夠拼湊出中國的真正貿易輪廓。

以現況來看，在未來，中國企業的足跡必然會更深更廣地遍布全世界，且在逐漸轉型成為消費大國後，短期內不太可能像美國一樣常常有貿易赤字，但極有可能超越美國成為世界第一大經濟體和市場。

第四章

中國獨有的區域經濟發展

中國有計畫地發展各區域經濟，延伸出許多一線、二線城市，和珠三角、長三角、沿海經濟特區等特殊定位與名詞。這些區域經濟彼此之間有競爭也有合作，更有國家對外經濟策略考量。常常有人用「狼」來形容中國對經濟發展的進取之心，這些區域經濟，正扮演孕育不同品種「狼群」的聚集地。

4-1 區域經濟的發展策略

區域經濟與在地的人文和自然資源有密切關係，也是一個國家國土規畫的重點。例如在台灣，我們從新竹為中心，發展出一條科技製造走廊；而日治時期的嘉南大圳建設，讓整座嘉南平原的農業得以發展；從高雄港出發一路往北，楠梓加工出口工業區是台灣工業零件生產重鎮。

中國也是一樣，數量更多到數不完。依據學者連德宏的見解，可以將中國的區域經濟分為三種：

一、各省市依據特色自行規畫。

二、跨省市區的區域發展規畫。

三、國家綜合配套改革試驗區。

這可說是中國區域經濟點、線、面式發展。

特別的是，一般區域經濟發展，多半以城市為中心向外推廣，也就是從一個點，利用交通做為點與點之間的連結，最後因為規模經濟的成熟，逐漸成為區域，例如美國舊金山的矽谷科技園區就是如此。矽谷在二戰之前，只是一座提供海軍武器的軍事工業城鎮，一九五〇年開始發展電子科技，從工業小鎮起步，至今所謂的矽谷規模之廣，泛指整個灣區一〇一號公路走廊。

中國不是沒有類似的發展途徑，只是與常見的發展路線不同，更多是配合計畫經濟的設定，從面至線、至點，再回到面的改革，逐步建立起來。

計畫經濟可以說是中國區域經濟發展最重要的規則。

計畫經濟的初步：三線建設

一九六四年「三五計畫」時期定調的「三線建設發展原則」，可以說是中國早期較具規模的區域經濟發展計畫。

在此原則下，沿海省分與城市稱做第一線，包含東部地區以及部分東北；北京到廣州連線以西，舊稱為「中部地區」的區域是二線；再往西，西南三省以及西北四省（四川、雲南、貴州，含四川省重慶市，陝西、青海、甘肅烏鞘嶺以東、寧夏）、西藏等地是三線。

為了解決內陸的民生以及配合產地建立國防，中國政府將多數資金和資源移往三線做發展，這也是歷史上第一次對西部的大開發。西北寧夏和甘肅地區成為重要的鋼鐵工業地帶，四川、雲南、貴州等峽谷山區則發展水力發電和煤礦工業地區，幾座大城市例如重慶，則以輕工業為主，國防建設則遍布各省。

不過三線建設的成效並不好，中國學者普遍認為原因在於此計畫進行得過於急躁浪費，失效是各種原因的總和導致，但幸好留下了部分經濟基礎，可待日後發展。

一九七八年後，配合「六五計畫」及「七五計畫」，中國在社會主義的道路上走得非常謹慎，即便開放，也一步一腳印從沿海地區開始，所以才會有「先讓一部分的人富有起來」的政治經濟策略。在接下來的三十年間，中國不斷有新的區域經濟計畫出現，不僅有貧富差距平衡的考量，也有科技、交通、國際貿易等不同的考量。從時間軸來看，根據中國學者齊元靜等人的見解，可以將整個區域發展分成三個主要的時期：

第一階段：以經濟特區作為探索

時間：一九七八年～一九九〇年

地點：東部沿海各工業區

東部沿海是最先被規畫出來的區域，依照經濟特性畫定出三大工業基地，分別是環渤海工業區、長江三角工業區以及珠江三角工業區。這三大工業區各有所長：

環渤海工業區：是重工業和化工業的主要生產重鎮，利用東北和西北生產的豐富石油、煤礦等礦產資源，以及渤海灣的海港運輸，建立起發展規模。

長江三角工業區：為高科技工業區，簡單來說，是一座超大型的科學園區。長江三角工業區中的昆山市，是許多台灣科技業者的生產聚集地，幾乎所有電子零組件生產地都群聚在此。

珠江三角工業區：發展最早的工業區，以深圳市為代表城市。珠江工業區是早期中國勞力密集工業的重鎮，大量農村人口在此聚集，工廠林立但近年來已轉向朝科技軟體研發設計為主。因為珠江與東南亞國家地理位置接近，因此也是國際轉口貿易的重要區域。

設置工業區後，中國政府於一九八四年宣布開放十四個沿海港口城市，做為鼓勵對外經濟合作和吸引外資的優惠地區，分別是：大連、秦皇島、天津、煙台、青島、連雲港、南通、上海、寧波、溫州、福州、廣州、湛江、北海，後來又擴大加入七個省及兩個直轄市。

為了配合這些城市的開放，同時宣布成立十四個國家經濟技術開發區，簡稱「經開

◆ 早期中國三大工業基地狀況比較

▲分布地區：
河北省、山東省、遼寧省，
包含天津、北京
全國總產值
占比 24.6%
▲重要發展項目：
重化工業、石化業、鋼鐵業、造船業
北京中關村
▲特色：
1.交通便利，高科技產業基礎雄厚
2.衍生出「中國矽谷」的中關村
環渤海工業基地
▲分布地區：
江蘇省、浙江省，包含上海
長江三角洲工業基地
上海吞吐港
▲重要發展項目：
機械、紡織、電子通訊、
化工業與半導體產業
全國總產值
占比29%
▲特色：
上海港為世界最大貨櫃吞吐港
珠江三角洲工業基地
▲分布地區：
廣東省
全國總產值
占比15.1%
▲重要發展項目：
勞力密集的加工出口工業，
電子、民生產業
▲特色：
最早開放的工業基地

區」。所謂經開區，就是一個計畫都市，主要目的是為了快速度協助設立工商業、吸引人才進駐，例如秦皇島投資開發區、湛江技術開發區，都是大規模地從徵地、基礎建設、交通等一連串發展設置。

從三大工業區到東部沿海經濟特區

到了一九八一年，中國政府以這三大工業區為基礎，又擴大成立四個沿海經濟特區，分別是深圳、珠海、廈門、汕頭，其中深圳是最老牌的經濟特區。

經濟特區是一個廣義的概念，裡面可能包括自由貿易區、自由港、加工出口區等等，而上述十四個沿海港口城市，遂成為經濟特區相當重要的延伸腹地。

一九八八年，又成立以海南島為主的海南省經濟特區。以上經濟特區總共涵蓋將近三百個縣市，其所包含人口接近三億人。此後我們經常聽到的「東部沿海經濟特區」就此成形。

從長江三角、閩廈三角到珠江三角與海南島，這些區域經濟發展可以說是中國改革經濟的重要基礎，而除了國家級的規畫之外，各省其實也有合作性的區域發展特色。

從「電子一條街」到「中國矽谷」的發展之路

有別於商業貿易以及工業，一九八八年，中國政府在北京中關村成立第一個國家等級的高新技術產業開發區。這是中國第一個自主創新示範區，也是第一個「國家級」的人才特區，簡稱「國家高新區」。

中關村早期被稱作「電子一條街」，專門販售手機、電腦的配備、零件與耗材，如今不僅是北京的秋葉原，更成為了一座新創基地，包括醫療、軟體等各種高科技、網路公司紛紛進駐。中關村近十年範圍不斷向外擴張，甚至跨省到天津市建立新園區。目前中關村共有十六個園區，總面積將近兩座台北市的大小，被封為「中國矽谷」。

在此一階段，總計成立五座沿海經濟特區、一座高新區、十四個開放城市和國家經濟技術開發區，以及七個省和兩個直轄市所成立的沿海經濟開放區。

第二階段：以開發區為主導向外推廣

時間：一九九一～二〇〇五年

◆ 2018 年中國重要 IT 城市分布與人才占比前十大城市

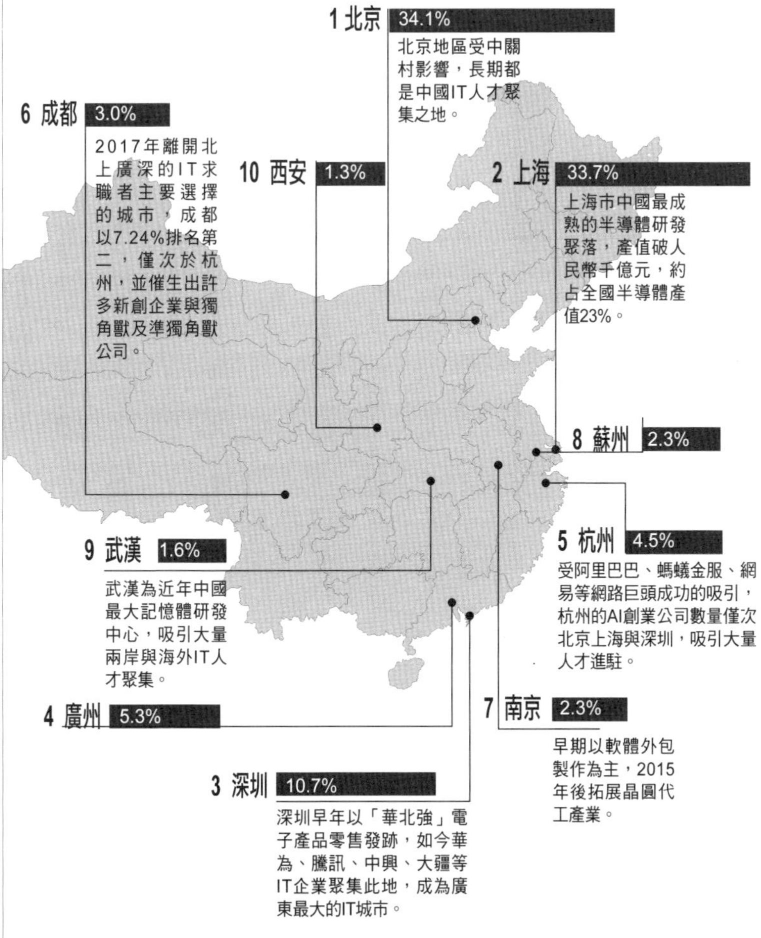
1 北京 34.1%
北京地區受中關村影響，長期都是中國IT人才聚集之地。
6 成都 3.0%
2017年離開北上廣深的IT求職者主要選擇的城市，成都以7.24%排名第二，僅次於杭州，並催生出許多新創企業與獨角獸及準獨角獸公司。
10 西安 1.3%
2 上海 33.7%
上海市中國最成熟的半導體研發聚落，產值破人民幣千億元，約占全國半導體產值23%。
8 蘇州 2.3%
5 杭州 4.5%
受阿里巴巴、螞蟻金服、網易等網路巨頭成功的吸引，杭州的AI創業公司數量僅次北京上海與深圳，吸引大量人才進駐。
9 武漢 1.6%
武漢為近年中國最大記憶體研發中心，吸引大量兩岸與海外IT人才聚集。
4 廣州 5.3%
7 南京 2.3%
早期以軟體外包製作為主，2015年後拓展晶圓代工產業。
3 深圳 10.7%
深圳早年以「華北強」電子產品零售發跡，如今華為、騰訊、中興、大疆等IT企業聚集此地，成為廣東最大的IT城市。

地點：從東部沿海逐漸延伸至中部地區

中國在一九八〇年間迅速發展，有目共睹。在發展中，這些區域經濟發揮了相當重要的作用。在「八五計畫」中，中國政府就多次提到開發西部的必要性，而這些經濟特區的成功案例，在此一階段成為了開發西部的榜樣。

一九九〇年，中國政府宣布開發上海浦東新特區，成為中國首個國家綜合配套改革試驗區，也是中國經濟轉型的示範重點。

新特區的開發，主要是做為國家科學治理方式的實驗地區，除了具備經濟特區和經濟開發區的都市計畫特點，更重要在於金融、法律、土地使用、稅制都不同於其他地方城市，其位階屬於副省級，擁有很高的財政自主權。

不課稅的保稅倉庫、保稅區，利於出口轉運貿易

浦東新區一直到二〇〇五年左右才算落成，今日已成為中國金融商業的一級戰區，其地位堪比紐約曼哈頓。除此之外，為了強化上海地區的貿易，中國政府同時成立了第一個「保稅倉庫」，運入保稅區的貨物可以進行儲存、改裝、分類、混合、展覽以及加工製造，不必課關稅，此舉有利於轉口貿易以及小型加工出口。

◆ 中國各地保稅區分布圖

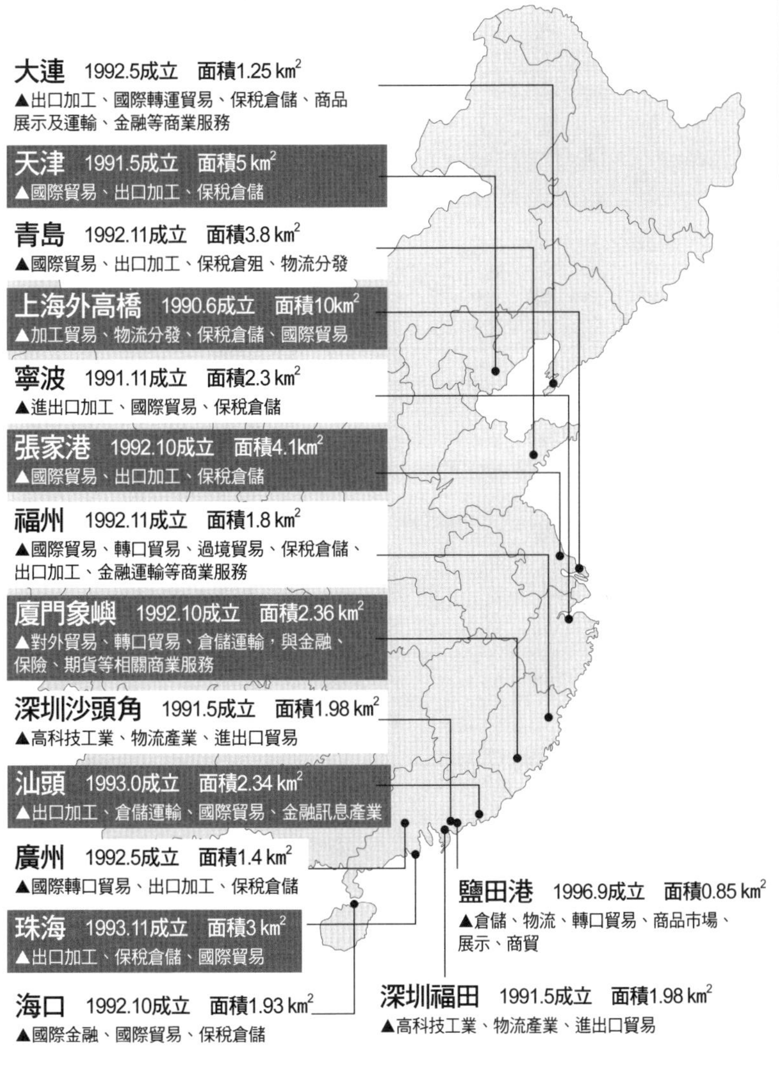
大連 1992.5成立 面積1.25 km²
▲出口加工、國際轉運貿易、保稅倉儲、商品展示及運輸、金融等商業服務
天津 1991.5成立 面積5 km²
▲國際貿易、出口加工、保稅倉儲
青島 1992.11成立 面積3.8 km²
▲國際貿易、出口加工、保稅倉殂、物流分發
上海外高橋 1990.6成立 面積10km²
▲加工貿易、物流分發、保稅倉儲、國際貿易
寧波 1991.11成立 面積2.3 km²
▲進出口加工、國際貿易、保稅倉儲
張家港 1992.10成立 面積4.1km²
▲國際貿易、出口加工、保稅倉儲
福州 1992.11成立 面積1.8 km²
▲國際貿易、轉口貿易、過境貿易、保稅倉儲、出口加工、金融運輸等商業服務
廈門象嶼 1992.10成立 面積2.36 km²
▲對外貿易、轉口貿易、倉儲運輸，與金融、保險、期貨等相關商業服務
深圳沙頭角 1991.5成立 面積1.98 km²
▲高科技工業、物流產業、進出口貿易
汕頭 1993.0成立 面積2.34 km²
▲出口加工、倉儲運輸、國際貿易、金融訊息產業
廣州 1992.5成立 面積1.4 km²
▲國際轉口貿易、出口加工、保稅倉儲
珠海 1993.11成立 面積3 km²
▲出口加工、保稅倉儲、國際貿易
海口 1992.10成立 面積1.93 km²
▲國際金融、國際貿易、保稅倉儲
鹽田港 1996.9成立 面積0.85 km²
▲倉儲、物流、轉口貿易、商品市場、展示、商貿
深圳福田 1991.5成立 面積1.98 km²
▲高科技工業、物流產業、進出口貿易

在鄧小平的南巡談話後，又加速增開了十二個保稅區，目前中國共有十五個保稅區，分別是：天津港、大連、張家港、深圳沙頭角、深圳福田、福州、海口、廈門象嶼、廣州、青島、寧波、汕頭、深圳鹽田港、珠海保稅區以及海南洋浦經濟開發區。

國家邊境經濟合作區多建立於西北與西南國家交界處

除了有發達的轉口海運貿易，中國大陸為拓展地緣政治和經濟的實力，也在邊境城市開發類似的保稅區，稱為「國家邊境經濟合作區」。邊境合作區除了設置加工出口和鐵路運輸之外，最重要的是兩國互相貿易優惠。此類邊境合作區因為多位於中國西北、西南等地，為當地經濟增加不少動力。

一九九〇年間，中國共開闢了十三個邊境合作區，目前為止則有十七個邊境合作區，共涵蓋七座省，分別是內蒙古兩個、遼寧一個、吉林兩個、黑龍江兩個、廣西兩個、雲南四個、新疆四個。其中最著名的是遼寧省的「丹東邊境合作區」，因為這是北韓相當重要的進出口命脈，因此我們常常在新聞可以看到。中國若要經濟制裁北韓時，通常都會關閉這座城市的交流。

在「九五計畫」中，為了因應區域之間的落差，首次發布西部開發策略方針，除了先前規畫的邊境合作區之外，於中、西部紛紛設立國家經濟開發區、高新區與工業技術區。著名高新區有武漢、西安、重慶、合肥、蘭州、昆明等，共設五十三處；經濟技術開發區，主要集中在中部，包括長沙、西安等，共設三十五區。此外還有開放長江沿岸五個大城市南京、武漢、南昌、重慶、上海，做為沿海開放城市的經濟延伸區。

這些經濟政策讓中部迅速崛起，像是武漢、重慶、成都等內陸城市，在此時逐漸打下基礎。中部崛起後，工業帶也隨之移動，東北的傳統工業區有了轉型的機會，逐漸形成目前中國東北、大西部、中部、東部沿海四大經濟板塊。

第三階段：改進國家級新區和綜合配套改革試驗區

時間：二〇〇六年後

地區：全國各省

在二〇〇八年全球金融海嘯後，中國政府逐漸意識到工業與商業轉型的問題。此時的全球貿易因風暴而逐步衰退，中國也發生產能過剩和槓桿過高的問題，並在日益加重的環境保護意識，和全面打造小康社會的目標下，中國工商業展開大 規模的變革。

為求商業轉型與接納投資展開改革

首先，為了加強銜接商業轉型和接納更多投資，國家綜合改革試驗區的概念成為這個階段的主軸。

試驗區是一種肩負國家改革任務導向的都市計畫，除了上述已說過的浦東新區，是最早被指定為開發開放試驗區之外，二〇〇六年開發了天津市的濱海新區，一方面配合中關村的拓展建設，另一方面用於支持「京津冀首都圈」在企業改革、科技體制、涉外經濟體制、金融創新、土地管理體制、城鄉規畫管理體制、農村體制、社會領域、資源節約和環境保護等管理制度以及行政管理體制等十個方面的自由開放。

二〇〇八年，深圳成為第二個開發開放試驗區，挾帶著已經建構完整的工業供應鏈和龐大的投資，深圳從製造業蛻變成電子商務與軟體開發的高精密科技製造區。

二〇一一年，浙江省義烏市也升級成為試驗區，主要開放轉型貿易商品，最重要的是電子商務。早期義烏是「全球最大的小商品批發市場」，聚集各種便宜商品，從縫衣針、牙籤、吸管到各種假髮飾品無所不包，以高勞力、低成本、微獲利聞名，但從二〇一五年起，每年一度的「中國電子商務博覽會」已成為全球電商最大的會展。

同樣在二〇一一年，廈門市也被畫定成為開放試驗區，廈門市的主要目標在於強化兩岸關係的交流，加深各行各業的自由開放。簡言之，廈門成是兩岸服務貿易的主要試點區域。

除了上述這五個大型的開放試驗區之外，中國政府陸續推出背負不同任務的改革試驗區，包括：

金融試驗區——主要配合政府金融商品、建設融資、金融創新發展項目。實行城市為浙江溫州市、廣東珠江三角洲、福建泉州市、廣西壯族自治區、山東青島市。

綠色金融試驗區——二〇一七年起設立，主要發展綠色技術和都市建築。實行城市為廣東省廣州市、貴州省貴安新區、新疆昌吉州、哈密市、克拉瑪依市、浙江湖州和衢州市。

此外，還有農業現代化試驗區、新型工業化道路試驗區、華僑經濟文化合作試驗區、資源型轉型試驗區、統籌城鄉試驗區等等。

上述這些試驗區，有些與浦東新區採相同模式打造，但也有些新區並不納入試驗區範圍內，像是大連金普新區、青島西岸新區、陝西西咸新區等等，總計成立了十八個國家新區，裡面包含了十二個試驗區。

推行「一帶一路」設立自由貿易區

二〇一一年起，為了配合「一帶一路」政策及擴大全球貿易布局，中國政府前後新設立了十一個自由貿易區，直接給予進口商品免稅的權利，其中包括上海、天津、福建、廣東、遼寧、浙江、湖北、河南、重慶、四川、陝西等城市。

此外，各種開發區仍然如雨後春筍般成立，但這次更多是發展西部地帶城市，總計成立了六十三個國家技術開發區以及三十八個高新區。

這些區域，有些尚在規畫施工中，但絕大部分都已開始對外招商發展。二〇一六年中國頒布「十三五計畫」後，更進一步從這些區域當中，選出十九個城市群做為區域經濟發展的指標城市，其中最有名的就是「京津冀首都圈」。

二〇一八年末，港珠澳大橋通車後，「粵港澳大灣區」將成為中國最重要的新創和國際貿易區域。

中國經濟發展的容錯精神

中國的區域經濟發展形式五花八門，一時半刻很難被充分理解，有的區域會同時覆蓋

◆ 全球四大灣區狀況比較

分析內容	舊金山灣區	紐約灣區	粵港澳大區	東京灣區
常住人口（單位萬人）	760	2340	6672	4384
土地面積（平方公里）	1.8 萬	2.1 萬	5.6 萬	3.7 萬
GDP（億美元）	8000	14000	13000	18000
主要產業	科技創新 專業服務	金融服務 房地產 醫療保健	科技創新 金融服務 製造業	高科技製造 批發零售
港口吞吐量（萬標準箱）	227	465	6520	766
機場旅客運輸量（億人次）	0.7	1.3	1.5	1.1

◆ 粵港澳大灣區內部各區人均 GDP 現況

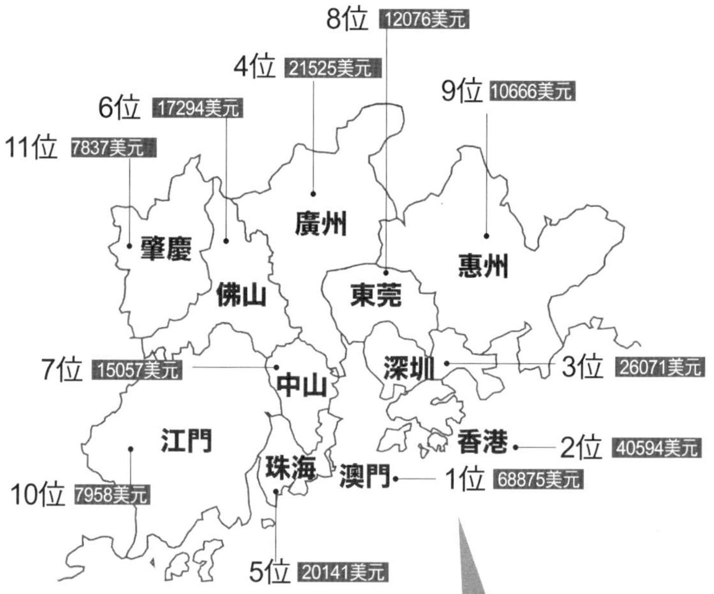

◆ 粵港澳大灣區三大交通建設

港珠澳大橋	虎門大橋	深中通道
約50公里	約15.8公里	約24公里
東接香港國際機場，西接澳門北區及廣東珠海拱北	東起東莞虎門，西接南沙	東接深圳，西接中山市
2018.11 已通車	已通車	預計 2020年完工

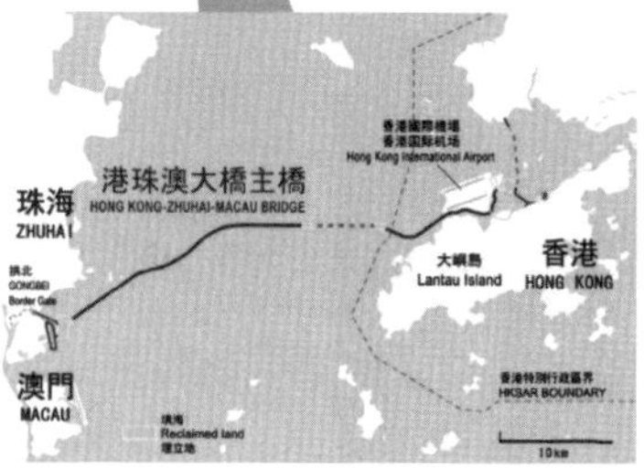

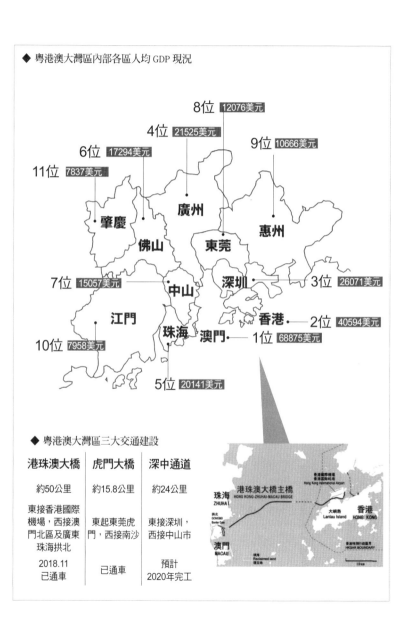

多功能的區域經濟目標，而有的區域則只肩負單一任務。但從這些發展脈絡中，都可以看得出中國經濟始終圍繞在「轉型」的基礎價值。從最基礎的東部沿海工業帶設置開始，然後到中部大城市的開放，再到西部的大開發，同時東部再轉型成技術和資本密集的服務產業，中西部則繼續支持工業的轉型。循序漸進，最後雨露均霑，朝整個社會都能邁向小康的目標前進，是極具中國特色的經濟發展模式。

從這些區域經濟的發展概念中，在經濟上，中國政府有一項特質很值得我們學習，那就是「容錯」。

一般民主國家想要發展區域經濟，通常在國會中就會被炒作得沸沸揚揚，或者雷聲大雨點小，例如台灣早期想發展亞太金融中心。這樣的發展有好也有壞，雖然推動緩慢或失敗，但至少透明開放、多人監督，可以避免貪汙壟斷或不公平的經濟政策出現，比較能一步到位。但在中國的經濟觀念中，所謂「摸著石頭過河」，就是從錯誤中記取經驗教訓，透過不斷地修正和檢討，向正確的方向前進，這也正是設置國家試驗區的最重要精神。

容錯特色的發展方式，也只有在強力政治集權的環境中才能做到，否則商人逐利，誰願意冒不確定的商業風險呢？但也因為有容錯的商業環境，中國近十年的ＧＤＰ組成中，固定資本形成所占的比率高達四五％，比貿易所賺取的順差還要高。從這個結構中，也可看出中國的「狼性」。

其實，還有很多各省市依據自身特色，自行規畫而成的區域經濟發展，例如海南島國際旅遊島建設、山東半島藍色經濟區等等。如此一來，中國三十一個省及自治區幾乎都有自己的區域經濟計畫，共同朝著脫貧的目標進行著。

區域經濟的發展，正是實現中國特色社會主義的基礎。

推行都市群與兩橫三縱策略，降低城鄉差距

提到「東方之珠」，絕大多數的人都會聯想到香港。在一九九〇年前，由於亞洲各國在政治上仍處於動盪階段，香港可以說是整個東亞及東南亞最閃耀且經濟最自由發達的城市，完全不輸日本東京。但隨著東方明珠廣播電視塔於一九九四年在上海陸家嘴落成，上海等於舉起了整個中國經濟崛起的希望和責任，成為了新的東方之珠。

隨著蓬勃的區域經濟發展，上海這顆東方之珠固然顯得明亮，但許多後起之秀也散發著不同的光芒。

二〇一六年頒布的「十三五計畫」中，在全中國設定出十九個城市群。此外計畫中還

◆ 中國「兩橫三縱」格局與相關城市群

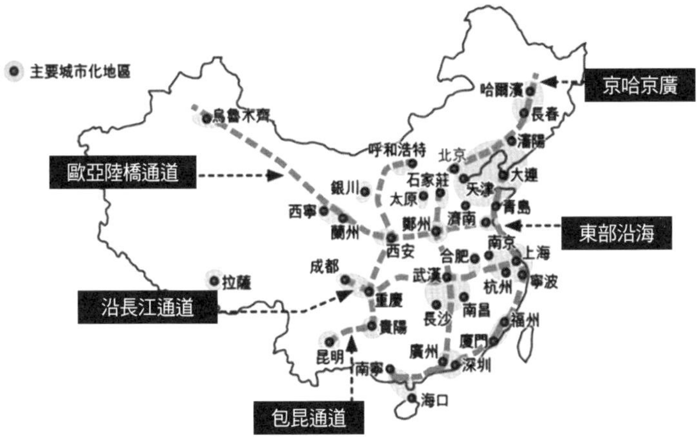

提到，要盡快構建以陸橋通道、沿長江通道為橫軸，以沿海、京哈京廣、包昆通道為縱軸的「兩橫三縱」城市化策略格局。

這樣的區域經濟規畫，已逐漸跳脫出地方政府的傳統管轄觀念，可以看出中國政府有計畫地在拉近城鄉差距。

簡言之，在中國經濟發展改革的概念裡，大城市不僅是一座城市，而是一個經濟生活圈的中心，更是一個經濟、生態環保、交通連結的發展推手。

4-2 城市分級與城鎮化運動

「城市化」一詞由來已久。城市的存在，不一定是政治所促成，人類自古以來的經濟行為模式，自然會建立起物品集散中心，無論是以物易物，或者後來才成熟的貨幣買賣交易方式，集散中心都能有效率地促成經濟流通。

有方便的經濟活動，就會吸引人口湧入，更逐漸產生對法律與政治的高需求依賴，也因此開始有了許多基礎建設和土地規畫，於是一個城市的雛型就此完成，緊接著，又再吸引更多的人和經濟，這一個過程就是「城市化」。當然，也有因經濟政策而開發的城市，例如澳洲首都坎培拉，就是因為區域經濟發展而新闢的政治中心。

從農業城市進化為功能型都市

中國的「城鎮化」和城市化有些許的不同，雖然在英文翻譯上還是同一個字，但城鎮化要求必須建立在：以人為本、綠色智能、集約高效、四化同步（新型工業化、訊息化、城鎮化、農業現代化）等發展方向上，而不是過去單純的經濟集中型態。

此外，城鎮化專指舊有的農業縣市邁向功能型城市的歷程，不是純粹建造新鎮。

中國城鎮化運動其實早已開始，但由於過去實施「城鄉二元制度」，農村人口被控管著無法向大城市移動，且當時發展策略也因為政治考量緣故，以工業為優先，沒有發揮地區專長與特色。而過度強調基礎建設的順序，導致很多鄉鎮縣市反而變得更加窮困，社會階級無法流動。

經濟改革開始後，因為都市大量的勞力需求，農村人口開始往東部沿海遷徙移動，再加上不斷執行的區域經濟計畫，又逐漸將東岸城市發展經驗帶往中部，最後進入西部地區，也因此，勞力需求從東部轉移至中部和西部。然而城鎮的生活空間、品質、經濟、交通等等，一時間無法吸引人口、適應變遷，於是新一波城鎮化運動正式展開。

城鎮化在中國發展的重要性與日俱增，被視為脫貧及建立小康社會的衡量標準。目前中國國家統計局依照基礎設施覆蓋、人均所得等標準，統計出二〇一三年的城鎮化為五三．七三％，至二〇一七年底已達五八．五二％，不過比起歐美國家普遍達到八〇％的水準來看，中國還有很大的進展空間。

◆ 2005-2016 年中國城鎮與農村人口變化走勢圖

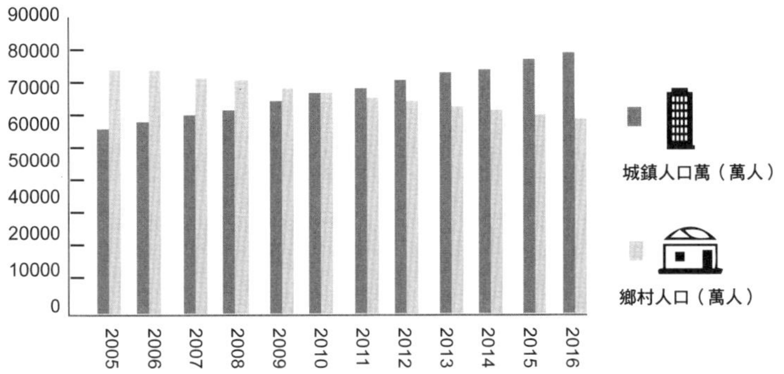

城市分級制度起於民間

在中國，我們經常聽到「一線城市」、「二線城市」這樣的分類，最初是民間籠統的分類，中國政府一直以來都沒有做過這樣的分類，但隨著城鎮化的推展越來越明顯，民間單位便制訂標準，按照各城市的商業、經濟、文化教育、工業、財政、政治、國際化等等程度以及該城市對國家的重要性，給予評量分級。最早的城市分級究竟起於何時已不太可考，但無論如何，評選城市、給予等級區分，一方面顯示中國區域經濟發展的狀況，另一方面也表現出各級城市政府競爭的心態，對照台灣來看，很像台灣某些平面媒體每年都會舉辦的五星縣長評比。

一線城市：北上廣深，天后地位難以動搖

二〇一八年初，中國權威雜誌《第一財經》公布最新城市分級，將四百個主要城市畫分為五線。

「一線城市」包括北京、上海、廣州、深圳。這四個城市從開放以來，始終都是口耳相傳的一線城市，甚至被簡稱為「北上廣深」。短期內看來，此四大城市不太會有名次更動或掉出一線城市標準以外的可能。這幾個城市的人均所得早已突破兩萬美元，堪稱國中之國。

另外有些雜誌把天津也列入一線城市標準，但在《第一財經》的分析中，天津則列入「新一線城市」。可見北上廣深的天后級地位，是永遠的城市發展楷模，不容易被輕易改變。

新一線城市：因區域經濟計畫影響而生

「新一線城市」共有十五個，依次是：成都市、杭州市、武漢市、重慶市、南京市、天津市、蘇州市、西安市、長沙市、瀋陽市、青島市、鄭州市、東莞市、寧波市、無錫市。

這些城市在二十年前多為人們口中的「二線城市」，但隨著區域經濟發展逐漸跨越省

市行政區域，再加上交通的便捷發達，如天津、南京、東莞、武漢這些城市逐漸受一線城市的影響，成熟蛻變。

這些城市的共通點，除了經濟和工業發達之外，更多是近幾年新區域經濟計畫的核心城市，政治重要性更高於經濟數據。不過，有些地方評比機構只以商業和經濟做判斷，將這十五個城市分別歸納為「二線發達城市」和「二線中等城市」。所以到底如何判斷，端看我們從什麼角度去理解一個城市的重要性。

二線城市：早已成熟，與新一線城市旗鼓相當

「二線城市」共有三十個，較著名的城市包括：廈門、福州、泉州、貴陽、太原、昆明、蘭州、珠海等等。這些城市多半都是各省省會，或者是各省第一大城，也多是老牌大城市。

嚴格來說，這些二線城市在經濟發展上，其實與新一線城市旗鼓相當，甚或有所超越，主要差別在區域計畫中有沒有賦予它更多的發展性。不過這類城市在不同的評比機構中各有不同看法，所以下次當你聽到「二線城市」時，千萬別以為它比「新一線城市」落後。

◆ 2018 年五線城市區分

城市區分	城市
一線城市	上海、北京、深圳、廣州
新一線城市	成都、杭州、武漢、重慶、南京、天津、蘇州、西安、長沙、瀋陽、青島、鄭州、東莞、寧波、無錫
二線城市	昆明、大連、廈門、合肥、佛山、福州、哈爾濱、濟南、溫州、長春、石家莊、常州、泉州、南寧、貴陽、南昌、南通、金華、徐州、太原、嘉興、煙台、惠州、保定、台州、中山、紹興、烏魯木齊、濰坊、蘭州
三線城市	珠海、鎮江、海口、揚州、臨沂、洛陽、唐山、呼和浩特、鹽城、汕頭、廊坊、泰州、濟寧、湖州、江門、銀川、淄博、邯鄲、蕪湖、漳州、綿陽、桂林、三亞、遵義、咸陽、上饒、莆田、宜昌、贛州、淮安、揭陽、滄州、商丘、連雲港、柳州、岳陽、信陽、株州、衡陽、襄陽、南陽、威海、湛江、包頭、鞍山、九江、大慶、許昌、新鄉、寧德、西寧、宿遷、荷澤、蚌埠、邢台、銅陵、阜陽、荊州、駐馬店、湘潭、滁州、吉林、肇慶、德陽、曲靖、秦皇島、潮州、常德、宜春、黃崗
四線城市	舟山、泰安、孝感、鄂爾多斯、開封、南平、齊齊哈爾、德州、寶雞、馬鞍山、郴州、安陽、龍岩、聊城、渭南、宿州、衢州、梅州、宣城、周口、麗水、安慶、三明、棗莊、南充、淮南、平頂山、東營、呼倫貝爾、樂山、張家口、清遠、焦作、河源、運城、錦州、赤峰、六安、盤錦、宜賓、榆林、日照、晉中、懷化、承德、遂寧、畢節、佳木斯、濱州、益陽、汕尾、邵陽、玉林、衡水、韶關、吉安、北海、茂名、延邊、黃山、陽江、撫州、婁底、營口、牡丹江、大里、咸寧、黔東南、安順、黔南、瀘州、玉溪、通遼、丹東、臨汾、眉山、十堰、黃石、濮陽、亳州、撫順、永州、麗江、漯河、銅仁、大同、松原、通化、紅河、內江
五線城市	長治、荊門、梧州、拉薩、漢中、四平、鷹潭、廣元、雲浮、葫蘆島、本溪、景德鎮、六盤水、達州、鐵嶺、欽州、廣安、保山、自貢、遼陽、百色、烏蘭察布、普洱、黔西南、貴港、萍鄉、酒泉、忻州、天水、防城港、鄂州、錫林郭勒、白山、黑河、克拉瑪依、臨滄、三門峽、伊春、鶴壁、隨州、新余、晉城、文山、巴彥淖爾、河池、涼山、烏海、楚雄、恩施、呂梁、池州、西雙版納、延安、雅安、巴中、雙鴨山、攀枝花、阜新、興安盟、張家界、昭通、海東、安康、白城、朝陽、綏化、淮北、遼源、定西、吳忠、雞西、張掖、鶴崗、崇左、湘西、林芝、來賓、賀州、德宏、資陽、陽泉、商洛、隴南、平涼、慶陽、甘孜、大興安嶺、迪慶、阿壩、伊犁、中衛、朔州、儋州、銅川、白銀、石嘴山、萊蕪、武威、固原、昌吉、巴音郭楞、嘉峪關、阿拉善盟、阿勒泰、七台河、海西、塔城、日喀則、昌都、海南、金昌、哈密、怒江、吐魯番、那曲、阿里、喀什、阿克蘇、甘南、海北、山南、臨夏、博爾塔拉、玉樹、黃南、和田、三沙、克孜勒蘇、果洛

三線城市：具有當地特色的機能型都市

「三線城市」共有七十個，著名的城市有：岳陽市、舟山市、鎮江市、呼和浩特、丹東市、撫順市等等。

三線城市主要是各省的機能型都市，例如丹東市負責邊境貿易，撫順市則有「煤都」之稱，舟山市是海洋經濟產品的生產重鎮、鎮江市是發達的長江加工出口區、三亞市和保定市則是國際知名的重點旅遊城市……三線城市的交通和教育都還算完善，也是中國城鎮化的主要目標。

四線、五線城市：政策扶持下快速發展的新城市

「四線和五線城市」有許多是近年來城鎮化制度下的產物，經濟主力仰賴農村勞動人口。這些城市，很像台灣較偏僻的滿州鄉、蘭嶼突然湧進三十萬人，瞬間膨脹發展的概念。

此類城市尚待發展，交通與基礎設施普遍不發達，但還算是一個粗具規模的小型的生活中心。近年來，這些四、五線城市在政府政策引導下快速發展，還有許多大城市的人力回流。政策的挹注讓城市排名變化起伏變化，不過我們常聽到的「鬼城」，也是各城市搶

◆ 2014 年中國「鬼城」排名

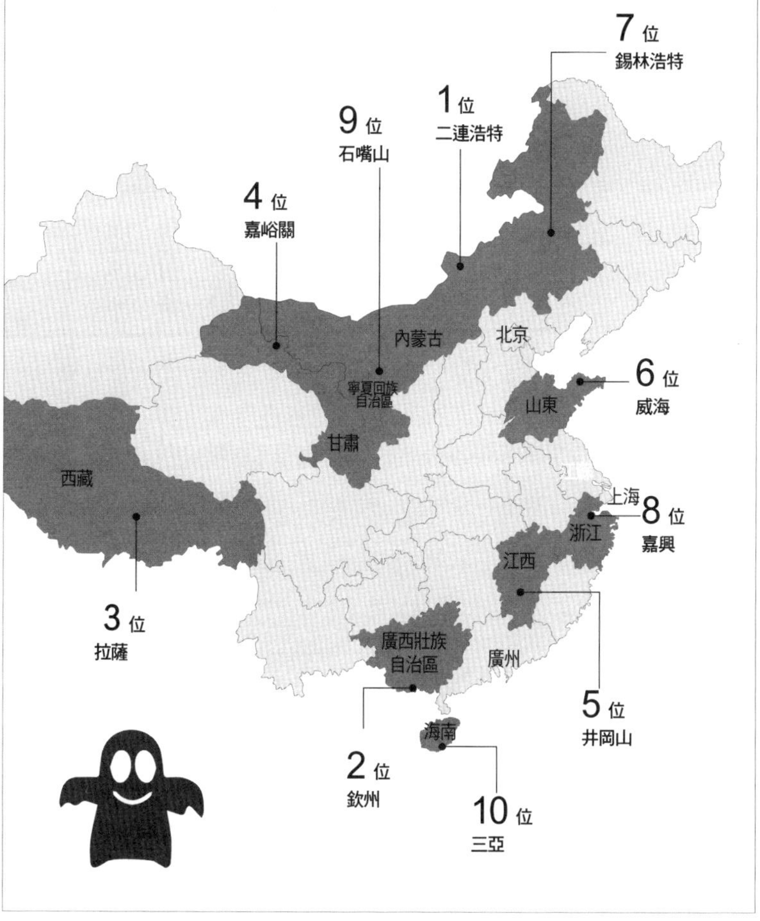

速度、過度發展下所產生的悲劇。

中國在城鎮化的過程中，其實也遭遇了許多社會問題，包括最近許多大城市驅逐的「低端人口」問題、上述提到的鬼城問題，還有人民戶口遷移、子女就學與醫療資源嚴重不足之類種種等等。在此引述中華經濟研究院的看法：若政府城鎮化發展政策出現失誤，恐怕導致城鎮化難以永續發展下去。

4-3 大城市群的特色與未來發展

中國在「十三五計畫」中，有鑑於透過地方政府去推動城鎮化出現了許多不協調的現象，因此十三五計畫訂立出十九個主要城市群，完全打破縣市政府及省政府的界線，利用城市群的概念，形成更多區域發展的增長動能。

「城市群」其實並非新名詞，在生活，我們也很常聽到。舉例來說，日本有「東京都圈」，這是指東京都廳結合鄰近的城市，例如三鷹市、橫濱市等；在台灣，我們也常會聽到有人說「北北基」，這是指台北市、新北市與基隆市三個鄰近城市組成的城市群。

之所以會有這樣的發展，一方面起因於城市的容納量有限，因此城市人群向周遭地區擴散、居住，連帶使得城市中心的基礎設施向外延伸；另一方面，可能因為產業連結的關係，將城市與城市關係緊密連結，例如基隆港最大的腹地是台北市、香港的運輸吞吐也和整個廣州、深圳息息相關。

◆ 中國的城市群（2018 年）

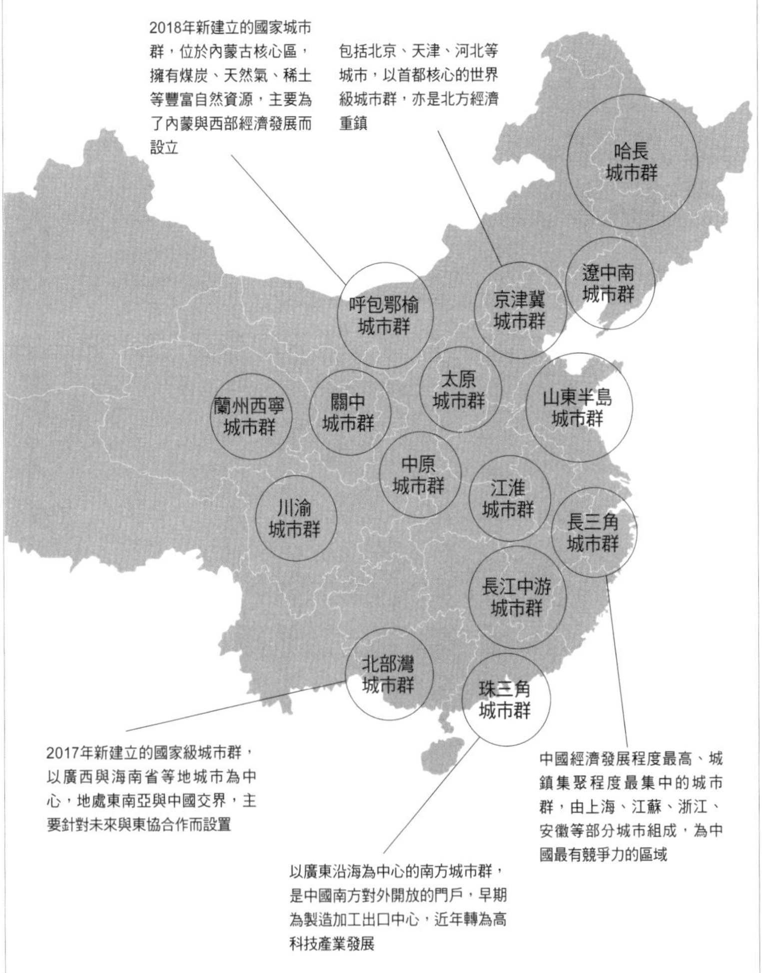
2018年新建立的國家城市群，位於內蒙古核心區，擁有煤炭、天然氣、稀土等豐富自然資源，主要為了內蒙與西部經濟發展而設立
包括北京、天津、河北等城市，以首都核心的世界級城市群，亦是北方經濟重鎮
哈長城市群
遼中南城市群
呼包鄂榆城市群
京津冀城市群
太原城市群
山東半島城市群
蘭州西寧城市群
關中城市群
中原城市群
江淮城市群
川渝城市群
長三角城市群
長江中游城市群
北部灣城市群
珠三角城市群
2017年新建立的國家級城市群，以廣西與海南省等地城市為中心，地處東南亞與中國交界，主要針對未來與東協合作而設置
中國經濟發展程度最高、城鎮集聚程度最集中的城市群，由上海、江蘇、浙江、安徽等部分城市組成，為中國最有競爭力的區域
以廣東沿海為中心的南方城市群，是中國南方對外開放的門戶，早期為製造加工出口中心，近年轉為高科技產業發展

城市群常見的發展問題

但城市的發展若長期仰賴雙邊政府協調，容易產生官僚本位主義，導致人民權益受損，以台灣為例，最好的例子就是捷運，當時台北市和新北市之間就曾經為了誰該出多少錢建設，致使捷運工程難有進展。而在中國，上海、北京這些超級大城市旁邊的周遭城市，也有類似困擾，必須有一致性的發展和政策，避免面臨國土規畫問題。

中國在這方面的安排上，將每個城市群都設定包含一至五線城市，政府賦予每個城市群主要特色與發展方向，讓這些大城市可以發揮母雞帶小雞的作用，發展城鎮化。

目前規劃十九個城市群分別為：京津冀、長三角、長江中游、哈長、成渝、中原、北部灣、關中平原、遼中南、山西中部、山東半島、珠三角、海峽西岸、呼包鄂、寧夏沿黃、蘭西、黔中、滇中與天山北坡。

至二〇一八年初，前面八個城市群的國土規畫政策都已出爐。其中，京津冀為首都圈，層級與其他城市群不同。

仔細觀察中國城市群的設定就會發現，這些城市群無論在土地面積或人口上，幾乎都已經達到一個中型國家的水準，和日本國土及人口相仿，可見其規模龐大。但可惜的是，目前城市群內經濟水準差異極大，想要有所發展，首要必須先改善人民生活落差。

4-4 地方政府的財政發展與高負債

中國在近二十年快速度的區域建設之下，在經濟成長方面繳出了不錯的成績單，但其實並非沒有隱憂。

由於中國政治制度採取中央集權，長期以來地方政府無法自行發債，但各級政府為求表現，以完成政府中央指示的規畫指令，只好轉而透過各種融資平台籌措資金。

長此以往出現的問題是：地方政府間接擁有大量的開發資金，於是衍生出貪瀆，或者是為了開發而強徵土地，或者過度建設，導致「鬼城」以及「鬼工業城」的出現。

這些都是我們要了解中國經濟時，不可不細究的問題。

中國地方政府經營大量國企

談到各級地方政府的財政，必須先了解國營企業與地方政府財政之間的關係。

◆ 中國各省分「殭屍企業」狀況

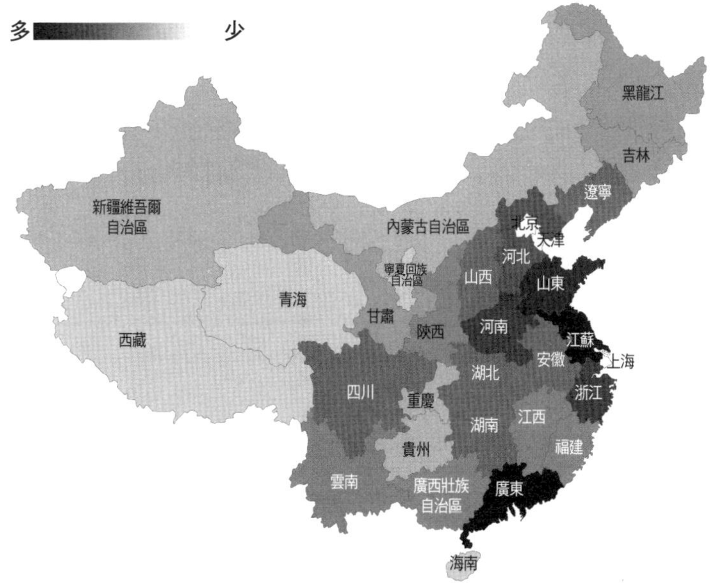

通常，國營企業的存在，肩負著協助國家公共財供給的責任，以避免發生民營事業的壟斷，譬如菸酒公賣局。

另外，以交通國營企業來說，日本和美國都有私營的地鐵公司，但台灣因為早期都市計畫並不完善，導致現在建築捷運的成本非常高，私營企業無法一肩扛起土地收購、補償、營運、政策配合等規畫，於是台北捷運公司就此誕生。以同樣概念出現的國營企業還有桃捷、悠遊卡公司、台鐵等等。

無論是台灣或日本，這些國營企業都僅僅只是企業。

但在中國，不只是中央政府，省、縣、市這些地方政府單位，都可以成立自己的國營企業，或者以持股多數的方式來經營生意，此類現象極為普遍。截至二〇一七年底，中國中央純國營企業（簡稱央企）從一一七家減至九十八家，而地方省級以下的國營企業，粗估竟有十六萬家，目前正陸續合併中。

對許多地方政府所經營的國營企業來說，它們的主力不僅是企業業務，還是地方政府向外借貸、賺錢營利的重要管道。因此國營企業與政府之間的角色功能產生重疊，經常造成無謂資源的浪費，更形成「殭屍國企」。

殭屍國企債台高築的原因

為什麼會出現這種狀況？一切都要從中國政府在一九九五年施行的預算法說起。該法第二十八條明言規定：「除法律和國務院另有規定外，地方政府不得發行地方政府債券。」

此外，中國政府為了阻止地方政府再利用其他變相方式融資，所以禁止地方政府做為擔保人。乍看之下，地方政府只能乖乖向中央政府要糖吃，沒料到竟出現利用國營企業融

◆ 2015 年全球債務鐘

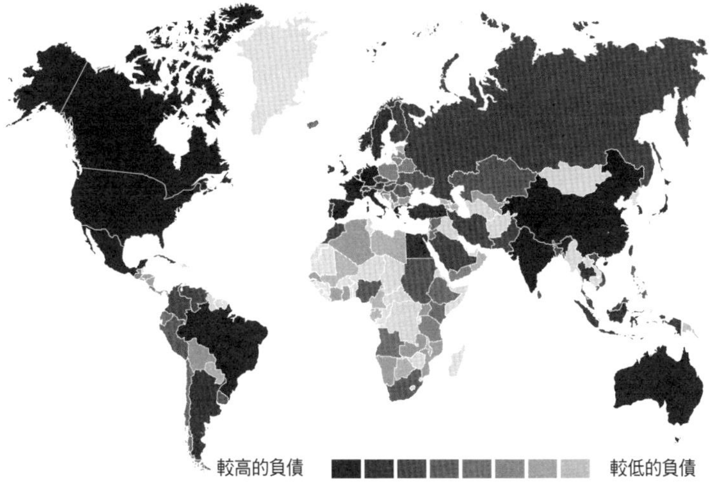
較高的負債
較低的負債

◆ 中國地方債的前因後果

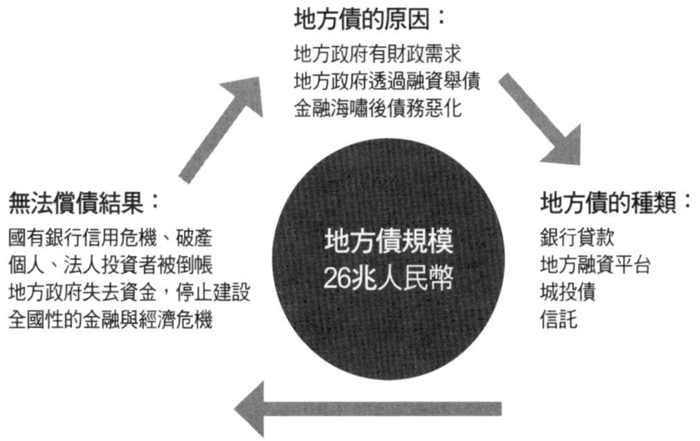
地方債的原因：
地方政府有財政需求
地方政府透過融資舉債
金融海嘯後債務惡化
地方債的種類：
銀行貸款
地方融資平台
城投債
信託
地方債規模
26兆人民幣
無法償債結果：
國有銀行信用危機、破產
個人、法人投資者被倒帳
地方政府失去資金，停止建設
全國性的金融與經濟危機

資以賺錢的漏洞。

在中國，地方政府主要的建設經費來源，是透過政府融資平台來籌措資金。而所謂的融資平台，並不是指向銀行辦理聯合貸款，而是地方政府以土地開發、事業收益、事業股權等等作為政策誘因，成立一家國營企業來承接這些開發案，再由國營企業以此開發案為由，去向銀行辦理融資。這類國營企業最常見的就是「地方城市建設投資公司」（簡稱城投公司），或者是「城建資產管理公司」。地方國營企業除了向銀行融資之外，還會透過本身的企業債或公開上市股票對外籌措資金，簡稱「城投債」，而這些資金再回流支持地方建設以及還債，形成一個看似合理的循環。

但問題就出在，如果開發案沒辦法賺錢怎麼辦？國企能有錢還給銀行嗎？以台灣為例，台北捷運公司營運了二十多年後，才終於達成損益兩平。中國的地方建設難道每年都能大賺錢嗎？

地方政府既然是國企的擁有者，又是國企的實質債務人，而地方銀行背後多有中央大型銀行做為依靠，因此彼此政商混雜的情況相當嚴重，自然出現貪腐問題。除了容易衍生貪腐之外，各縣市競爭之下，國營企業大膽投資及鼓勵工廠生產，最終更埋下產能過剩的後果。

超乎想像的中國政府債務

一個國家有負債是很正常的事，但是負債過多就會導致財政不健康，所以在財政學中，常常會用政府負債占GDP的比例來初判國家的財政健康程度。

根據國際貨幣基金的統計數據來看，中國在二〇一六年底政府債務占GDP約為四六％，台灣約為四〇％，其他G20的工業國家債務也多半在四〇％以上。

歐盟的政府債務警戒線，定在六〇％，因此從數字表象上來看，中國政府的債務問題並不嚴重，而且在人民幣成為SDR（特別提款權）的一份子之後，四六％的債務比例甚至算得上是低了。但其實一個國家的債務除了政府債，還有金融與非金融機構債（企業、城投債、融資平台、地方債等）與個人債。

把這三項加總計算進去之後，中國實際負債約為GDP的二四七％，其中非金融機構債總計占了二分之一以上，特別是這些所謂的非金融機構債，其實背負了許多地方政府的變相借款。

拿歐元區來看，因為經歷債務風暴，因此整個歐元區的整體債務水準約為二五〇％，主結構也是政府債務。兩者相較，中國看似與歐元區狀況相當，但實際上主債務結構卻是由非金融機構債堆積而起，而所謂的非金融機構，幾乎高達九成來自國營企業債務，也就是俗稱的「地方債」。

這樣的財政困境，導致中國政府像走在鋼索上的大象，一方面要從財政控制上改革，避免地方政府繼續濫權，另一方面，在經濟成長和匯率上面必須極力維持穩定，避免因為經濟衰退導致債務違約負債的壓力，讓中國政府走起來格外艱辛。

高GDP省分不一定具有足夠償債能力

根據中國財經雜誌的統計，截至二〇一六年底，債務比率（債務餘額／GDP）最高的五個省分別是——

貴州：一七八．九％
遼寧：一六〇．二％
內蒙：一二一．七％
雲南：一一六％
陝西：一〇四．五％

如果以債務餘額來看，負債最高的是——

江蘇：一．〇九兆人民幣

山東：九四〇〇億人民幣

貴州：八七〇九億人民幣

廣東：八五三〇億人民幣

遼寧：八五二六億人民幣

光看這些數字，都非常驚人。台灣沒有做各縣市的ＧＤＰ調查，但如果把政府歲入約略當作是ＧＤＰ的話，苗栗縣的債務比率在二〇一五年破產前達到一六〇％。對比之下，貴州、遼寧兩省根本是違約風險區。

一個地方的違約風險還要看地方政府的還債能力，即使該省的ＧＤＰ高，但不見得政府還債能力強。綜合評比下來，一級風險區有浙江和青海、二級則有貴州、陝西、遼寧、黑龍江、江蘇、福建，其餘省分目前則都在中國政府可控制範圍內。

這些違約風險區之所以形成，主要分為兩種，一是開發西部所形成的財務需求，另一種則是東部金融重鎮所創造出來的浮濫借款。其中又以溫州最有名。在溫州，為了統一浮濫的民間貸款亂象，避免變相成為地下高利貸，溫州市政府創辦了「溫州民間融資綜合利率指數」，提供貸款者參考，這中間也包含了政府建設項目的借款利率參考，目前一年期利率多在一五%到二〇%之間，和台灣信用卡利率類似。

如此之高的利率，再加上全球目前正面臨貨幣緊縮政策，可以預期，中國的債務壓力只會越滾越大。

根據媒體報導，中國在二〇一六年有四十八起信用債券違約，二〇一七年縮減至三十三起違約，但整體中央和地方政府的債務規模仍高達二十六兆人民幣。未來五年，陸續有將近十八兆人民幣的債務到期。中國債務一直都是全球金融市場關注的焦點，中國在十九大的報告中，財政改革的闡述就占了大半篇幅，以目前中國的政治結構以及經濟成長腳步，地方債務在可見的幾年內，應該還不至於產生大規模的違約，導致出現像是希臘債務那樣整體崩潰的危機，但對於人民幣的國際化以及中國政府正在推廣的「一帶一路」經濟政策，勢必將產生不良的影響，畢竟貨幣背後代表著貨幣持有者對發行國家的財務信心。

第五章

蓬勃發展的中國產業

中國的產業到底為何而興盛？是因為地廣人稠，消費力充足？還是天時地利、歪打正著？常有人說中國的繁榮不過曇花一現，但真實情況究竟如何？從產業發展的觀察，讓我們進一步窺探中國經濟的真實面。

5-1 農業——以農立國，民以食為天

在中國，所有產業都必須先從農業說起。

中國五千多年的歷史就像是農業發展的縮影，不知有多少朝代因農業生產問題而導致動亂或改朝換代。即使時至今日，在我們日常生活之中，仍到處充斥著古老農業社會遺留下來的影響，例如像是「吃飽沒」的問候、祈求一年「風調雨順」的願望，還有人們經常掛在嘴上，講究「有土斯有財」的價值觀，都與傳統息息相關，密不可分。也因此在中國這個人口眾多的國家裡，農業的發展無論對哪一方面都有相當深遠的影響，這也是為什麼，不管是哪一個經濟計畫的內容，都不曾少掉顧及農業發展的部分。

在中國，農業是絕不能被忽略的根本產業。

農業對於中國之所以那麼重要，並非因為它產值有多大，而是中國地大之外，人也多，國家必須能夠確保人民的生計。糧食是否穩定、土地是否富饒，深深牽連著政治的穩定與否。

農業穩固，百業俱興；農業凋敝，百業蕭條

通常一般提到農業，多數人都會聯想到與「食」有關，好像農業生產只要管讓人民吃飽就夠了。其實，農業還包含農、林、漁、牧四個發展方向。

從產業發展來看，台灣與中國是一樣的。工業化的基礎來自於農業的穩定和發展。像是台灣早期的畜牧業，衍生出紡織、皮革等工業；林業更是重要，衍伸出造紙還有各種建築、家具工業。這些衍生出來的產品成為具有高附加價值的商品，而利用外銷商品，台灣賺進了第一桶金，進而有機會再轉為發展工業和服務業。特別是石化工業的興起，讓紡織業再次轉型成功，而農業也因為這些外銷產業的所帶來的經濟果實，利用進口與出口的交替，逐步進階而成精緻農業。

中國的發展軌跡也極類似。文革之後，慢慢開放，中國政府開始進行大量土地改革，俗稱「包產到戶」政策。原本在人民公社時期，人民必須完全將收成上繳國家，但實行包產到戶後，農民等同承包國家的土地，只要每年將定額的收成繳給國家，其餘的糧食收穫可以由農民自行處理，甚至拿到市場上出售，所得完全歸私人所擁有。此一改革，在一九八〇年代左右成功增加農業產量，饑荒也因此減少發生，並為工業化所需的勞力提供

重要的穩定來源。而有了工業化的基礎，轉而強化了水利與電力供應，讓中國農業產值更加增長。

不過，中國的農業發展並非從開始就一帆風順。

中國農業的生產分布及產量

早期在經濟地裡的課本中，秦嶺、淮河線還有長江、黃河流域的區分，是我們耳熟能詳的中國農業分布基礎觀念，但因為農業技術的發達，今日的農業生產已經與白紙黑字的課本內容有些許不同，例如小麥種植已非北方專屬，而大量的

◆ 傳統中國農業分布

長城以北種植小麥、大豆玉米為主，年僅一穫
一穫春麥雜糧區
秦嶺、淮河以南，長江流域地帶水稻小麥相互輪作
蒙古畜牧區
甘新一穫夏季綠洲農業區
長城
華北地區主要以小麥、玉米高粱等作物為，年可二穫
華北二穫冬麥雜糧區
西藏畜牧區
秦嶺
淮河
華中二穫稻麥區
西南二穫水稻雜糧區
江南二穫稻茶區
南嶺以南，氣後炎熱潮濕冬季不明顯年可三穫水稻為主
南嶺
華南三穫區
長江以南平原地帶多種植水稻，丘陵栽茶葉

經濟雜糧作物更分布在全中國。不過大致上，農業區的重點作物依然和過去這些地理與氣候界線密不可分。

農作物的種類相當繁複，主要可分為穀物、蔬菜、水果、堅果、香料等五類，在後續的介紹當中，本書將以穀物為主，依照中國四大農作物，分別是米、麥、玉米、以及其他經濟作物等，來介紹中國農業的初步面貌。

稻米：雖有世界第一生產量，仍需少量進口

中國的稻米生產集中在秦嶺淮河線以南，並一直延伸到西南一帶。根據中國國家統計局的數據，二〇一七年稻米生產總量為二・〇九億噸，占所有糧食農作物生產總重量的三分之一，近十年來的產量也多在兩億噸上下，這個數字其實非常驚人。

根據聯合國農業組織的二〇一六年的統計，世界主要稻米生產國依序是中國、印度、印尼、孟加拉、越南、緬甸、泰國、菲律賓、巴西、巴基斯坦。

台灣在二〇一六年稻米生產量約為一五〇萬噸，中國一年產量就等於一百四十個台灣。此外，二〇一七年全球稻米產量約為四・八億噸，光是中國就占了約四三％。

儘管中國的稻米產量相當驚人，但仍然是稻米的主要進口國。根據官方統計，二〇

一七年中國自海外進口稻米四三〇萬公噸，出口約一二〇萬公噸，不過進口僅占全年度所需的二％。另外為了保護農業發展，中國對稻米的進口實施配額管制，因此整體來看，中國的稻米供給安全無虞。食物的充足，也保障了人民的生活與政治穩定。

若以國內各省分的角度來看，依照布瑞克農業顧問公司資料顯示，二〇一七年中國稻米生產前十名依序是：湖南、黑龍江、江西、江蘇、湖北、四川、安徽、廣西、廣東、雲南。這十個省分的稻穀總產量，占全國稻穀總產量的七九．四％。從這份資料判斷，今日的稻米生產的主要產區，與過去課本上常說華南地區多為稻米產地的印象些有許出入，原因在於水利工程和栽種技術的進步。中國政府正有計畫地利用長江流域的水壩技術，穩定國內稻米的產量，而整個華南地區仍舊是農業重鎮，但生產了更多高單價的經濟作物。

麥：飲食逐漸西化，需求量持續增長

往昔我們常聽人說「北方人吃麵，南方人吃米」。各式各樣的麵食，也多是由北方傳往南方的，由此可見，麥的生產對於華北地區農業而言相當重要。

麥和稻米一樣有很多品種，不過以中國來說，最大宗的還是小麥。

中國在二〇一七年小麥產量為一．二九億噸，約占所有糧食農作物的二一％，僅次於

◆ 今日中國稻米生產狀況

◆ 2016 年中國主要稻米進出口量

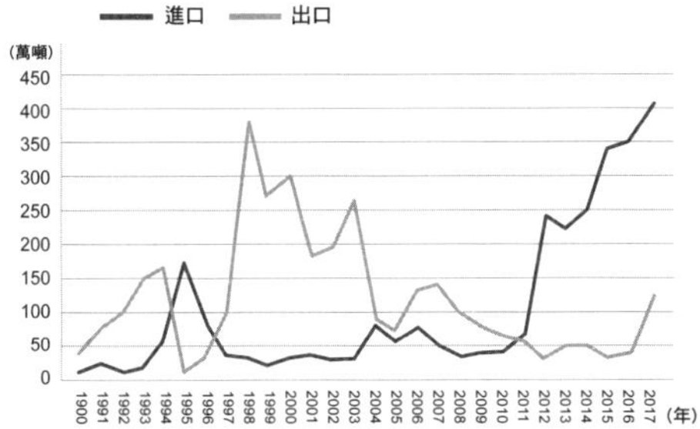

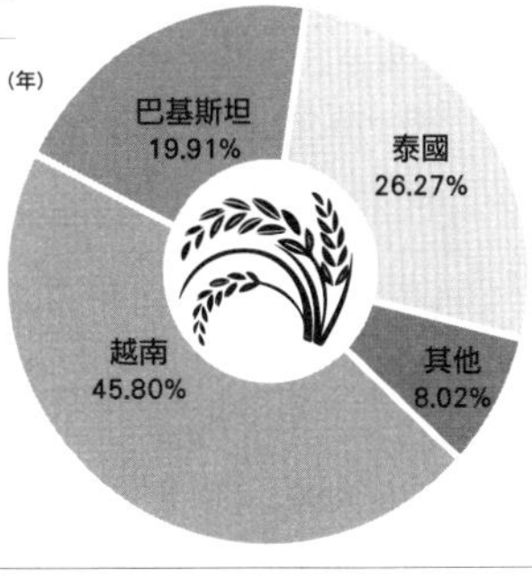

◆ 2016 年中國主要稻米進口國

稻米和玉米，是第三大作物。

以全球來看，以麥為主食的國家相當多，麥類食品的變化也較稻米更多元。在歐洲和美國這兩大經濟體的飲食文化輸出下，中國對於小麥的需求量近十年來都在不斷上升，不僅僅是人民飲食需求，飼料、食品工業或釀酒等等，主要都以麥做為原物料。類似的情況，台灣也是一樣，滿街的漢堡、麵包店就是最好的證明。

根據聯合國農業組織二〇一六年統計，中國是世界第二大的產麥國，僅次於歐盟，但差距不大。全球小麥總量在二〇一六年約為七．五三億噸，中國占約一六．九%。但依據中國海關的資料，中國在二〇一七年仍然進口小麥四四二萬噸，比起二〇一六年的進口增加兩成以上，而這兩年的小麥出口卻僅只有一萬多噸，足見麵粉類食品在中國的消費市場中有相當大幅度的成長，二〇一七年中國國內小麥平均價格也確實高於其他國家。

若以境內分布來看，中國各省分都有種植小麥的地區，北方多春麥，南方因為氣溫高，所以種植冬麥，主要產地在華中一帶。若不分細節品種，二〇一六年的小麥產量依序是：河南、山東、河北、安徽和江蘇。這五省就占了中國七五%的產量。

值得注意的是新疆與陝西，其產量分別有七二三萬噸和四四五萬噸。雖然此兩省分居第六、七名，但產量已足以和義大利等南歐先進國家相當。這也證明了中國西部開發的情況。

◆ 今日中國小麥生產狀況

◆ 中國近年主要小麥進口量

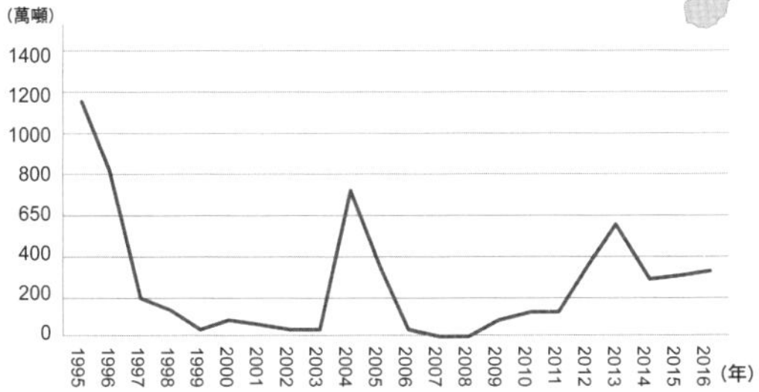

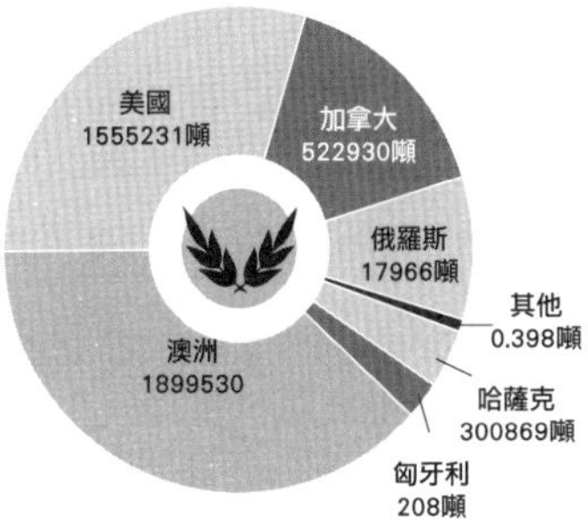

◆ 2017 年中國主要小麥進口國

玉米：產量世界第二，仍然仰賴進口

玉米並非中國本土植物，而是外來種，不過因為長年不斷被改良，近二十年在中國越長越好，全國玉米產量已高居世界第二。二〇一七年，中國玉米的產量幾乎和稻米相同，高達二．一億噸，僅次於美國的三．九億噸，巴西排名第三，產量約一億噸，這三大玉米生產國產量總和，占全球玉米總產量的六六％。

但中國雖然是玉米生產大國，卻不是出口大國，甚至每年還有不少內需供應的缺口，需要仰賴從美國或巴西採購進口。根據統計，二〇一七年中國自海外進口了二八三萬噸的玉米，二〇一六年也有三一〇萬噸的進口，但與之相較，出口的量卻極少，二〇一七年只有六千噸的出口，可見中國對於玉米的需求很高。

為什麼會有這樣奇怪的狀況呢？亞洲人的飲食習慣並非以玉米為主食，而中國人的主要飲食至今仍脫離不了米、麵的範圍，一般家常配菜，也不可能天天都吃玉米，到底為什麼玉米在中國產量如此驚人，還有這樣高的進口需求？

那是因為，玉米本身是高附加價值的經濟作物，更是飼養豬、牛、雞、鴨各種家禽家畜最重要的主要飼料。想要有好吃的豬肉、牛肉，就少不了玉米。而由玉米製作而成的油和麵粉，也都是人們不可或缺的飲食材料。

此外，因為早期油價高漲的原因，中國曾一度推行利用玉米等作物來製作生質能源，也就是用玉米發電。這些都提升中國對玉米需求量大增的重要因素之一。

以現行產量來判斷，東北和華北地區是主要的玉米生產區。其中黑龍江、吉林、內蒙古自治區、山東、河北、河南、遼寧是玉米最主要的七大產地，根據二〇一六年的統計資料，這七個地方已占中國玉米產量的六八%。

黃豆仰賴大量進口，成為美中貿易大戰的重要議題

黃豆是華人日常飲食中最常接觸的經濟作物，比玉米還更重要。一般華人傳統飲食中，豆腐、豆漿、醬油、沙拉油等等，都是以黃豆製作的食品或調料，可以說中國人的飲食裡絕不可能沒有黃豆，許多畜牧業也仰賴黃豆作為飼料的主原料。

二〇一七年中國黃豆的總產量為一四八九萬噸，再往前看，近十年大致都維持著一三〇〇萬噸上下的產量水準。

而二〇一七年全球黃豆總產量約為三．四五億噸，主要生產國家依序為：美國、巴西、阿根廷、中國、印度、巴拉圭。其中，光是美國與巴西就占了全球六一%的生產量。中國雖然是排名第四的生產大國，卻因為市場需求量更大，每年還必須進口大量黃豆，以

供應消費。光看二〇一七年，中國就從海外進口了九五五三萬噸黃豆，其中大約四千多萬噸是從巴西進口，其餘五千五百萬噸則從美國進口。對美國來說，中國可說是最重要的黃豆出口國。

所以中美貿易大戰時，黃豆是否課徵關稅問題便浮上檯面，成為兩國之間爭執不下的重點，確實有脈絡可循。

再看看棉花、油菜類及甘蔗等重要的經濟作物吧！這三類作物的附加價值較高，深受農業生產者的喜愛，特別是棉花，雖然不是糧食作物，但因為紡織業在中國極為發達，對於棉的需求量也極大，因此中國近十年一直都是全球棉花產量第一名，總生產量為五四八．六萬噸。與之相比，排名第二的印度年產量也很接近，不過因為中國改良棉種成功，近幾年進口量一直在減少，從二〇一五年的二四九萬噸下降至二〇一七年的一三八萬噸，算是逐漸達到自給自足的狀況。

棉花在中國的分布相當集中，新疆與山東兩地總產量占據了全國七八％，而光是新疆一地，就占了全國總產量六八％。可見種植棉花是新疆經濟發展的重要產業。

再來看看甘蔗！雖然中國是全球第三大甘蔗生產國，二〇一七年產量高達約一．一億噸，榨蔗製成食用糖的生產量約有一〇五〇萬噸，但和大豆一樣，國內需求量遠遠

◆ 2017 中國主要黃豆進口國

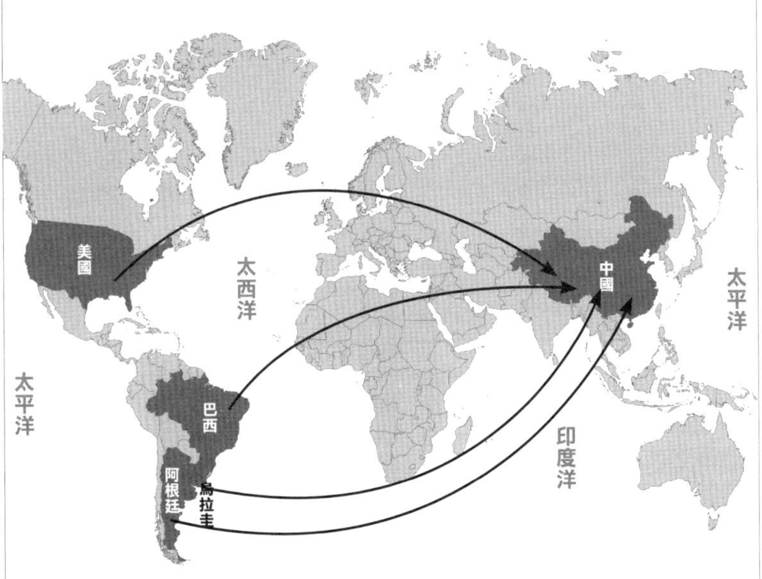

◆ 近年來中國黃豆主要進口狀況

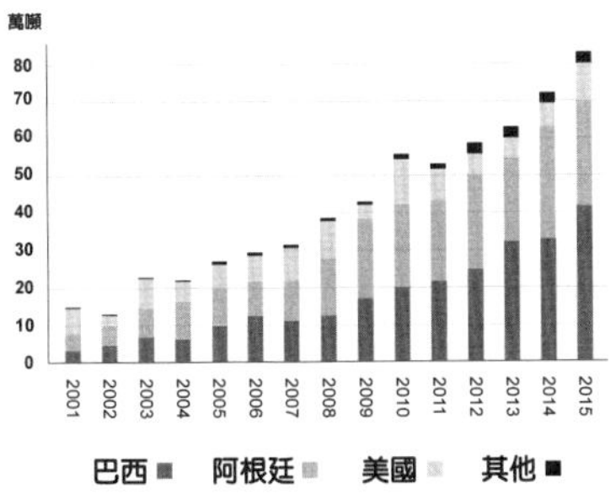

◆ 2017 中國主要黃豆進口國所占比例

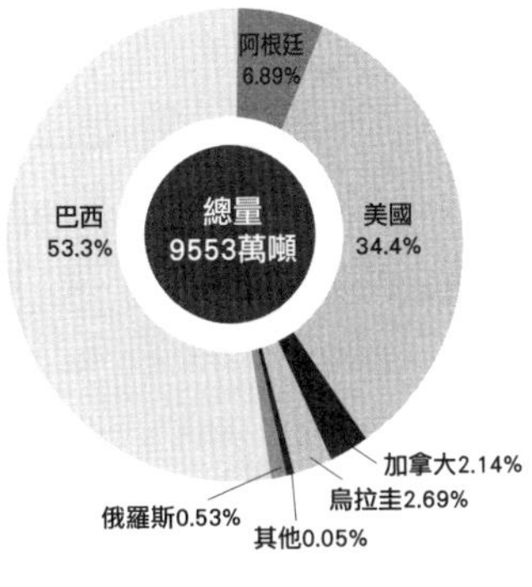

超越供給。

二〇一七年，中國自海外進口食用糖產高達二三〇萬噸，有將近六分之一的市場需求量必須透過海外進口來補足。中國的甘蔗生產地區多分布在華南一帶，不過廣西自治區就占了其中九三％的產量，可以說一省甘蔗產量幾乎等同全國生產總量。

近年來，甘蔗除了製糖之外，更多被拿來作為生質能源。整體來說，甘蔗的經濟價值相當高。

茶酒需求量高，茶葉與高粱產量不斷攀升

茶葉與高粱是中國非常重要的飲料作物。中國人愛喝茶，茶飲料也越來越豐富多樣，因為消費需求，帶動近十年茶的產量不斷攀升，二〇一七年達到高峰二五八萬噸，其中福建和雲南的茶業產量就占了全國近三分之一。

不過茶葉因為品種不同，經濟價值也不一樣，彼此之間的價差很大。例如雲南、貴州一帶所生產的普洱茶，一公斤甚至能賣到幾十萬台幣以上，而一般的茶葉可能市場行情不到千元台幣，與一般農作物的價格計算不同。

中國也是茶葉出口大國，二〇一七年出口三十五萬噸茶葉，為中國賺進了十六億美元。

說到高粱，與酒類密切相關，是許多白酒類產品的原料，但也有少量高粱會用來製成麵粉，甚至被直接食用。

全球產高粱的國家很多，因為不只是高粱酒，還有不少威士忌酒會摻入高粱調味。二〇一七年，全球高粱產量約為五九〇〇萬噸，美國就生產了近四五％，其餘生產國多在非洲，如奈及利亞、蘇丹分別為第二、三大生產國。

二〇一七年中國的高粱產量推估大約為三二〇萬噸，另外進口了五〇五萬噸供應國內市場，其中，中國向美國進口了四七六萬噸。也因此，高粱和黃豆都在美中貿易大戰中成為了重要的焦點。

山東是中國蔬菜重要產地

蔬菜類農產品多有保存期限的問題，比起上述穀物糧食，更需要考慮地域運輸和人口分布。

不過以產量來看，二〇一七年，山東省的蔬菜產量就占據中國的一四％。其中，山東壽光更有「中國菜都」之稱；臨沂蘭陵，也有「中國蔬菜之鄉」的頭銜；聊城莘縣，更是有「中國蔬菜第一縣」、「中國雙孢菇之鄉」的稱號。

◆ 中國茶葉生產狀況

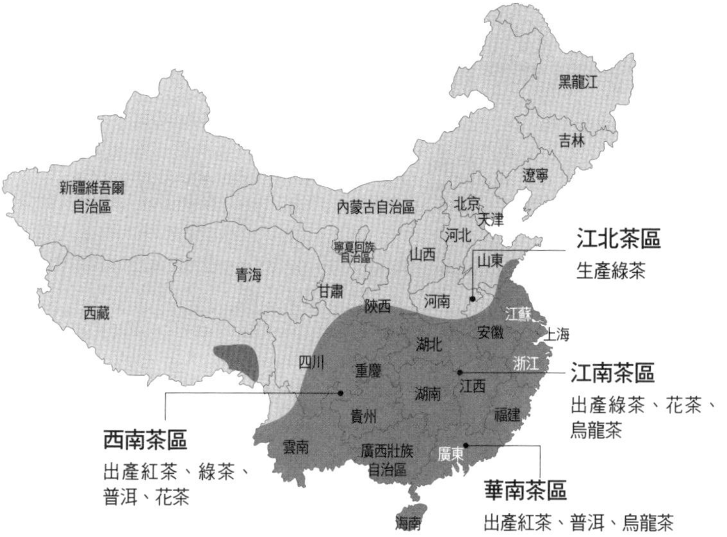

◆ 2017 年中國茶種出口平均價格

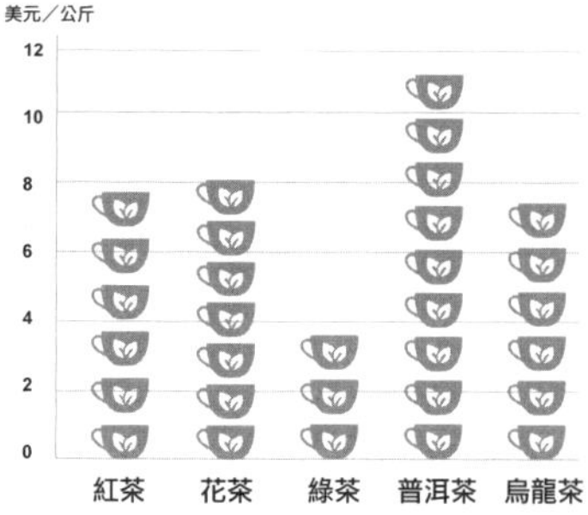

◆ 2017 中國茶種出口量

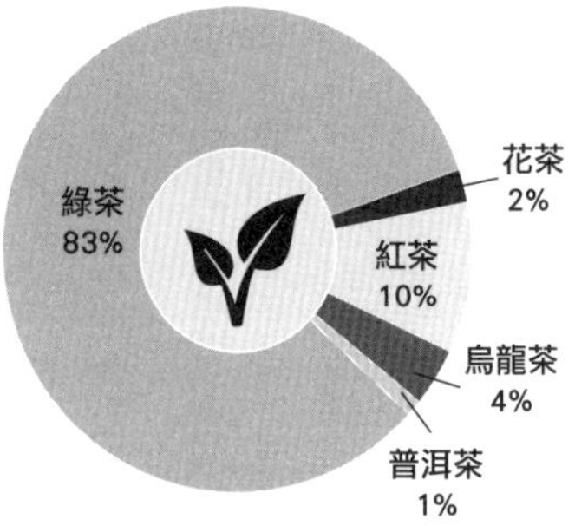

總計中國約有七．七億噸的蔬菜產量，進口量不高，出口量也不多，這是因為蔬菜不易保存、不耐長時間運輸的性質。不過值得一提的是，中國的辣椒產量占了全球產量的近一半，二〇一六年，辣椒年產約二八〇〇萬噸，產值也是所有蔬菜中最高的，主要產地分布在四川、雲南、貴州、湖南等地。常有人說：「四川人不怕辣，貴州人辣不怕。」並非空穴來風。

水果比蔬菜容易保存，在栽種上技術也比蔬菜類高出許多，但因為氣候、土壤對植物的影響很大，所以中國各省各有千秋，難以比較。

中國是水果出口大國，只是多半作為低階加工食品，例如果醬或糖漿等產品。近五年，中國的水果出口大宗為東南亞國家，泰國、馬來西亞、越南分居前三名。以出口種類來看，主要以蘋果、橘子、香蕉為大宗。而進口方面，智利是進口水果價值中最高的國家，主要進口產品為櫻桃，近兩年都有十二億美元左右的進口量，相當可觀。

農業的問題與挑戰

農業發展至今，吃飽已經不再是問題，光以稻米來說，平均每人一年可以分到將近一千四百公斤，正常人食量再大，也不會吃到那麼多。

而另一方面，中國雖然多數農產品仍然仰賴進口，但主要多是經濟作物而非糧食作物，國內主糧自給率已高達九五％，因此如何讓農業產生高的附加價值，是近年來最重要的挑戰之一，因為農業的改善，將會直接關係到兩個方面：環境保護與社會經濟狀況。

環境汙染嚴重影響農業發展

以台灣為例子，過去在工業發展過程中，為求經濟效益，經常會傷害到自然與土地，例如早期鎘汙染水稻田、戴奧辛廢土和化學廢水汙染等等造成農蓄產品損害。而這些受到汙染的蔬果穀物流入市面之後，造成了嚴重的食安問題。不僅是農業，就連漁業、林業、畜牧業等等，也會在經濟發展的過程中，遇到嚴重的工業發展挑戰。而中國也有這方面的問題。

中國雖然沒有糧食短缺問題，不過因為環境汙染所造成的排擠農業效應，影響到可耕地面積和糧食品質。對中國來說，未來想要強化農業，改善自然環境的汙染是必不可少的。

農業發展提升社會經濟

農業收入的提升，一直是中國政府在意卻又很難立刻見效的一件事。

長期以來，農村收入總是較低，與城鎮之間差距很大。根據中國國家統計局的報告，按常住地來看，二〇一七年城鎮居民人均可支配收入為三六三九六元人民幣，而農村居民人均可支配收入卻只有一三四三二元，城鄉居民人均收入差距了二．七一倍。

與之相比，台灣的情況好了很多。雖然台灣沒有根據所住地區分，但根據主計處農業與非農的所得報告，二〇一六年台灣農業個人平均可支配所得約二六一三三七元台幣（約為五二二六七元人民幣），非農則為三二九四二四元台幣（約為六五八八四元人民幣）。很明顯，台灣務農者與非務農者之間的經濟差距其實很低，但即便如此，我們因為城鄉差距所產生的醫療、教育、就業、治安等問題還是相當嚴重。反觀中國，情況亦然。所以，提高所得，中國才能走上脫離貧窮線的第一步。

無論是城鎮化或者是各種區域經濟計畫的推廣，多在朝向改善農村的生活水準在努力。不過城鎮建設的投入，包括基礎水電設施及都市產業計畫，雖然改善了農村的生活品質、提升收入，但也可能造成可耕地、牧場或林場的減少，甚至導致農業人力外移，造成農業人口流失。台灣也曾經歷過同樣的轉型年代，所以現在台灣農村勞力的年齡層普遍較高。簡單來說，城鎮化導致農業勞力快速轉型，也讓收入迅速增加，但想讓農業附加價值

◆ 近年中國土地汙染與鎘米分布區

土壤受汙染區域
土壤受汙染嚴重區域
鎘米產地
黑龍江
吉林
遼寧
新疆維吾爾自治區
內蒙古自治區
北京
天津
河北
寧夏回族自治區
山西
山東
青海
甘肅
西藏
陝西
河南
江蘇
安徽
上海
湖北
四川
重慶
浙江
湖南
江西
貴州
福建
雲南
廣西壯族自治區
廣東
海南
▲2018年，邢台市化工廠排放有毒物質嚴重汙染水源
▲東北地區黑龍江、吉林、遼寧等地，受到鉛、汞、砷、鎘等汙染（江蘇）長江三角洲一帶10%土壤喪失生產力
▲2017年，北京環保組織自然大學在河南檢驗出鎘小麥
▲南京郊區30%土地遭受嚴重汙染，浙江全境17.97%土壤普遍重金屬汙染
▲華南部分城市50%耕地遭受鎘、砷、汞等有毒金屬及石油類有機物汙染，40%農田菜地土壤金屬汙染超標，10%嚴重超標
▲2010年，大寶山礦區21個水稻品種鎘、鉛超標達100%與71%。2013年查驗販售稻米，10%鎘含量超標
▲2008年，四川德陽地區大米、小麥鎘超標2-10倍
▲2015年，江西九江市查驗出稻米鎘含量超標，2017年再送驗，仍然超標
▲2015年，雲南一省單汙染超標30%的縣，約有37座
▲2010年，中國中科院地球化學所檢驗，該地成人平均每日透過稻米攝取汞49微克
▲2000年，廣西農業環境檢測稻米鎘成分超標11.3倍。2012年，龍江河300公里河段鎘超標，30萬條魚死亡
▲湖南是全中國土壤鎘汙染最嚴重的省分，鎘超標趨勢不斷上升，湘西地區稻米近一半鎘超標，並同時有砷、鉛等嚴重土地汙染

- ! 全國將近1/5耕地都已遭重金屬或化學汙染
- ! 汙水灌溉農田面積超過330萬公頃
- ! 長江三角洲、珠江三角洲、東北老工業區市為主要汙染重災區
- ! 南方土壤重金屬汙染超過北方
- ! 全國80%地下水已受汙染，華北平原多數人口密集地地下水已經無法飲用

提高，恐怕成果有限。

另一方面，中國政府積極投入農業與二、三級產業的融合，還有農村金融的改革，希望能夠達到「一村一品、一鄉一業」的特色發展。

這種做法和台灣目前的農業政策有點類似，例如我們講到宜蘭就想到三星蔥，提起紅豆就會講到屏東萬丹，一說起水蜜桃就免不了想到南投梨山或桃園拉拉山，這正是當地特色農業發展的展現。

此外，中國政府也投入科技化的農業生產，包括改造農業品種、建設生態觀光等等，希望能從「多產糧」轉變成「產好糧」。

就整體來說，中國目前仍無法做到美國的農業企業化，利用大規模及機械化生產來達到以外銷為主力的農業經濟。但像義大利或法國出口葡萄酒、挪威出產魚油等健康產品，這類提高農產品附加價值的手法，卻是指日可待。

5-2 製造業——穩定經濟的重要梁柱

如果說中國以農立國，那製造業就是這棟大房子的主結構，用力撐起中國社會穩定與經濟發展。

全球製造業從手工邁入動力，再從動力邁入電腦機械，現在正在進行的「工業 4.0 革命」，更是讓電腦機械邁入人工智慧製造的領域。

中國的製造業無論是在產量或技術，都已經列入全球領先國家之林，因此製造業也是中國GDP的重要來源。但製造業本身更大的作用在於穩定社會，提供了充足的就業機會。

雖然製造業從業人員的薪資差距極大，一名工廠主管與線上工人的收入，可能差距高達十倍之多，但中國自從頒布「勞動合同法」之後，明訂了基層的工作收入標準，藍領與一般勞工的收入得到某種程度的法律保護。

根據中國在二〇一〇年進行的第六次人口普查，國內最大就業人口仍然是農、林、漁、牧業，不過這個比例從早期經濟改革時的七〇％，已下降至二〇一〇年的四八％。

生產及運輸設備業的就業者持續增加，已至二二・四％，商業、服務業就業者則為一六・二％。這份資料中沒有列入建築業、礦業等純勞力工作者，若加總進去，推估中國二級產業勞動人口約有三六％，這股趨勢仍然持續向上，足見製造業對中國經濟需求的重要性。

製造業的範疇廣泛更甚農業，依照中國《國民經濟行業分類》相關規範，製造業共有四十四項，在接下來的介紹中，我們將挑取重點產業，分以重工業和一般製造業來敘述，讓大家更能了解中國製造業的發展趨勢。

鋼鐵重工業：過量生產導致全球鋼價下滑

中國從建國以來即投入重工業的發展，其中鋼鐵幾乎是所有製造業的必要原料，另一方面，鋼鐵更是軍火工業中不可或缺的生產基礎。

雖然經歷過「大躍進」及「土法煉鋼」的失敗，但從經濟改革之後，中國生產鋼鐵的數量和品質不斷創下新高，至今已達到世界第一。近幾年全球鋼價偏低，很多財經專家都將矛頭指向原因在於中國鋼鐵生產量過剩，可見中國鋼鐵的產量驚人。

鋼材的使用相當廣泛，有生鐵、冷熱軋鋼、不鏽鋼等等。在製作過程當中，必須倚靠大量的煤和鐵砂來生產粗鋼，再利用不同的燃燒溫度，分別生產可以使用的鋼材，這一連串過程，從上游到下游都泛稱為鋼鐵業，不過在統計上，我們多以第一階段的粗鋼作為鋼鐵產量的指標。

二〇一七年全球鋼鐵產量排名第一的是中國，共生產八・三億噸；第二至十名依序是：日本、印度、美國、俄羅斯、韓國、德國、土耳其、巴西、義大利，而這些國家總共也才生產五・七億噸，還不及中國的七〇％。從整體來看，全球總產料約為十七億噸，換言之，光是中國的產量就高達全球生產量的四九％。若從需求面來看，二〇一七年需求為十六・二億噸左右，供應較需求多了約八千萬噸。顯然中國的鋼鐵發展走向，必須減少產量，增進品質，否則供過於求，容易造成價格崩潰。

中國煉鋼產量龐大，但原物料多向他國進口，像是巴西、澳洲等等，都是中國進口鋼原料的主要國家，所以全球煉鋼集團也多集中在中國設廠發展，第一名是印度的鋼鐵公司。但中國近年吹起合併風，整合國內的成寶武鋼鐵集團以及河鋼集團，此兩大集團於二〇一七年產量，就位居全球第二及第三，總達一・一億噸，幾乎是美國或日本整個國家的

◆ 中國鋼鐵生產狀況

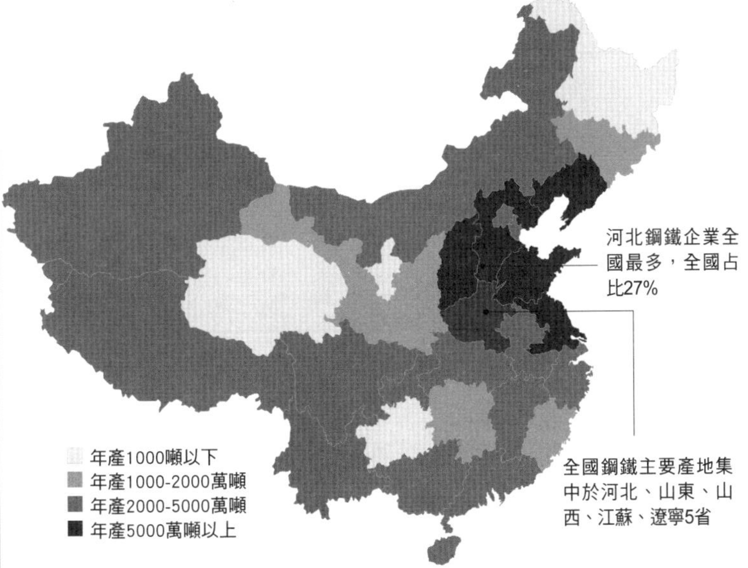

◆ 2016、2017 年中國鋼鐵出口走勢

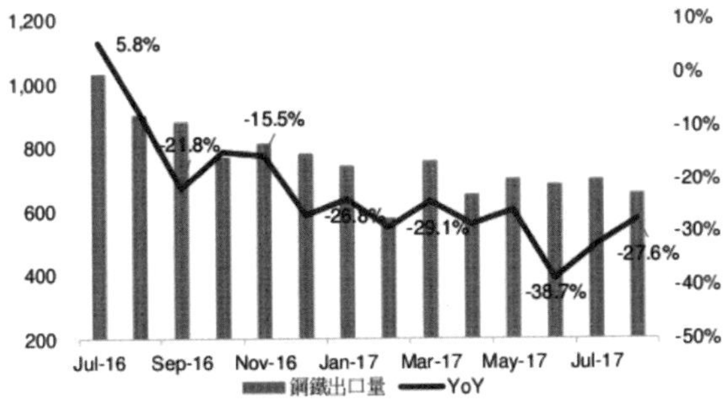

年總產量。

中國鋼鐵在二〇一七年產量創下新高，也引起許多國家的不滿，甚至在中美的貿易保護戰中還被端上檯面。大家都在懷疑，中國政府先前宣示的「去產能，去庫存」到底是無心遵循，還是故意破壞市場價格？

不過中國的增產並不是沒有理由，在「一帶一路」的策略下，中國要想在各國投資基礎建設，當然要盡量使用中國產的鋼鐵為主。

此外，中國的鋼鐵具備寡占實力，就策略上而言，也應該是利用比較利益的優勢，逼使其他小型鋼產量國家減產。隨著全球景氣的復甦以及逐漸安定，中國雖然打著「去產能」的口號，但可見的未來幾年間，縮減數量恐怕有限，或者該說，中國內部條件較差的產鋼廠商，很有可能會在此期間互相整併。

石化重工業：如火如荼增量生產的製造業指標

在台灣提起石化產業，大家總是迅速聯想到赫赫有名的台塑集團。台塑不僅是台灣第一大的石化工業集團，也是全球知名的企業，而該集團之所以能成就大業，和石化工業

◆ 中國與世界鋼鐵生產狀況（粗鋼產量）

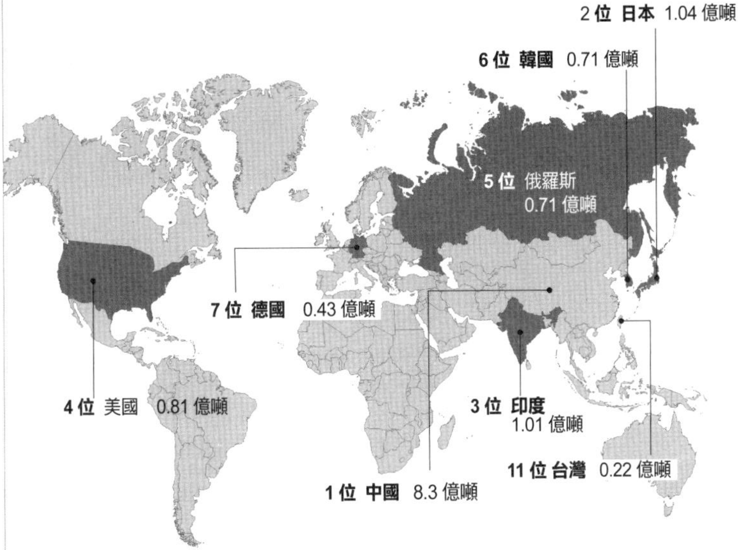

◆ 世界鋼鐵產量趨勢

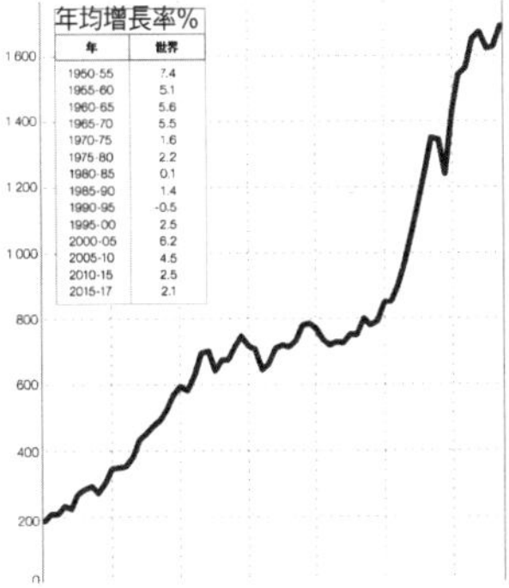

年均增長率%

年	世界
1950-55	7.4
1955-60	5.1
1960-65	5.6
1965-70	5.5
1970-75	1.6
1975-80	2.2
1980-85	0.1
1985-90	1.4
1990-95	-0.5
1995-00	2.5
2000-05	6.2
2005-10	4.5
2010-15	2.5
2015-17	2.1

◆ 2017 全球鋼鐵消費狀況

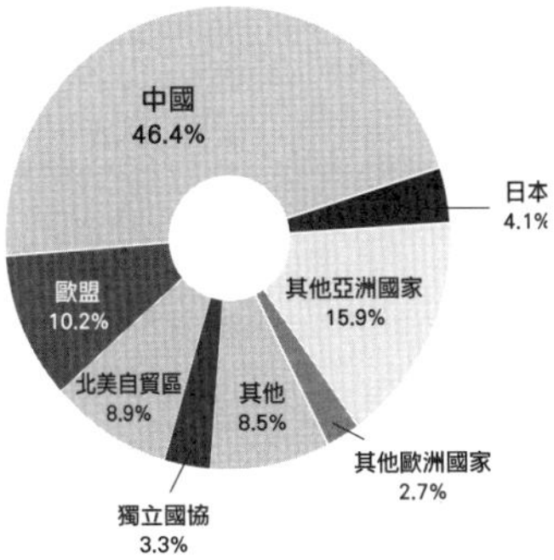

的產業鏈有很大的關係，因為石化工業可以說是「民生工業之母」，小到塑膠瓶瓶罐罐，大到製造飛機或航空母艦，民眾的食、衣、住、行、育、樂幾乎都脫離不了石化產品的運用。也因此中國在一五計畫之初，就在蘭州建立了第一座煉油廠，為民生工業打下基礎。

石化產業並非單純指開採和提煉石油，開採和提煉只是石化的上游，提煉出石油後會產生輕油、汽油、燃料油、硫磺等四種主要物質，其中輕油是最重要的加工原料，而一般所說的石化工廠，就是指將輕油再裂解的工廠，也就是我們常聽到的五輕、六輕。

輕油裂解後，又會產生石化的四大原物料，例如苯、乙烯、丙烯等等；然後，這些塑化原料再被送到各種不同廠商製造出輪胎、人造纖維、塑膠、肥料等化學產品。不過，這些石化廠並不是最底層的產品製造商，像人造纖維可以被運用在紡織業，也可以用在腳踏車、球拍、遊艇製造，而塑膠的應用範圍就更廣了，日常生活中喝的飲料杯、手機產品、電腦零件都有塑膠製品。如此一層一層推展下去，石化產品遍及我們生活四周。

簡單來說，一般聽到的提煉廠和裂解廠其實是不同的概念，而裂解廠正是俗稱的石化工業，所以石化工業在統計數據中，會分別計算乙烯和苯的產量。

乙烯是石化工業中要最重要的原料，幾乎七五％的下游產品都會使用到乙烯，所以要想了解一個國家的石化工業規模如何，可以從乙烯的產量來推測究竟。

中國製造業興盛，向台灣與南韓進口乙烯

二〇一七年中國乙烯總產量約為一八二一・八萬噸。從二〇一〇年開始，幾乎每年都維持二％到三％的成長，而全球總產量約為一・七億噸，近二十年也持續呈現二％到三％的成長趨勢，不斷創下歷史產量新高。

這種增長速度相當驚人，雖然與乙烯製造技術的創新有密不可分的關係，但也透露出全球消費市場的力道持續上揚，而一般民眾所關心的環保與節能問題，似乎沒有看到踩剎車的跡象。

中國乙烯的產量約為全球的一〇・七七％，排名世界第二高，第一名則是美國，約占全球產量的一八％，中東地區則排第三，約占一〇％。即使產量高居世界第二，但中國因為製造業發達，乙烯供不應求，二〇一七年還進口了二一五・七萬噸以供應國內市場需求，台灣與南韓是供應中國乙烯的重要進口國。

中國國內大大小小的石化工廠數以百計，遍布各省，但就像台灣有台塑集團一樣，中國也有三大石化集團，掌握了將近九〇％的裂解輕油產能，分別是中國石油天然氣集團、中國石油化工集團與中國海洋石油集團。

不過中國的石化工廠多呈現群聚性質，根據台灣工研院范振誠研究員的歸納，以三大

集團的主要生產地來看，環渤海地區的遼寧、大連、葫蘆島一帶是北方石化重鎮；在長三角地區，上海、浙江、江蘇沿海一帶是化學原物料的主力發展地區；珠江三角地帶則以大亞灣、茂湛、廣州三大石化重鎮為主，主力則是特殊化學品，朝高附加價值方向發展。

這三大集團在產品上各有千秋，中國石油天然氣集團和海洋石油集團相當於台灣的中油，主要業務是提煉原油；中國石化則像台塑集團，擁有許多輕油裂解廠，更是中國乙烯生產第一大公司。

隨著產品技術的研發，乙烯的使用在未來越來越不可被取代，即便十三五計畫中不斷提到去產能和去庫存，但石化工業中的乙烯卻被要求要加強生產，期望增長到五％至六％，可見乙烯的高附加價值受到高度重視，包括建材、紡織、汽車、包裝等等，無論是產品的質或量，都深深影響中國能否達成「中國製造 2025」的目標。近幾年來中國的乙烯持續增產，可以大膽推斷，未來可見的十年內，在中國，乙烯都不會有生產過剩的問題。

電子製造業：從代工到技術突破，產值大幅提升

中國可說是目前全球電子製造業的龍頭，且今日電子業的發展源頭與台灣密切相關。

◆ 中國主要石化產地

◆ 中國近年乙烯產量及提升率

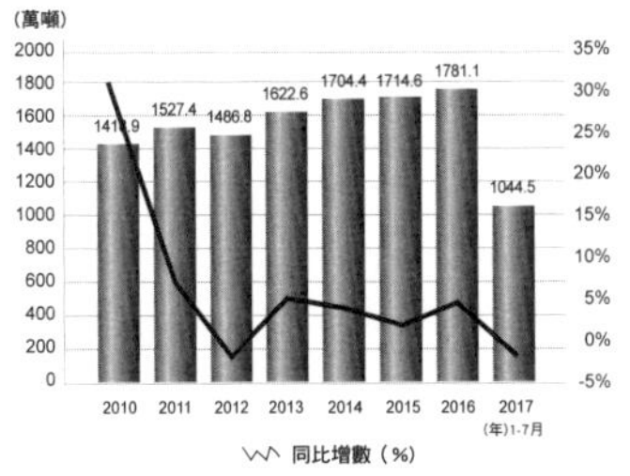

◆ 2016-2017 年中國乙烯銷售量

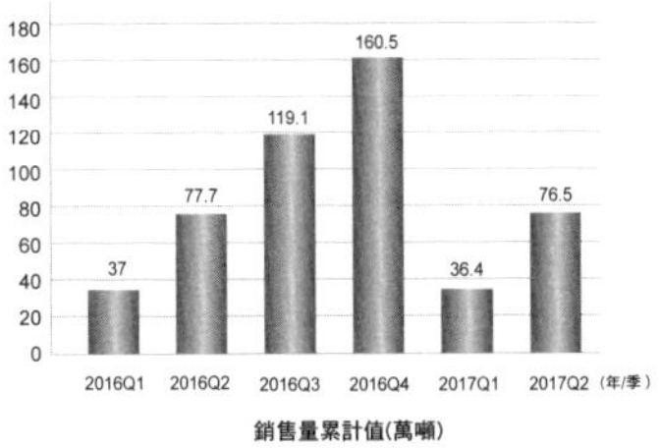

早在一九九〇年第一波西進時代，台灣因為各種環保、勞工意識抬頭，部分低階技術的電子代工廠有鑒於在台生產成本提升，同時也在中國努力招商之下，有計畫前往深圳一地，建立起當時中國最重要的電子產業重鎮。

二〇〇〇年後的台商更是大舉西進，而中國政府無論在工業土地的取得、貸款融資的便利，或者是勞動環保政策的配合上都面面俱到。當時台灣重要的組裝廠和部分中游廠商趨之若鶩地前往中國，包括像鴻海在中國成立了富士康、仁寶電腦和DRAM廠等等。其中最具爭議的就是半導體晶圓製造的西進，當時在台灣內部為此吵得沸沸揚揚，因為晶圓製造幾乎是所有電子產品的ＤＮＡ，就像是乙烯相對於整個石化業一樣重要。但後來台灣除了聯電之外，幾乎所有晶圓廠全移往中國，而台積電則是受制於政府，部分成熟製程才能遷移。半導體晶圓製造至今仍被中國列為國家級產業，可見其重要性。

在中國，電子產業鏈從上到下相當完整，領域極廣，難以一一介紹，接下來我將針對兩大重點電子產業發展來說明，分別是半導體與光電產業。從這兩大產業中，我們可簡單架構出中國電子產業的整體面貌。

積極提升本國半導體晶圓產業產值

半導體晶圓產業從上、中、下游可以分為：ＩＣ設計和晶圓製造（矽晶圓晶片製造）、晶圓代工（ODM廠）、ＩＣ封測，最後再將產品送往組裝廠。以現況來看，這一套流程完全「中國製造」的很多，但能夠「中國創造」的卻很少；中低階產品很多，而高技術含量的則多被外商把持，半導體晶圓產業是少數中國還稱不上強項的製造業領域。

以其中最重要的晶圓代工來看，外資在中國的產能高達中國總產量的五〇％以上，產值更是突破六〇％。二〇一七年中國晶圓代工製造總產值為七十億美元，全球總額為五七三億美元，中國所占比重不過一二．二％，算起來並不高，但從另外一個方面來看，二〇一七年中國在晶圓代工的成長率高達一六％，是全世界產值擴充最大的國家。

不過雖然產值成長最高，但光是台積電的中國廠，就占了其中四六％的產值，足足是排名第二的中國中芯半導體公司的兩倍多，可以說這部分的錢多是外資賺走居多，這也無怪乎中國一直積極想要推動自有產能的提升。

再換個角度來看，全世界晶圓代工產值最高的國家是台灣。二〇一七年台積電的全球市占率高達五五．九％，再加上聯電、力晶、世界先進，台灣晶圓代工等，整體市占率為六七．六％。美國則約占一〇％，韓國八％，中國則為六．八％。

從這串數字中不難發現，要想供應中國如此龐大的電子製造產業鏈，中國自己生產的半導體是遠遠無法滿足其需求的。除了產量不足，品質也不到位，舉例來說，著名蘋果公司所生產的手機 iPhone 幾乎全都在中國組裝，可是蘋果總公司要求手機中的CPU必須要用台積電的製程，中國組裝廠只好向台灣進口許多晶圓體來完成訂單，所以二〇一七年中國自海外進口晶圓體的金額比石油還高，約為二四〇〇億美元，中國更是全球第一大晶圓體需求市場。這些數據僅是估算積體電路半成品的進口，如果把上游矽晶圓製造和代工製造設備部分也加總計算，中國進口的金額恐將近三〇〇〇億美元。

晶圓代工一直是世界各國的戰略級產業，美國掌握的是CPU或GPU的製作，韓國則掌握 DRAM（快取記憶體）。台灣掌握原廠委託代工模式，但中國還沒發展出半導體製造業的強項。

此外，中國除了僅能靠自身技術發展之外，很難透過購併或合作的方式取得發展。美國政府就曾否決中國企業購併美光科技，台灣也限制台積電將先進技術轉移至中國生產。不過也因為難以取得「外援」的趨勢，中國在十二五計畫中，提出了許多半導體振興方案，預計二〇二〇年之前，會再投入一千億美元來加強半導體代工和製造實力，主要發展地點設置在長江三角洲地區。中國預定的目標，是要將半導體自給率提高到四〇%，而全

◆ 中國半導體生產市場狀況

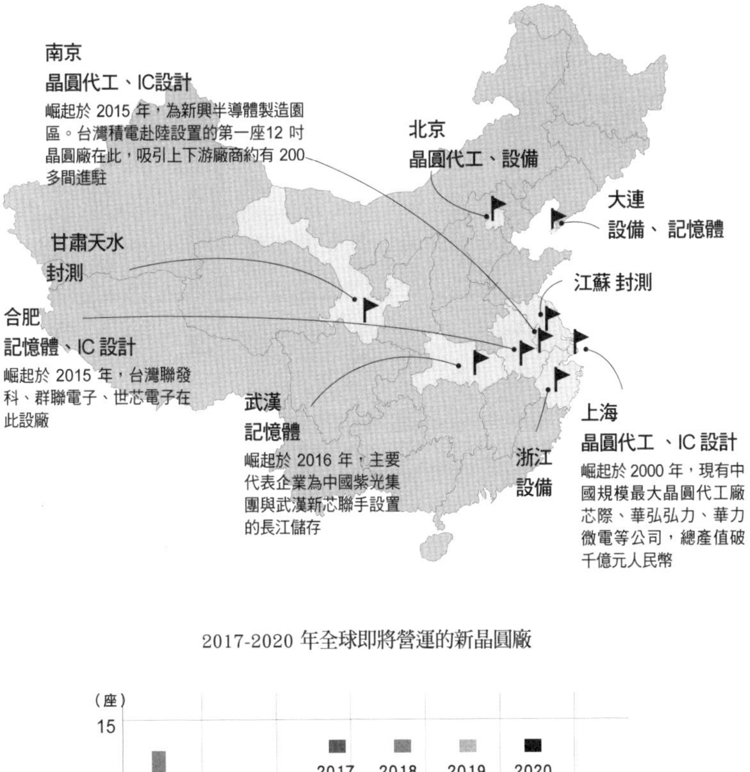
南京
晶圓代工、IC設計
崛起於 2015 年，為新興半導體製造園區。台灣積電赴陸設置的第一座12 吋晶圓廠在此，吸引上下游廠商約有 200 多間進駐
北京
晶圓代工、設備
大連
設備、記憶體
甘肅天水
封測
江蘇 封測
合肥
記憶體、IC 設計
崛起於 2015 年，台灣聯發科、群聯電子、世芯電子在此設廠
武漢
記憶體
崛起於 2016 年，主要代表企業為中國紫光集團與武漢新芯聯手設置的長江儲存
浙江
設備
上海
晶圓代工、IC 設計
崛起於 2000 年，現有中國規模最大晶圓代工廠芯際、華弘弘力、華力微電等公司，總產值破千億元人民幣

2017-2020 年全球即將營運的新晶圓廠

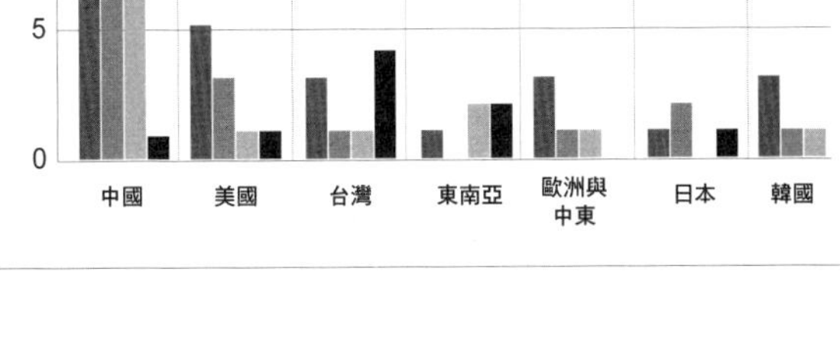
（座）
15
10
5
0
2017
2018
2019
2020
中國
美國
台灣
東南亞
歐洲與中東
日本
韓國

國整體半導體產業的產值在二〇一七年期望達到八五〇億美元。

以今日的情勢來看，近五年來中國在半導體產業幾乎每年都以一九％的成長率再向前推進，二〇一八年預估將突破一千億美元。

以LED照明生產獨步全球的光電產業

光電產業是半導體的應用，但它也形成一條縝密的產業鏈。對大多數人來說，光電產品的廠牌較被廣為認識，例如Canon、三星等等。

光電產業運用其實非常廣，尤其現在是人手一機的時代，幾乎沒有人可以一天不用手機、數位相機產品。依照分類，光電產業大致可以分為九種產品，凡是透過光學元件而加以應用的其實都算光電產業之一，包括LCD（面板）、LED（發光二極體）、太陽能電池、相機感光元件、光通訊、生醫光電、光纖通訊、光學儲存、雷射、相機鏡頭等，光電產品可以說是無所不在。

全球光電市場從上游到銷售，產值推估有一．二兆美元，是相當龐大的商機。根據台灣光電工業科技協會統計，台灣約拿下其中八％的市場，而中國大陸推估總產值大約在四〇％到四五％之間，其中又以LCD、LED和太陽能電池獨霸全球。

◆ 中國 LED 照明產業分布圖

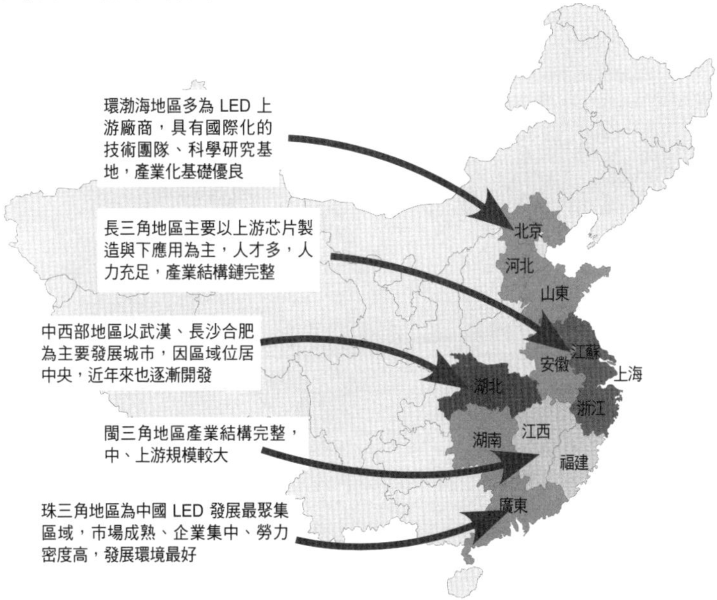

環渤海地區多為 LED 上游廠商，具有國際化的技術團隊、科學研究基地，產業化基礎優良
長三角地區主要以上游芯片製造與下應用為主，人才多，人力充足，產業結構鏈完整
中西部地區以武漢、長沙合肥為主要發展城市，因區域位居中央，近年來也逐漸開發
閩三角地區產業結構完整，中、上游規模較大
珠三角地區為中國 LED 發展最聚集區域，市場成熟、企業集中、勞力密度高，發展環境最好
北京
河北
山東
江蘇
安徽
上海
湖北
浙江
湖南
江西
福建
廣東

全球 LED 智慧照明市場規模增長趨勢

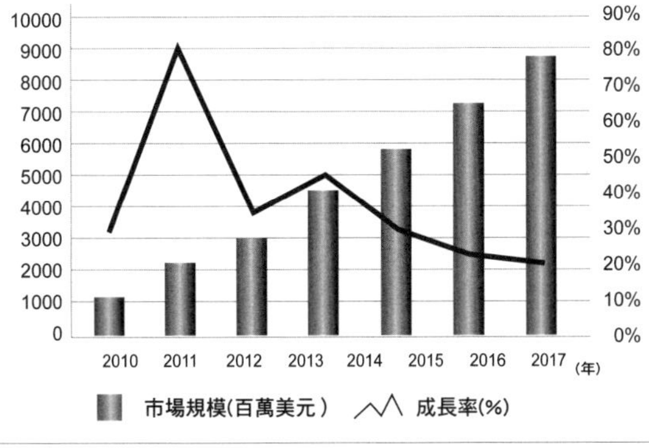

10000
9000
8000
7000
6000
5000
4000
3000
2000
1000
0
90%
80%
70%
60%
50%
40%
30%
20%
10%
0%
2010
2011
2012
2013
2014
2015
2016
2017
(年)
市場規模(百萬美元)
成長率(%)

◆ 2017 中國 LED 產品主要出口情況

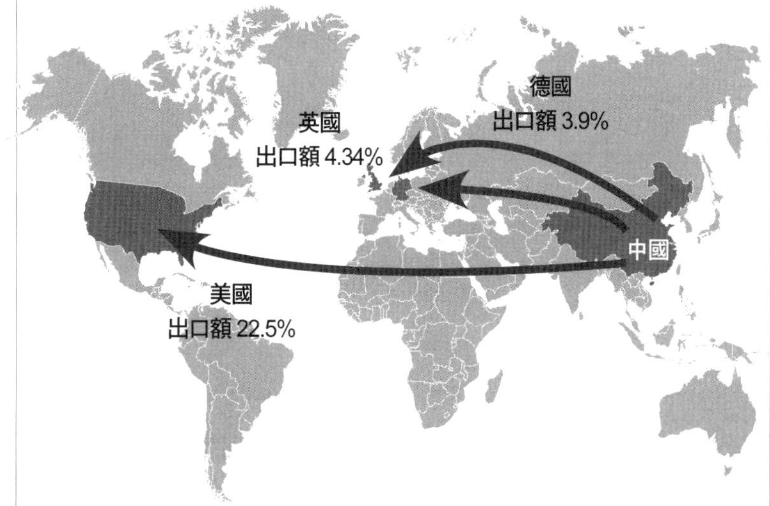

2017 年中國 LED 主要出口國月出口額

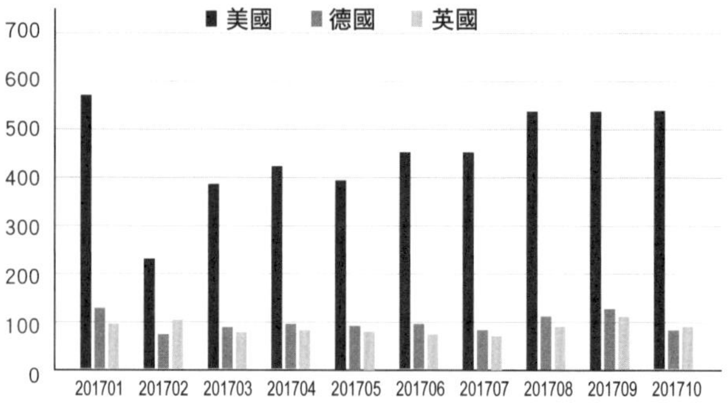

單位：10 萬美元

LCD 方面，小到手錶、手環，大到戶外兩百吋的大型看板電視，都是 LCD 的應用範圍，面板種類繁多，但目前運用得最廣的仍然是 TFT-LCD（薄膜電晶體面板）。我們一般聽到的大尺寸面板廠，就是指這類型面板的生產線。

二〇一七年，全球總共出貨二一．六二億片，總和面板面積總和達到二．四七億平方公尺，市場主要由台灣、韓國與中國瓜分，市占率分別為二九．八%、二八．八%與三五．七%，這也是中國首次超越台、韓，成為世界第一。

中國之所以能稱霸該產業，其中主要原因在於中國近兩年積極投入一〇代廠以及一〇．五代廠的擴建，預計在二〇二〇年會有六條一〇代廠以上的生產線，將全球產量提高到三億片以上。此外，日韓兩國因為掌握更高技術，已從 TFT-LCD 轉型為 OLED 背光模組面板，放棄與中國的競爭，所以預計中國在二〇二〇年市占率將來到四八%，可說是獨霸全球。中國的京東方光電集團預估將占有全球三〇%以上的市場。

LED 則是照明設備，在環保意識抬頭下，許多家庭和路燈等都換上相對節能且光亮的 LED 燈，但其實 LED 不只是燈光照明，它的用途在照明這一塊約占六五%的使用，還有二二%被作為 LCD 的背光模組。

根據中國高工 LED 產業研究院的報告指出，二〇一七年中國 LED 的所有生產鏈總產值約為一〇〇〇億美元，比二〇一六年還要增長二一％，成長幅度相當迅速。而在所有產值中，中國在LED晶片一項的產值上有二八億美元，占全球四〇％，預計二〇一八年市占率增長到四八％，而排名其後的台灣和日本都約在一九％，韓國一四％，排名第四。四個國家總產值就占據了全球九二％的LED晶片產能。此外，中國LED總產值中的下游應用部分更是高達八二〇億美元，其中光是照明的LED產品就達到四七二億美元，占據五五．七％市場，全球第一。

以這種市占率來看，世界上有六成左右的LED產品，皆屬中國製造，尤其是車用電子產品以及智慧型燈具的市場，中國的產品將成為全球主力。不過，中國的各家LED大廠因為不斷擴充產能，卻碰上全球市場供應大於需求，大公司皆仰賴新型產品的推廣，傳統燈具燈泡的發展卻相對頓挫。可以預期未來中國除了會持續擴充產線，還會積極內部合併，以打造全球最大的產業鏈。

中國大力推動太陽能電池產業，但技術未成熟

另一個值得一提的光電產業則是太陽能電池，有鑑於十一五計畫之後，全中國對於空氣汙染、供電不均等問題大力改善，太陽能電池不僅是電子業，更是重點環保產業。二〇

一七年，全球新增的太陽能板安裝量為九八．九GW，中國占五三%、美國十二%、印度一〇%、日本八%；而二〇一八年全球預估需求量則為一〇〇到一一〇GW，中國一國的產能供應將達到一半以上，而其中，中國國內的安裝需求預估就有六〇GW。

看這些林林總總的數據，不免令人費解。長久以來，一直以環保能源著稱的德國和日本怎麼在太陽能板的裝置量上如此之低？

實情並非如此。因為國土大小和引入建置時間早晚的差異，德國與日本兩國的總安裝量早已分別為世界第二第與三。由此更可以看出，中國市場之大，而政策上也正努力地試著處理環保問題。在十三五計畫中，中國特別定下了要發展六〇GW以上規模的太陽能光電，以達到二〇二〇年電力平價上網為目標。此外，美國與印度的太陽能市場開放，讓全球太陽能產業一片榮景。

中國全省境內都有接收太陽能的發電站組，尤其在西北和西部，新疆、甘肅、青海、寧夏、蒙古等地，因為輸電成本高，太陽能光電逐漸成為重要的電力來源。中國太陽能市場發展蓬勃，產量也很驚人，總產值達到五百億美元。在近年來態勢越演越烈的美中貿易大戰中，太陽能也被點名列入反傾銷的名單中。可見儘管中國出口太陽能電池的量很大，但真正太陽能產業的關鍵技術，仍然掌控在歐美諸國手中，中國在這一塊領域的人才培育

◆ 中國太陽能資源分布

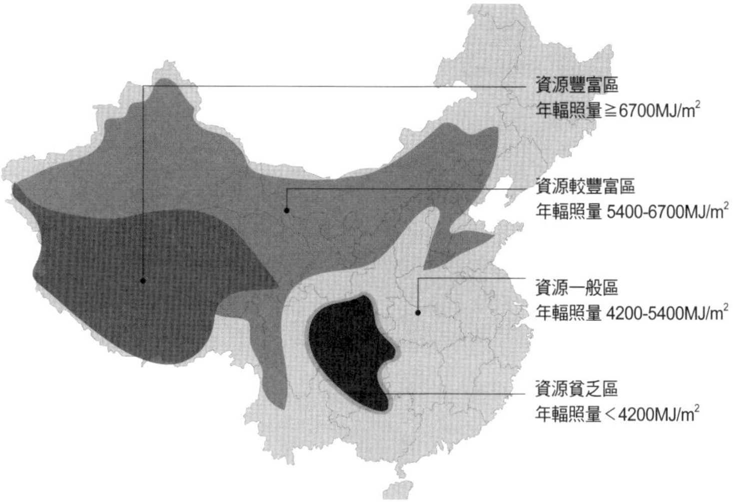

2011-2017 中國太陽能發電裝置容量與發電量變化

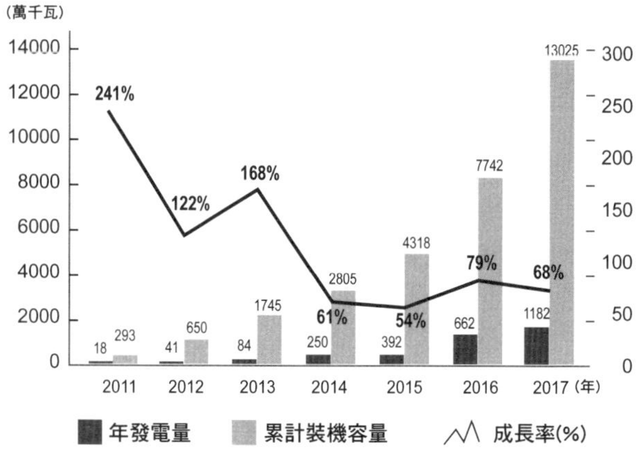

上還無法滿足需求。

製造業成為中美貿易談判的重要關鍵

中國的製造業中還有許多值得一談的內容，包括資通訊產品、汽車、紡織、遊戲等等，而資訊通訊產品也是近年中美貿易談判中的重要交火區。無論是手機、筆電等自有品牌，或是ＩＴ電子的零組件，都被美國列為反傾銷黑名單，因此市場都很擔心，一旦美國決定採取貿易報復，台灣、日本、韓國等多個把電子工廠設在中國的國家，會連帶遭受魚池之殃，所幸目前中美雙方都還相當克制。

但美國為何處心積慮要針對中國的製造業提出抗議和牽制？其實重點並不是因為美國想要奪回產業主導權，成為製造大國，而是基於三千億美元的貿易逆差，還有全球政治經濟的掌控權。

製造業是中國的經濟命脈根基，美國期望一腳踩在痛點上會產生效果，而中國則是認定自己擁有全球倚賴的產業鏈與龐大市場，美國的威脅最後傷害到的會是其他國家，中國並不會因此受傷……看來，雙方都各有立場與準備。

美國之所以認定攻擊中國的製造業，就是攻擊中國的痛處，主要原因就在於「中國製造2025」的政策。此政策於二〇一五年首次提出，主要目的在於提升中國製造業的水平和競爭能力，希望產業發展重量也重質，並加強訓練人才，強化整體產業的世界水準。

因應這些目標，中國近幾年大力投資高等教育、研究所，並積極吸收外國人才，表現出求才若渴的態度。此舉直接影響到了台灣。二〇一七年台積電前研發處長被挖角至三星不久後，又被挖角至中國，引起輿論譁然。不過就中國方面來思考，此舉未必是要製造傷害，而是內部需求推動追求進步。

5-3 第三級產業——見證中國的轉型

因為經濟與科技快速崛起，社會專業分工越來越細，教育程度和品質也越來越高，第三級產業活動也蓬勃發展，產品的附加價值也越來越大，所以現在我們衡量一個國家是否已經步入已開發國家的標準，不一定是看它的工業產值或經濟成長率，而是第三級產業的狀況。

為何先進國家必須看重第三級產業？並非工業或農業不重要，而是在農工有了一定的基礎之後，第三級產業可以為農工兩種產業帶來更高的價值。

舉例來說，想要蓋一棟安全的房子，除了工廠製造出良好的建材並請優秀的工人建造之外，還需要好的土木結構技師與建築師設計監督，否則蓋出來的房子安全值得存疑，說不定還賣不出去；再說另外一個例子，一塊良好的田畝，需要一位優秀的農夫去栽種，但更需要能夠在收成後加以行銷的創意，否則收成的貨物價格隨市場喊起喊跌，無法穩定收益，甚至有可能虧本。

就拿我們最常見的情況來說，每賣出一支 iPhone 手機，蘋果公司從中賺取近六〇%的利潤，而代工組裝與原料零件廠只能分賺剩下的三〇%到四〇%，這就是品牌的附加價值。而這份價值所產生的獲利，又回饋帶動了農業與工業產品的品質穩定和進步。

什麼是第三產業？

一般我們常會用「服務業」這個名詞來代替第三級產業的林林總總，但這樣的稱呼並不精確，畢竟第三級產業範圍實在太廣，從便利商店的店員到上市電商公司的董事長，都屬於第三產業的一份子，這還包括中間物流過程中那些以勞力賺取薪資的服務員工，也包括以資本賺取資本的股東，更包括以維護民眾權益為主的公務員……雖然這些工作都隱含了「服務顧客」的概念，不過學術上鮮少用「服務業」統稱。服務業只是台灣一地通俗的說法而已。

第三級產業在定義上嚴格來說，只要非農且非製造業者，都可以算是第三級產業。其中，商業、金融、法律等行業是最常見的工作。有時第三級產業內部也會發生重疊的情形，界線不太清楚，例如文創與設計兩者的性質就不是那麼好切割，所以通常國家在

◆ 蘋果 iPhone 供應鏈獲利結構

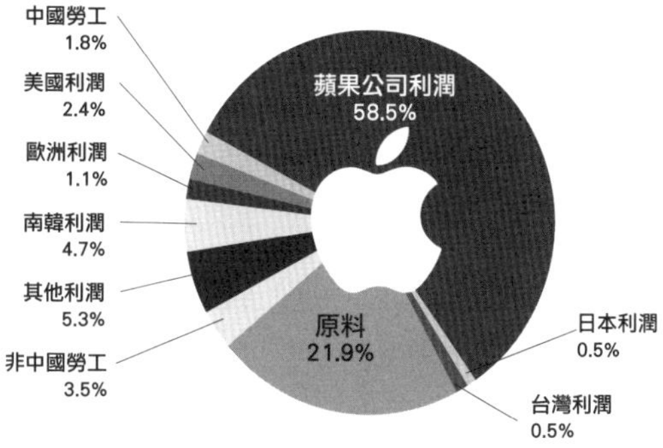

深入調查第三產業時，都會仰賴各種職業團體「公會」（不是「工會」），例如現在很流行的自創者（maker），利用3D列印等技術，製造產品販售，他們通常會申請加入文創相關公會，而不去參加製造業的公會，所以當政府在統計時，就會把自創者歸類為第三產業範疇。

百花齊開的中國第三產業

前面我們說過，中國的製造業相當蓬勃發展且完整，而與之相比，中國的第三產業更是令人驚豔。餐飲、旅遊、房地產、航空運輸、娛樂圈、網路零售等等，都具有旺盛的活力，很多行業的產值已達到世界第一的水準。

當然，除了人口優勢之外，前仆後繼的投資者更是整個中國經濟目前最強的動力引擎。先前我們已經談過金融和貿易，這一篇將從中國最引以為傲的電商產業以及各種新創投資的角度，談談中國正在進行的經濟發展趨勢。

五花八門，狂飆成長的電商產業

隨著智慧型手機的普遍化，電商也快速成為中國和世界最熱門的行業之一。粗略定義，電商就是以網路為媒介工具所發展出來的各種商業行為。早在二十一世紀初，網路剛開始發展運用起，電商這個新名詞就已經問世。但隨著資金的投入，電商良莠不齊、充滿投機而非投資的情況比比皆是，「網路泡沫」（dot-com bubble）的惡夢有如連鎖效應一般擴展開來，全球許多電商都因此重新洗牌。

今日，新的電商已經和二十年前那群舊電商經營模式不一樣了。過去把網路當成平台交易，現在把網路當成是分析數據的工具；過去強調賣貨，現在則強調客製化與人性化的使用。

中國的電商發展五花八門，如果近年來去過中國旅行或經商的人，應該都深有所感。例如二〇一二年成立的「滴滴打車」，是一款網路軟體整合叫車服務的電商，短短幾年的擴張，預計二〇一八年在上海掛牌上市，可見實力雄厚。

中國最知名的電商莫過於馬雲所擁有的阿里巴巴公司，旗下子公司有分別是電商龍頭淘寶與天貓商城。這兩間公司近兩年的營業額都有一兆多人民幣的水準，排名全球零售店商前三名。

自二〇一七年到二〇一八年左右，有一個來自中國突然爆紅，人盡皆知的電商O-Bike，藉由類似共享的概念，做腳踏車的租賃事業。但後來因為管理不佳，以及消費者使用習慣不良，雖然發展起來很快，但垮下的速度也同樣迅速，目前正面臨倒閉危機。

◆ 中國網路叫車服務市場發展過程

探索期
2010年
第一個網路叫車服務易到成立
2012年
快的打車、滴滴打車成立
2013年
Uber在中國試營運
2013年6月
中國網路叫車服務電商競爭洗牌
2013 - 2014年
快的、滴滴透過金錢補貼拓展市場
初始期
2015年2月
快的與滴滴打車合併
2016年1月
政府頒布叫車服務法規
2016年6半
共享單車出現，加速市場競爭
蓬勃發展期
2017年
政府政策鼓勵分時租貸市場發展
2018年
各廠商開始以提升業務服務作為競爭重心
2020年

◆ 世界各國智慧型手機普及率

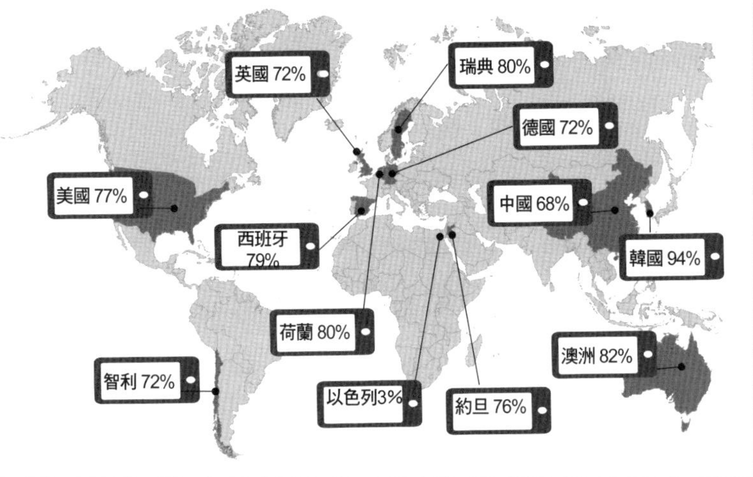

手機與網路普及，引領電商快速崛起

根據中國社科院公布的電商發展報告，以零售市場為主，二〇一七年估計總交易金額約為一兆美元，創下歷年新高。其中實體貨物零售約占七七％，而服務型的零售則占二三％，兩種零售方式都有上升的趨勢。但近兩年，服務型零售上漲的幅度更多更快，例如共享經濟或O2O的概念商業。而綜觀全球局勢，中國可說是零售型電商的龍頭，帶來六七二〇億美元的驚人商機。排名第二是美國，產值僅有中國一半，第三名是英國，利潤僅約一〇〇〇億美元。至於日、德、法、韓則依次殿後。

以中國來說，電商的產值成長率相當驚人。據二〇一七年的統計，中國目前網路使用者達七．五一億人口，扣除小孩與老年人，這數字可以說全中國工作人口都有使用手機，而且數字還在不斷爬升中，表示有能力運用手機的高年齡層也變多了。而使用者中，有參與網購用戶的人數達到五．一四億，網購用戶增長率約一五％，如此龐大的市場規模，可說煞羨全球國家。

不僅如此，中國跨境電商的進出口能力也相當厲害，二〇一七年上半年就已達到六〇〇〇億美元，其中光是出口就占了七六％，可以說全世界都有中國電商的影子。美國、歐盟、東協是中國電商出口的主要市場，預計到二〇二〇年，跨境電商的產值會高達中國貿易總額的四〇％，產業蓬勃，發展驚人。

◎專欄：什麼是B2B、B2C、C2C和C2B？

在電子商務的領域中，我們經常會聽到B2B、B2C、C2C和C2B之類的英文簡稱，到底這些簡稱代表了什麼樣的銷售方式呢？

首先，電子商務是利用網路作為交易媒介，所以與傳統實體行銷有著截然不同的銷售方式、管道。通常我們以銷售對象作為區分，就會出現以下四種銷售模式：

B2B（Busines to Business）

B2B 是指連結各企業與上下游企業之間的網路交易平台，大多是企業之間的採購。例如Amazon Business，是知名美國電商 Amazon 開發的新網站，主要針對的並非一般消費者，而是針對企業客戶銷售商品。通常賣給企業的單價都會壓得比賣給一般消費者更低，另外，中國的阿里巴巴 1688 網站，也是主要提供企業採購。

C2C（Customer to Customer）

C2C 的網站平台，是消費者之間互相交易，平台本身主要只負責網路服務與管理。最早出現的 C2C 平台是拍賣平台，例如台灣的 Yahoo 拍賣或露天拍賣。近年來 C2C 平台衍生出各種保障消費的相關服務，例如物流協助和電子支付，例如中國的淘寶和美國的 Ebay。

B2C（Business to Customer）

B2C 的平台是在企業與消費者之間銷售的平台，提供企業將商品販售給消費者。我們熟知的相關 B2B 平台，在台灣有 Pchome 商店街、Yahoo 商城，中國的天貓商城、美國的 Amazon 等等。近年來除了大型入口型網站紛紛開設 B2C 平台之外，許多社交平台甚至社交 App 都也建立起類似的功能。

C2B（Customer to Business）

C2B 平台連結的是消費者對商家，只要一般消費者提出產品需求或服務需要，由公司或企業提供相關商業服務。常見的 C2B 平台如團購型平台，或是客製化訂製平台。隨著電子商務的不斷發展，除了上述四種之外，還有許多不同的銷售模式，如 B2B2C（Business to Business to Consumer）或 O2O（Online to Offline），都是不斷擴展的電子商務發展可能。

交通不便、城鄉差距大，強化電商生存空間

零售店商在中國能夠快速度崛起，搶占市場商機，可以歸納四個因素：

一、人口眾多：人多市場大，自然是最直接有效的原因。

二、交通不便：中國雖然鐵路、航空交通四通八達，但是仍有許多地方交通設置並不完善，像是貴州偏鄉地區、西藏等等，交通運輸的物流成本很高，廠商設店營運的成本也相當高，連帶使得居民購物不方便。網路購物協助居民克服這些時間成本問題，雖然物流

費用仍然高，但如果一次購買一定程度的數量，物流成本便可以相對減省，因此造就了電商產業的發達。

三、實體零售業不發達：中國實體零售產業城鄉差距極大，與上述交通存有很大關聯性。此外，鄉村的交通成本也高，大型零售通路比不上巷口的雜貨店，所以在台灣可以快速拓展的便利超商，在中國西半部幾乎很難開展。其實同樣情況在台灣台東地區也可見，所以台東的實體零售商業密度遠低於台北市。

四、經濟成長上升，消費實力持續增加：消費和薪資兩者有很高的正相關。中國的勞動薪資近五年持續調升，再加上網路購物不受時間與地域限制，因此電商得以蓬勃發展。

其實，世界各地都在上演類似的戲碼，包括支付類的系統也正在世界各國推行普及中，因此許多商業分析便預測，印度將是未來三年，下一個電商零售市場的最大戰區。

網紅經濟、直播市場是電商新潮流

還有許多的電商並非屬於零售型，但這一類的相關統計數據不常見，例如遊戲虛擬寶物交易平台、交友網站、線上補習班等等，其中最令人矚目的就是近年來各種直播網路平台的出現。

◆ 中國行動支付兩大龍頭狀況

	支付寶	微信支付
市占率	53.70%	39.12%
母企業	阿里巴巴	騰訊
推出時間	2004	2013
每月活躍用戶	5.3億	6億
優勢	1. 電商平台起家，透過網路購物消費使用支付寶 2. 結合螞蟻金融服務等線上理財商品服務	透過微信社群APP推廣，用戶約有10億人
推廣方式		送紅包、抽紅包

◆ 中國行動支付市占率

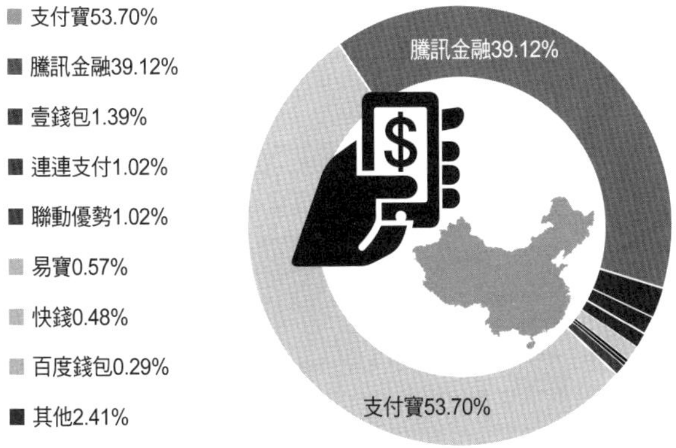

◆ 中國網紅經濟的形成

A 內容價值
- ○ 創作型網紅崛起
- ○ 因為有個性的內容吸引粉絲
- ○ 形成主流

B 粉絲價值
- ○ 聚集群體，形成圍觀效應
- ○ 透過社交網路連結關係

C 商業價值
- ○ 品牌效應，帶動流量變現
- ○ 主要收入為：廣告、電商經營與或相關增值服務

D 產業價值
- ○ 上下資源整合，逐漸形成產業鏈

◆ 中國網紅經濟獲利來源與利潤金額

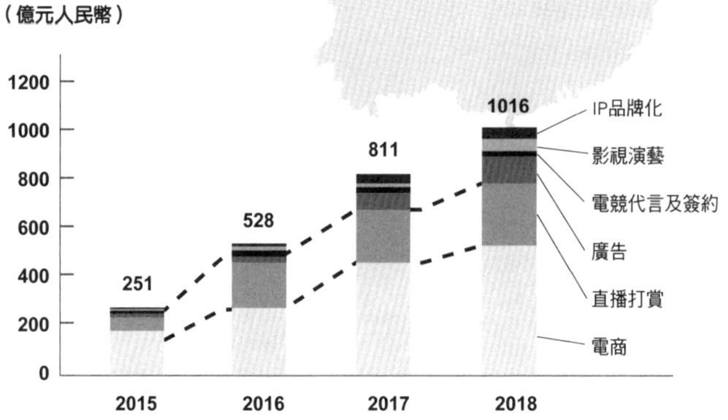

這些平台創造的「網紅經濟」商機驚人，根據中國推估，二〇一六年的直播市場價值高達二十五億美金，但預計二〇二〇年將來到一百四十億美金。

中國各行各業對網路依賴程度日益加深，這有好處也有壞處，例如中國的司法救濟管道和司法服務嚴重不足，電商與消費者之間的許多詐欺行為，經常在消費者有口難言的情況下不了了之。

此外，中國特殊的經濟條件並非每個國家都一樣，國家與國家間存在著許多消費型態的差距，因此目前並沒有以電商發展程度評定經濟強弱的指標。但持平而論，經濟要考慮的面向相當多，很難說電商越發達則經濟越好。電商發展的關鍵，最主要還是在於軟體技術發展才是關鍵。

中國的新創投資產業

新創，顧名思義就是運用新技術來從事商業行為的概念，它是第三產業中的明日之星，不過因為新創的領域非常包羅萬象，像電商就是新創產業中最大宗的商業模式，此外還有包括金融科技、區塊鏈技術、資產管理、健康照護、數據分析、行銷管理、藝術創作甚至是教育等等，並不是一定都以網路技術為主，所以目前並沒有一個明確的定義說明新創的範圍。

此外，新創產業有一個共通點，就是不以大量製造的產品為經營主軸，而是提供 B2C 或者 B2B 的營運服務為主，尤其是 B2B，更是兵家必爭之地。

那製造業難道沒有新創嗎？通常我們關注製造業主要在於研發的投入和研究人才的培育，並不用新創的概念來看待。

中國強力扶持新創產業

在上一章我們提到許多中國的區域經濟計畫裡，在大型都市群中設置「高新區」以及「國家實驗區」。這些區域的畫分，就是給新創產業發揮的基地，而這樣的政策，類似於複製矽谷的概念，利用人才、技術、資金的群聚，讓創新的商業模式可以彼此切磋或競爭。

除了群聚作用外，這些區域等於也給新創產業優良的商業實驗場所，例如對於零售電商而言，保稅倉庫或港口給予了它們在經營上的幫助，能夠讓物流、關稅、訂單三方迅速整合；又例如金融科技涉及個資、信用、流動風險、金融安全等等規定與安全性，要在適

◆ 全球超級獨角獸企業及其美元現值

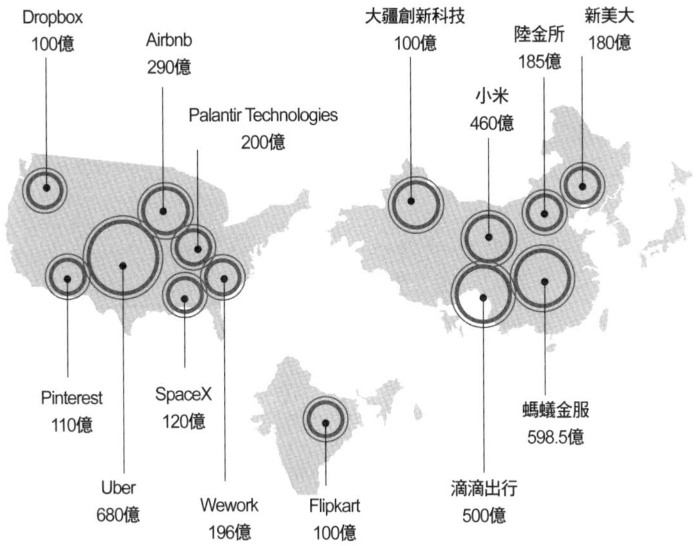

公司	國家	成立	經營業務與地位
Uber	美	2009	行動通訊共乘租車服務
螞蟻金服	中	2014	網際網路第三方支付與金融服務
滴滴出行	中	2012	行動通訊共乘租車服務
小米	中	2010	消費電子設計製造
Airbnb	美	2008	網路共享旅遊租住服務
Palantir Techonlogies	美	2004	大數據演算追蹤技術
Wework	美	2010	共享工作空間服務
陸金所	中	2011	網路金融資產交易平台
新美大	中	2016	網路團購、訂餐外送、租車服務
SpaceX	美	2002	航太製造商與太空運輸服務

當的區域先行試辦，成功了才能向外推廣，那麼上海自貿試驗區就是很好的選擇。

在法規、土地、人才三個方面，中國都秉持著容錯精神推動新創產業，不過「資金」才是所有新創產業最主要的動力。世界各大企業對於新創產業都非常有興趣，一方面新的產業有可能幫助本業的推展，而另一方面也有可能得到驚人的投資報酬率。

在新創產業中，我們用「獨角獸」來形容脫穎而出，且市值突破十億美元的新創公司。像臉書也是一家獨角獸新創企業。對投資者而言，如果手中擁有的一百億美金分散投資給一百家新創公司，只要其中一家成為像臉書那樣的獨角獸，投資的付出便很容易倍數賺回中國在新創資金方面，可以說稱霸全球。

中國自二〇一五年開始掀起新創投資熱。一般來說，新創公司會經過天使輪、A、B、C輪共四個投資階段，由少到多，每個階段都有不等程度的投入。而根據IT桔子及騰訊的統計，就二〇一七年上半年，中國國內在此四階段中共投入約一千七百四十八億美元的資金。

中國的獨角獸養成位居世界第二，但品質良莠不齊

以獨角獸的養成結果來看，根據台灣經濟研究院的報告，二〇一七年全球共產生了

◆ 中國獨角獸企業所在城市分布

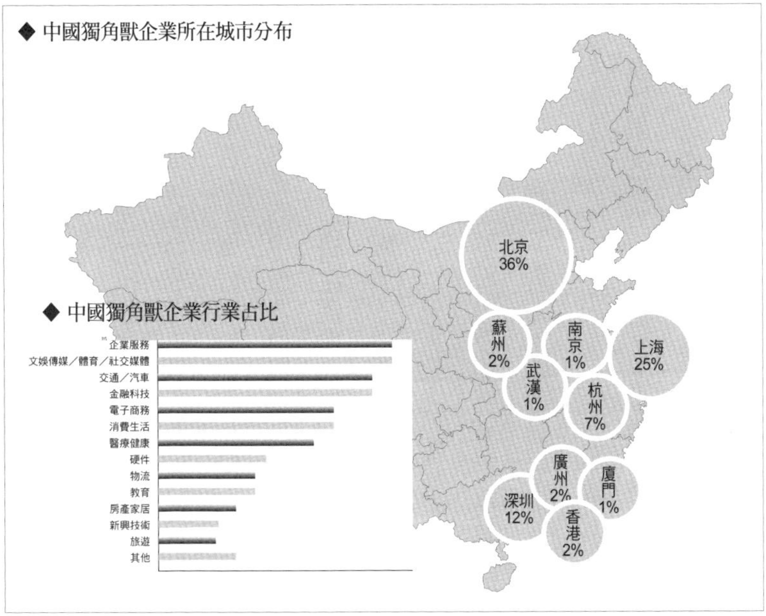

六十四家獨角獸公司，其中美國二十八家、中國二十二家、英國七家，分居前三名。

而從二〇〇九年至今，中國以五十九間獨角獸公司排名全球第二。二〇一七年產生的獨角獸企業，一共取得了五一〇億美金的收入，位居全球第一。

根據 CB Insights 最新統計，全球現有二百三十九家獨角獸公司，分別來自二十四個不同國家。

中國內部粗略統計，在二〇一七年底，共有數十萬家的新創公司存在，數量雖多，但各公司品質優劣差距很大，所以客觀一點來看，根據〈二〇一七中國獨角獸企業發展報告〉依照中國的定義（包含未上市），目前共有一百六十四家獨角獸新創企業，總價值共六二八四億美元，有八四％的獨角獸集中在「北上杭深」，不過從二〇一七年開始，逐漸向其他地區移動。

在這些獨角獸企業中，有十家超級獨角獸市值超過一百億美金，光是「螞蟻金服」一間就高達七百五十億美元（二〇一八年，總計達至一八〇〇億美元），與之相比，台灣的企業僅有台積電的市值能超過它。

中國的新創公司在產業分布上，從過去專注於做零售電商，逐漸轉換到不同方向，如AI人工智慧、醫療、金融科技，趨勢大致與國際的腳步一致。不過據台灣經濟研究院的研究報告，至二〇一七年為止，幾個新創重點產業仍以美國為主。例如在金融科技上，即使中國有資產雄厚的螞蟻金服公司，但美國的金融科技獨角獸數量仍占全球五四％的比重，遠高於中國的一五％；醫療健康方面，美國有全球六一％的獨角獸，遠高於中國的一七％。

換個角度想，這也代表了中國未來在這些方面的市場發展上前景可期，這也是為什麼近五年來，中國投入那麼多資金在新創產業的原因。

創業板指數讓新創產業有足夠集資空間

為了讓市場更多資金能有管道投入，也要讓這些新創事業有一指標可循，深圳證券交易所從二〇一〇年開始成立了創業板指數，提供一個有效且門檻較低的融資空間，讓符合資格的新創公司可以透過創業板集資，而一般有意想參與創業投資的人，也能藉此機會成為股東。

目前全球幾個重要的金融證券市場都有創業板的股票交易市場，例如美國、英國、日本、南韓、新加坡、香港、加拿大等。台灣的法規已經鬆綁，在進入興櫃市場之前，有一個創櫃板協助新創公司籌資及輔導，但還沒有予以指數化。

中國的新創產業，近三年幾乎每年以上兆人民幣的規模吸引投資金額。此外，前幾年房地產市場熱門時，都市土地交易開發服務也水漲船高，這也是與之前提到中國地方政府給予融資有很大的關係。這樣的資金水準，也深深表現出中國經濟蓬勃的一面。

高投資，低消費，可能導致泡沫經濟

但水能載舟，亦能覆舟，中國ＧＤＰ的組成當中，民間消費的力量一直出在相對低的水準，二〇一七年約在三九％。換句話說，經濟市場雖然有豐富的投資，但消費卻沒有跟著產生增加，這也就是為什麼中國政府不斷強調「去產能、去庫存」的原因。這樣的投資金額，很有可能最後帶來的是一場泡沫。

事實上，很多新創產業也正面臨同樣的批評，例如號稱「共享經濟」的腳踏車租借服務，全盛時期整個中國約有六十間公司經營，但二〇一七年已關閉了四十家，不但製造出高額負債，消費者也求償無門。更有分析師指出，許多人利用「共享」做為幌子來募資，並非真正的創業。不僅如此，因為網路商業很強調個人資訊的運用和解析，中國的新創服務像是醫療、保險等等，因為資訊利用的法律制度與國外難以接軌，因此造成國際間很大的輿論壓力。

且中國的新創公司往往認為，只要服務全中國，就等於是世界第一大的公司，結果反因此被侷限在中國一地，難以跨出。

未來中國能否從經濟強國走向經濟大國，整體第三產業的質和量會是重要的關鍵。在這其中，新創產業是一部很好的推進器，如果中國政府在資金、教育、法規等全面配合下，或許可以推動整體三級產業快速成長，更加提升品質。

第六章

從能源需求與環境透視中國經濟

一個國家的經濟並不是只有匯率、GDP或貿易數字能夠斷定，內部的資源運用，往往決定了總體經濟的好與壞，本章將從中國的能源、環境衛生與人口，深入了解大國困境。

6-1 能源決定了中國的未來

中國的總體經濟結構較為外人所熟知，但一個國家的經濟並不是只有匯率、GDP或貿易數字，真正決定總體經濟好壞，是國家內部的資源運用，例如水電力的設施、人口結構、衛生條件、教育資源和政府透明度等等。所以，具有公信力的瑞士洛桑管理學院每年所頒布的世界競爭力排名，都會把這些因素加入考量，而不只是看該國的GDP。

現今經濟學較為流行的「幸福指數」，也綜合考量一國的國內外現況，不會因為國家所得高、失業率低，就判斷它很幸福。因此接下來這一章節，我們將挑選三個主要常用的經濟指標：能源、環境衛生以及人口狀況，剖析中國內部經濟的發展現象，我們也可從這些指標中，了解未來的中國可能發生的經濟困境。

石油漲跌影響能源轉換計畫

能源是一種動力，它可以轉換成電力，變成我們日常生活支柱，也可以用來加工，成

◆ 2018 全球幸福國家指數與排名

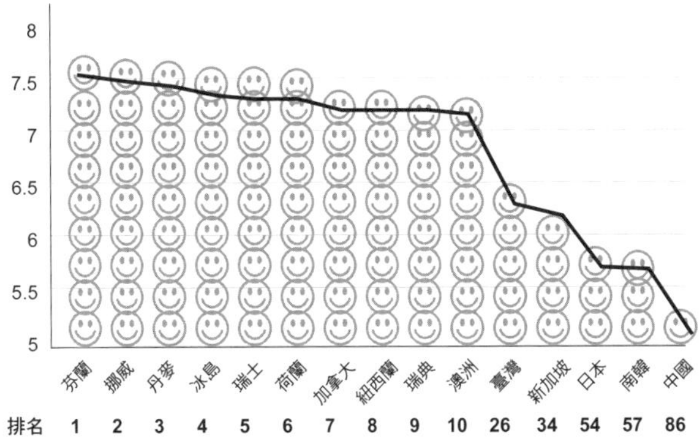

為石化產業或運輸產業的運作動力，產生其他附加價值。

中國因為人口和工業產量龐大，能源使用量近十多年來一直盤據世界第一，也領先美國甚多。

二十一世紀初，各種能源原物料，像是石油、煤、天然氣等價格因為全球需求的擴張而迅速上揚，其中特別是石油，二〇〇八年金融風暴時甚至達到每桶一四五美元的平均價格。後來當發生全球金融危機時，石油價格迅速暴跌，二〇〇九年到二〇一六年的平均價格約為其最高點的三分之一，石油價格的非理性漲跌一直受到全球矚目。

自一九七〇年至今的五十年間，世界

發生過三次石油危機，分別在一九七三、一九八〇與一九九一年。二〇〇八年石油價格的暴漲暴跌，連帶導致一連串的經濟風險，再加上近年來環境保護意識的抬頭，近十年間，世界各國最重要的經濟政策都聚焦在能源使用的轉換上。

回頭來看中國的能源使用情形吧！從外貿的結構中我們發現，中國相當仰賴各種能源原物料的進口。即便有著出產豐富的大慶油田、山西煤礦等等自然礦產，但這些地區的產量仍然不足以應付全中國的各種能源需求。

煤是中國最重要的能源

煤礦可以說是中國最廣泛利用的能源礦物，不僅用於發電，更多用在提煉石化和鋼鐵產業。二〇一七年中國生產了三五·二億噸的煤礦，位居全球第一名，也占了全球總產量的四五·五％，而探明儲存量則是世界第三位。就拿二〇一五年來說，已探明儲量為一·五五兆噸，僅次於俄羅斯的二·五兆噸和美國的一·六兆噸。

儘管中國挖出了相當多的煤礦，但從二〇〇〇年以來，煤的進口數量從二〇〇〇萬噸一路攀升至二〇一三年最高的三·二五億噸，此後雖逐年下滑，但二〇一七年仍然向全球

◆ 中國各省產煤量排行

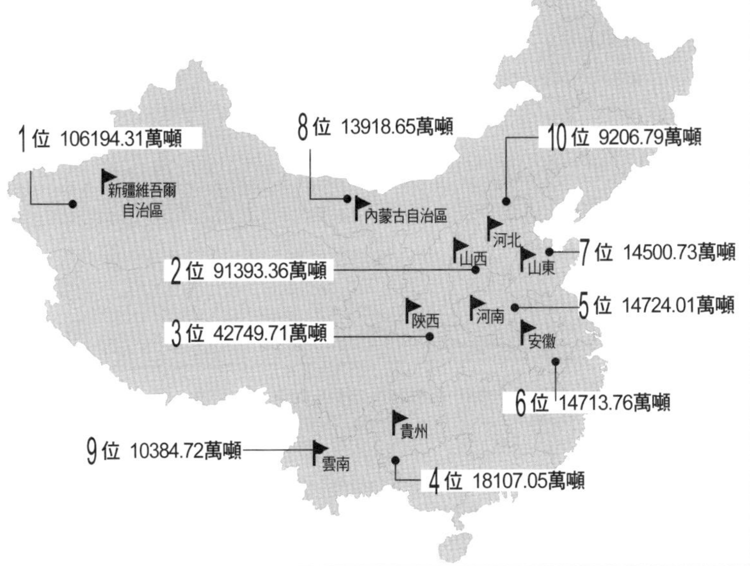

進口了二・七億噸的煤，可見中國對於燃煤的仰賴之高、之重。

雖然中國煤產量豐富，但這些數據也透露出整體經濟的幾個警訊：

一、工業生產效率仍待轉型。

二、能源發電結構過度依賴煤礦。

三、空氣汙染嚴重。

四、過度進口煤礦，容易導致國際經濟政治上的壓力。

基於外交策略，中國大量進口石油

石油是人類近百年來最重要的能源，對於發展中的國家來說，石油的需求量往往是經濟的先行指標，不僅作為

◆ 1950-2015 年中國煤礦年總產量

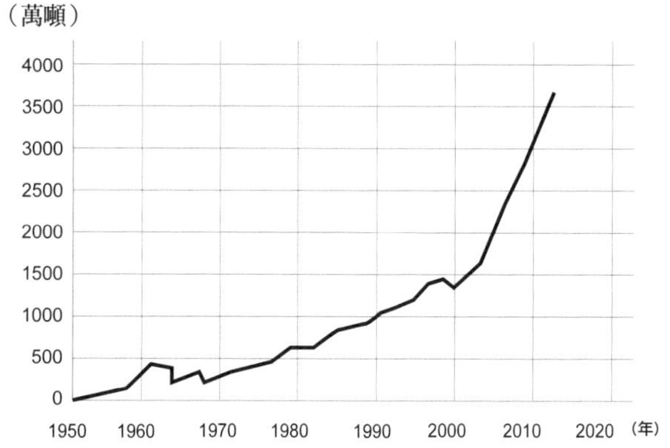

石化產業的重要原料，更有相當重要的軍事戰略價值。

此外，石油更是繼黃金之後，多數大國貨幣儲備的重要指標，也因此產生「油元」的概念。不過，石油的產量往往受制於許多國際經濟政策的調節，其中又以ＯＰＥＣ（石油輸出國組織）和美國的影響力最大。產油國家無論增產或減產，對全球經濟變化都會造成決定性的影響，因此每年ＯＰＥＣ會議常常成為全球經濟發展的重要參考依據。

以二〇一七年來說，全球石油總產量約為四四．五二億噸，已創下歷史新高，油價曾一度跌落至每桶平均二十七美元左右的窘境，導致許多產油國家對美國的增產表示不滿。二〇一七年全球石油產量最多國家為俄羅斯，共生產五．二億噸，其次是沙烏地阿拉伯的四．八億噸、美國四．三億噸，中國排第四位，約產出二．一億噸。

不過產量是一回事，蘊藏量又是另一個指標。以美國來說，預估到二〇一八年底，每日平均產量可達約一千萬桶（每桶四十二加侖），比起二〇〇八年足足多了一倍。換句話說，美國的石油蘊藏量相當豐富，因此可以彈性地調節開採量。

中國在二〇一五年的調查中，預估全國儲存量約為二一二億噸。也就是說，如果每年生產兩億噸，還可繼續開採上一百年。

產地上，渤海灣、松遼、塔里木、鄂爾多斯、準噶爾、珠江口、柴達木和東海陸架這八大盆地就占據了全中國八一．一％的產量，看似很豐足，或許隨著未來技術提高，還可以找到更多的儲存。但是石油的提煉必須考慮油的品質以及開採成本，有沒有蘊藏量是一回事，值不值得開採又是另一個考量，這也是中國目前開採石油上很大的困境。雖然是全球第四大原油生產國，但二〇一七年中國仍然向其他國家進口了共約四．二億噸的原油，相較二〇一六年，足足成長了一〇％，也創下歷史新高，是全球第一大石油進口國。

不過以使用比例來看，中國在石油發電的比重逐年減少，比例相當小。可見中國對於石油的需求，除了石化產業之外，更多可能是外交戰略的考量。

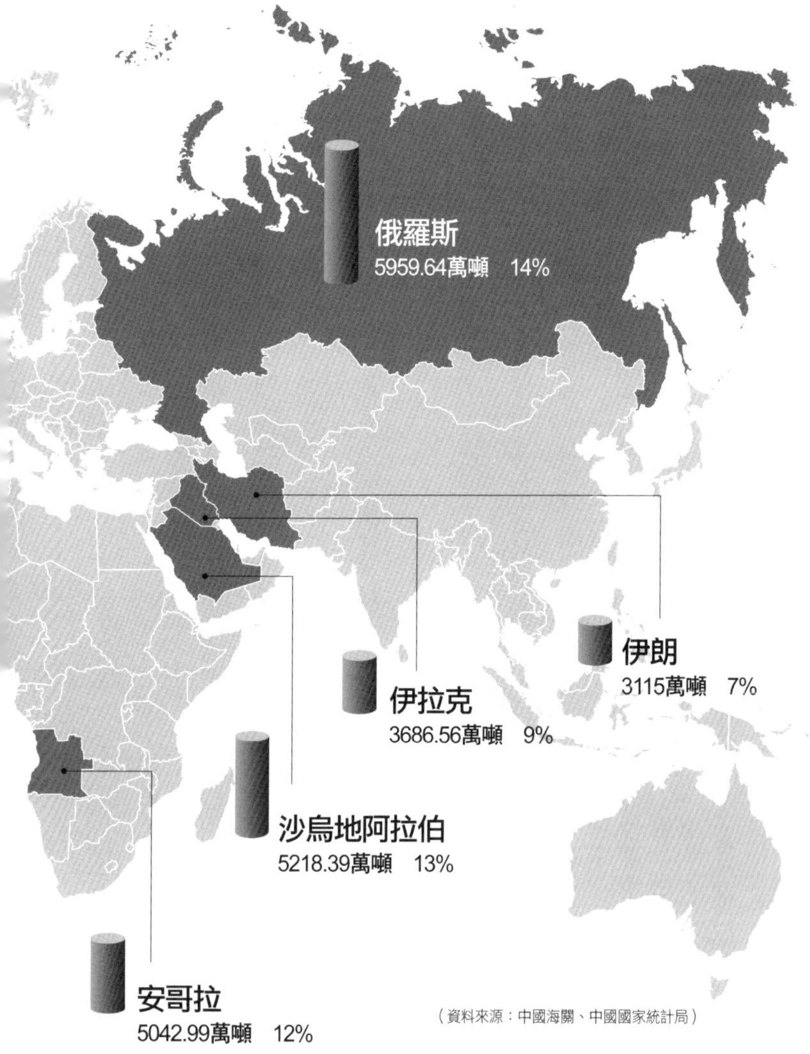

（資料來源：中國海關、中國國家統計局）

◆ 2017 年中國原油主要進口國及進口量

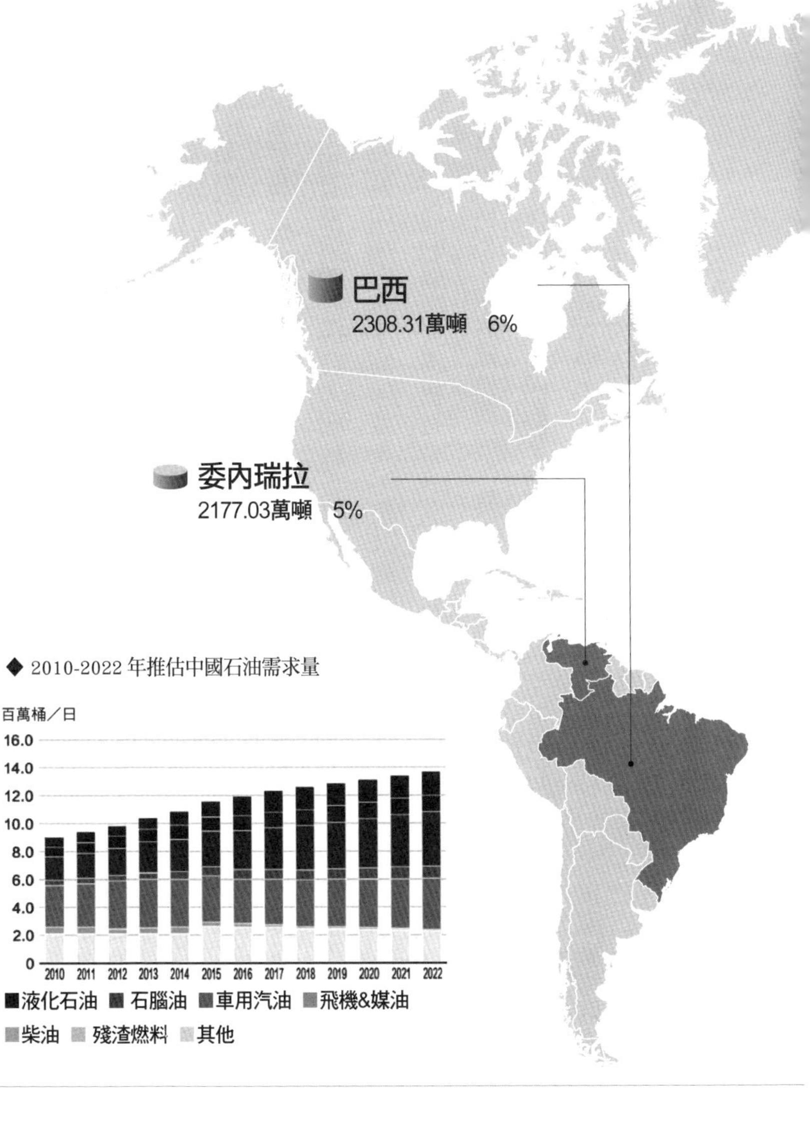

在未來，天然氣的重要性更勝石油

天然氣是另一個重要能源，和石油與煤炭並稱火力發電的三大動力源。

天然氣因為燃燒後產生的二氧化碳較少，隨著環保意識的抬頭，天然氣發電深受各國重視。以台灣為例，近年來我們的火力發電機組不斷汰換更新，已有四七％採用天然氣，中國也有相同的調整策略。

此外，天然氣也是我們日常生活中重要的能源來源，舉凡發電、洗澡、暖氣、煮飯等等，幾乎沒有不用天然氣的。因此，相較於石油和煤炭的開採或使用，有許多政策方面的考量，世界各國對於開採天然氣的態度多半是鼓勵增加的，鮮少聽過調節天然氣產量，這點和強權國家控制石油的態度大不相同。所以前陣子市場上經常流傳一句話：「過去誰控制石油，誰就是世界霸主；未來誰控制天然氣，誰就是新的霸主。」

天然氣的挖掘常伴隨著石油的開發，稱為「油氣田」，但也有「純氣田」，還有伴隨煤礦開發的「煤氣田」，三者合併才是天然氣的產量，所以理所當然，中東國家和俄羅斯在天然氣蘊藏量和產量上享有量產的優勢。

根據英國ＢＰ石油公司二〇一六年的調查，全球每日天然氣產量約為三六〇〇億立方

◆ 中國天然氣產量分布與進口狀況

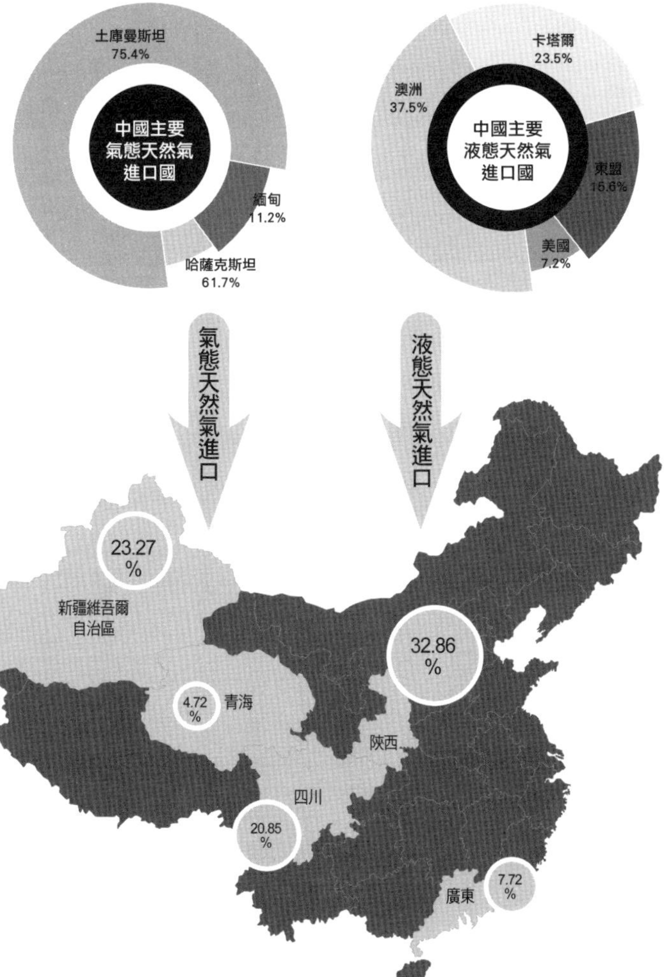

英尺。全球天然氣生產國第一名是美國，平均日產七二三億立方英尺，排名在後的是俄羅斯，平均每日五五九億立方英尺。美俄兩個國家加總起來，約占了全球三分之一的產量。

至於中東國家部分，伊朗一九五億、卡達一七五億立方英尺排行三、四位，整個中東大約占全球一五％的產量。中亞主要產氣國家則約占七％左右，而中國日產量為一三四億立方英尺，排名第六。

但就像石油一樣，中國既是天然氣消費大國，也是進口大國。中國天然氣消費在二〇一六年排名全球第三，平均每日消費量達二〇三億立方英尺，並且平均每日進口約三三億立方英尺。中國的主要天然氣進口國是澳洲和土庫曼斯坦。雖然世界天然氣消費國家前兩名是美國和俄羅斯，但此兩大國已達到自給自足的階段，更是天然氣的主要出口國。

如果我們把眼光放在還未開採的探明儲存量預估數據來看，伊朗的天然氣儲存量排名世界第一，目前仍有一一八三兆立方英尺的可開採數量，相當於二二四四億桶的石油；俄羅斯以一一三九兆立方英尺排名第二，卡達和土庫曼斯坦則分居三、四名，美國排名第五，中國則以一八九兆立方英尺的蘊藏量，位居第九。

這些天然氣數據其實已經透露出當前國際政治許多的故事，包括伊朗內戰、中國的「一帶一路」、美俄之間的經濟戰還有南海爭議，背後都藏有競奪天然氣資源的影子。

許多國家都有能源轉型的需求，政治上也遭遇環境保護意識抬頭，未來天然氣的需求勢必有增無減，雖然短期內不會有天然氣供應危機，但天然氣所造成的政治影響，在未來恐怕難以預料。

中國的電力供需狀況

自從一五計畫經濟開始，發電廠的建設與技術更新已成為不可或缺的政策建設，電力項目在每次的計畫經濟中都會出現，電力更是民眾生活與工業之母。身為社會主義國家，中國政府建國以來一貫深信：「電力和水力的穩定，將帶來社會穩定的基礎。」足見供電穩定對國家經濟和政治的重要性。

一般來說，電力大致可以分為火力、水力、核能、再生能源四種。中國和多數國家一樣，以往傳統電力來源都是由火力構成，然後為了農業與工業，逐步發展水力，改革開放後又逐步加入核能電廠。近年來因為空氣汙染得太嚴重，又加入了再生能源的開發。但火力至今仍然是中國整體發電的最大來源。

中國持續進行火力發電的改革，特別是增加天然氣的使用。不過，能源轉型是無法一蹴可成，必須長達數十年規畫進行的大工程，甚至就連中國政府也認為，能源改革不會有終點。

用電量的貧富不均

中國的電力消費量每年都在增長，根據〈二〇一七年中國電力發展報告〉的內容，全國全口徑電力裝機容量為一七・七七億千瓦，電力消費量為六・四兆度，較二〇一六年增長六・五％。

以台灣相較，台灣近三年平均約使用二五〇〇億度電，中國一年的用電量大約是二五・六個台灣。電力使用的增長和經濟成長率一直存在正相關，因此電力常被視為中國經濟成長率的觀察指標之一。

中國的電力總消費量大約是全球的四分之一強，但如果以人口數來看，平均並不高，年人均用電量四五八九度，約為ＯＥＣＤ國家的五三％，生活用電量更是只有六二八度，為ＯＥＣＤ的二六％，數字明顯偏低。

但這並不是意味著中國人生活省電，而是暗示中國存在著極大的用電貧富差距，而各省用電量也不平均，當然，這與人口是否密集有關，例如長江三角、廣東地區用電量特別高，可以看得出來產業的密集程度。

不過最值得注意的是用電的增長速度，長江三角和廣東兩地用電量大，但每年用電成長有限，而西藏和西北區域，幾乎呈現一〇%以上的用電成長，西藏更來到一八%，足見西部開發計畫正如火如荼地開展。

為求供電穩定，建立六大電網區

在台灣，我們常常聽到「南電北送」。台灣因為地域小，幾乎全國電網都可以互通有無，但中國因為幅員廣闊，不可能像台灣一樣，所以電網的布建非常重要。

有完整連貫的電網，才能達到跨省跨區的均衡供電，因此一般在討論中國電力時，都會將中國分成：東北、西北、華北、華東、華中、南方等六大電網區域。

這六大電網又各自涵蓋了地方型的電網，例如南方電網裡頭有廣州電網、貴州電網等。

中國各區域電網之間的備用容量差異性非常大，以二〇一四年數據來看，平均為備用容量為二八%，但華中和華東僅有一五%，離國際標準安全水位的二五%還有一段差距，西北則高達五〇%，東北更高達六〇%，因此如何透過電網布置達到均衡，讓電力不至於

◆ 中國六大電網區及備用容量

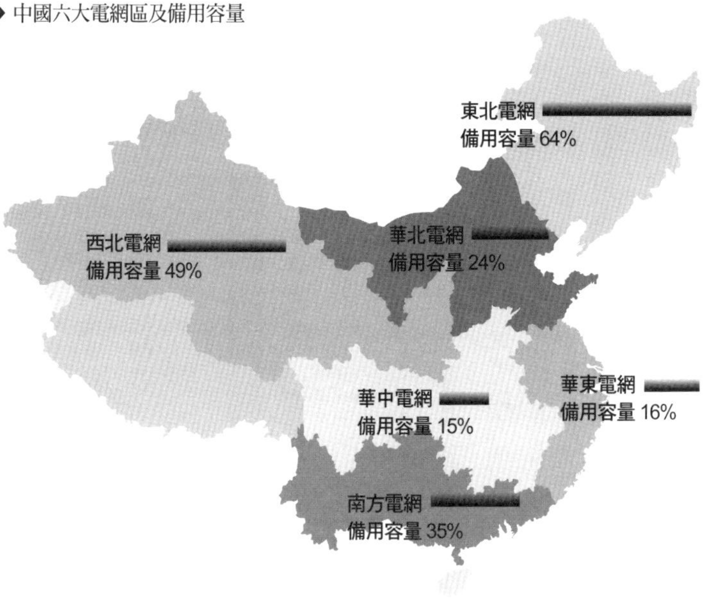
東北電網
備用容量 64%
西北電網
備用容量 49%
華北電網
備用容量 24%
華東電網
備用容量 16%
華中電網
備用容量 15%
南方電網
備用容量 35%

◆ 中國「西電東送」路線與狀況

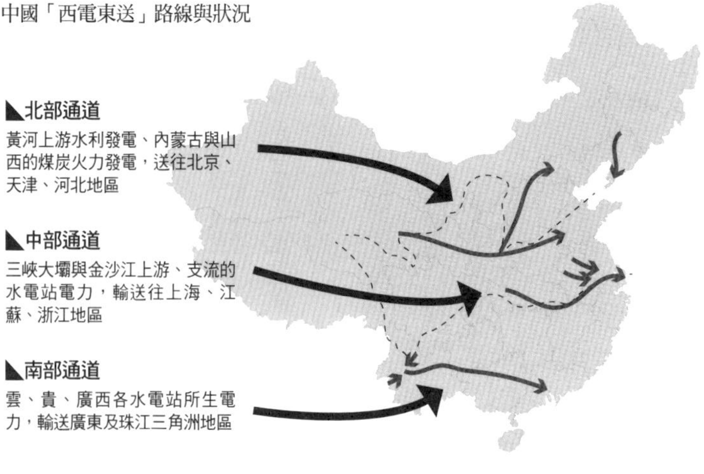
北部通道
黃河上游水利發電、內蒙古與山西的煤炭火力發電，送往北京、天津、河北地區
中部通道
三峽大壩與金沙江上游、支流的水電站電力，輸送往上海、江蘇、浙江地區
南部通道
雲、貴、廣西各水電站所生電力，輸送廣東及珠江三角洲地區

◆ 中國發電量總結構

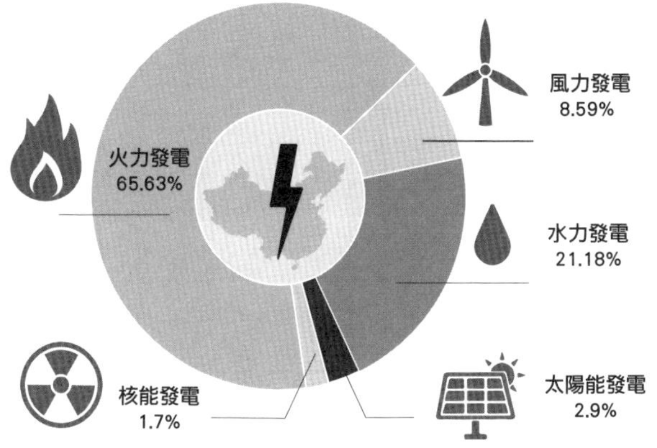

過剩是很重要的課題。

附帶一提，台灣備用容量約為一〇%，這也是為何許多企業家呼籲政府要穩定電力的主要原因。

火力發電是中國的發電主力也是空汙來源

更深入一點來看中國的發電結構，和大多數國家一樣，火力發電可以說是中國最重要的電力來源，二〇一七年火力發電總共提供了四．五五兆度電，占比約七一%，其中燃煤大約是六一%，燃油五%，乾淨的天然氣發電則是五%。燃煤和燃油的比重雖然持續下降，但從整體發電量來看，是其他發電來源增長迅速，而不是燃煤油在減少。以總量判斷，燃煤油整體發電量還是較二〇一六年增長了五．

二％。

燃煤油達到六六％，是一個相當驚人的數字，比較其他先進國家，美國與日本的燃煤油都在三〇％以下，法國更低於一五％，台灣則是四〇％。換言之，中國如果想要讓空氣品質改善到一定水準，恐怕還有一段很長遠的路要走。

目前中國約有二千九百多座燃煤電廠，先前我們也說過，中國存在電力供給過剩和不平均的問題，所以自二〇一七年開始，中國政府已經宣布禁止再增建煤電廠，並且努力改善機組設備以及燃煤方式，以求降低汙染。

舉全國之力投入核能發電

台灣近年來關於廢核方面的討論甚囂塵上，但核能發電在中國並不是一個具高度爭議的話題，相反的，鈾、鈽的研究和使用，一直是中國政府積極投入的領域，因為這不僅用於發電，也有著國家戰略的考量。簡單來說，哪個國家能夠先做出類似「鋼鐵人」胸前那一塊核融合電池，就將掌握劃時代的改變力量。

從整體情勢來看，中國的核電廠使用率並不高，二〇一七年全年僅發電二四八一億度，僅占全發電量的三．八八％，不過核能發電量倒是增加得很快，與二〇一六年相比，足足增長了一六％。

目前中國共有十七座核電廠，投入運轉的機組有三十一台。廠址幾乎都在沿海一帶，特別是上海、江蘇附近的核電廠密度最高。

中國從十一五計畫開始就有規畫性地在擴建核電廠，雖然也曾歷經二〇一一年日本福島核災事件的影響，但十二五計畫中更提高增建規模，總共有兩百座核電廠的興建計畫，並集中在內陸地區進行，預計在二〇四〇年，中國將成為全球核能發電第一大國，預計核電將占總發電量的一〇％到一二％。

核電並非是全球能源發展的主流，因為它存在很多的限制。像台灣，必須考慮到人口密度、地震與核廢料存放等因素，但中國在這些方面的擔憂比重相對較低，因此以現階段而言，有利於核電發展。另一方面，核電的建置成本和使用年限比較有經濟價值，而鈾礦原料雖是全球管制商品，但中國在取得上還算容易。

再者就是空汙的問題，二〇三〇年，中國預計要減少四分之一以上的汙染問題，最主要還是仰賴核能技術的發展。而中國的核電廠能否成功，與其安全性是否成為全球信賴的技術，和「一帶一路」的計畫發展有密切相關性。

◆中國核電廠發展現況

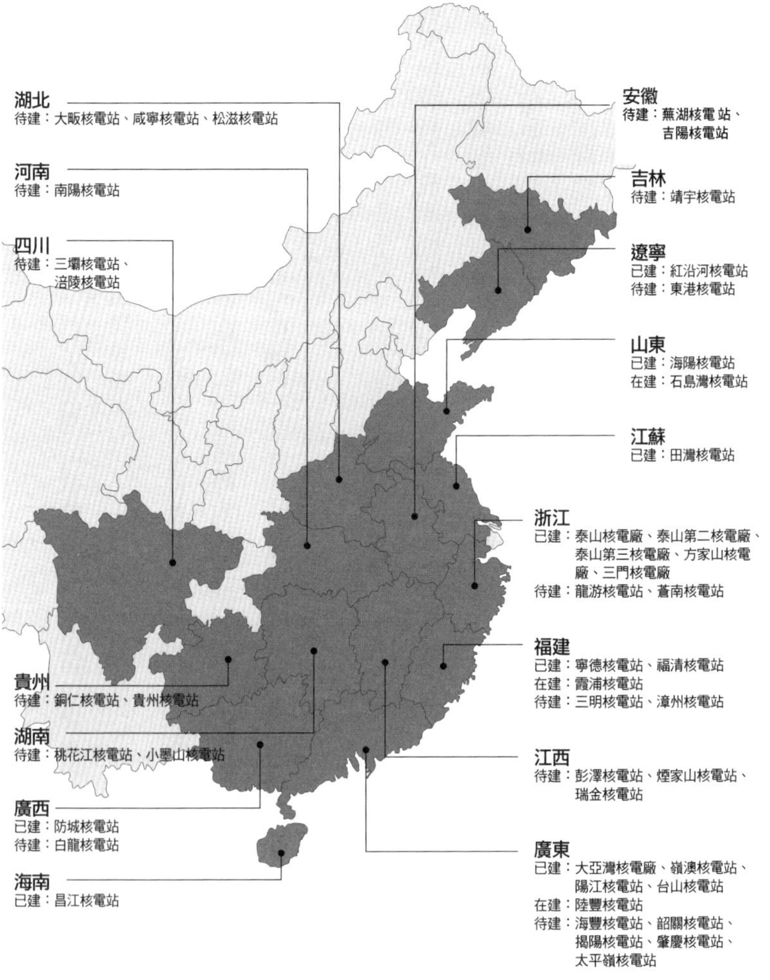
湖北
待建：大畈核電站、咸寧核電站、松滋核電站
河南
待建：南陽核電站
四川
待建：三壩核電站、
涪陵核電站
貴州
待建：銅仁核電站、貴州核電站
湖南
待建：桃花江核電站、小墨山核電站
廣西
已建：防城核電站
待建：白龍核電站
海南
已建：昌江核電站
安徽
待建：蕪湖核電 站、
吉陽核電站
吉林
待建：靖宇核電站
遼寧
已建：紅沿河核電站
待建：東港核電站
山東
已建：海陽核電站
在建：石島灣核電站
江蘇
已建：田灣核電站
浙江
已建：泰山核電廠、泰山第二核電廠、
泰山第三核電廠、方家山核電
廠、三門核電廠
待建：龍游核電站、蒼南核電站
福建
已建：寧德核電站、福清核電站
在建：霞浦核電站
待建：三明核電站、漳州核電站
江西
待建：彭澤核電站、煙家山核電站、
瑞金核電站
廣東
已建：大亞灣核電廠、嶺澳核電站、
陽江核電站、台山核電站
在建：陸豐核電站
待建：海豐核電站、韶關核電站、
揭陽核電站、肇慶核電站、
太平嶺核電站

仰賴地利之便，水電發電興盛

水力發電也是乾淨的能源之一，且技術發展有一百多年的歷史，早期甚至比火力發電還重要，像台灣的明潭水力發電廠在二次大戰之前，供應了全台七〇%的電力，發電量相當驚人。不過，隨著都市化的發展，水力發電所需要的開發成本逐漸提高，往往需要鑿山遷村和環境評估考量，有時降水不均，水力發電就得看天吃飯，因此逐漸無法成為工業化國家的發電主流，但是水力發電還是能有效能解決鄉下山區的用電問題，讓水庫的水可以多重利用，例如長江大壩就解決了中國內陸初期發展的用電窘境。

中國多山，河流湍急，大大小小水力發電站共有四萬六千多座，山川河谷中多能見到水力發電站的存在，其中規模最大、最為人所知的莫過於三峽大壩。

二〇一七年，中國的水力發電共產生一．一九兆度的消費量，占總發電量的一八．五%，而總裝機容量為三．四億千瓦。光是三峽大壩所屬的各發電站，就占了約八%，中國也是全球水力發電第一名的國家，目前還有約十八座大型水力發電廠正在規畫中，雖然也很重要，但並非能源轉型的主流項目。

能源轉型的重頭戲——再生能源

整個中國能源政策的轉變，都聚焦在再生能源的使用。

所謂再生能源與水力發電很像，但一般統計時，並不把水力發電（只有兩百萬千瓦以下才算）列入在其中。再生能源的主要特色在於不使用能源礦物、不產生燃燒後的廢氣體，多依靠大自然的熱力與動能加以儲存，再轉成電能，也沒有原料枯竭的疑慮。太陽能和風力發電是我們最常見的再生能源形式，其他還包括地熱、潮汐、生物能源等等。

再生能源可以說是全球能源的新戰場，即便上述提過的天然氣和核能都算乾淨能源，但終究還是會為地球與人類後代留下後遺症，尤其核廢料的爭議性最大，所以再生能源在環境保護上，深獲各國政府青睞及推廣。

中國的再生能源使用非常多元，各國也將中國視為再生能源經濟的最大市場，總計在十三五計畫內，一共投入三六〇〇億美元在直接項目中，可見其轉型的決心和龐大的商機。

政策補貼扶持太陽能發電

目前中國投入金額最高，也是最主要的再生能源，是太陽能發電與風力發電。二

◆ 世界最大水力發電廠排名

〇一七年太陽能電網發電消費量是一一六六億度，增長了七五・三%，占整體消費電量的一・八%。雖然看似不多，但從裝置容量來看，太陽能裝置容量一・三億千瓦，約占整體發電裝置容量的八%，領先第二名日本和第三名德國達兩倍之多，這樣的電容量大約等於二・六個台灣整體發電裝置量。中國政府更預計在二〇三〇年要達到四・九億千瓦，達到總裝置量的一五%，屆時電力消費量也將大幅提升數倍。

談到太陽能發電方式，大致有「聚光式」和「太陽能電池式」（光伏）兩種。中國近年來之所以能在光電產業得到相當大的成就，很大原因要歸功於

「太陽能補貼」。就如同台灣政府現在推廣的方式，中國也以「光伏扶貧、光伏領頭」的方式在推廣太陽能電池。政府不僅以金錢直接補貼農村地區，也補貼個人住戶及各機關建築物，希望藉由收購電價，讓部分地區增加收入。此外，它們也期望藉由太陽能政策推動光電產業技術提升。

中國的日照時區域相當平均，尤其在西部內陸，氣候乾燥少水，土地空曠，少遮蔽物，非常適合推動太陽能電池的發電方式，既環保，也帶來收入與技術發展。不過這項政策在二〇一八年中有了變化，因為補貼過多，反而造成太陽能電池產能過剩，失去利潤，且電網的建置也不如預期，預期未來該計畫的步調會放慢。

風力發電產能過剩

中國的風力發電自二〇〇五年開始發展，裝置容量自二〇一〇年起成為世界第一。二〇一七年，風力消費電量為三〇三四億度，增長了二六%，占整體電力消費的四．七%，而裝置容量來到一．六億千瓦，約占九%。

中國的風力發電與太陽能發電一樣極具潛力，尤其在內蒙和西北部一帶，每年冬天產生的強力北風，對風力發電而言是非常有利的資源。

◆ 中國風力發電累計裝機容量

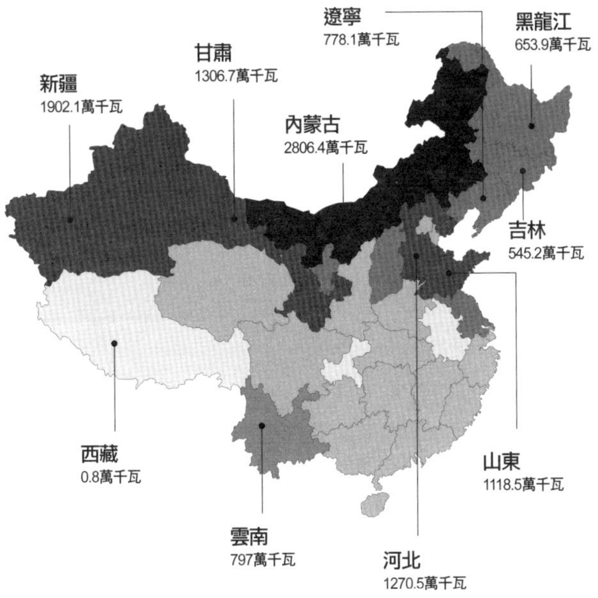

與之相比，離岸風力發電則表現較弱，一方面是因為沿岸城市發展早且用電量大，多倚賴傳統電力，另一方面，離岸風電的成本很高，平均一支風力發電機是陸域風電的一．五到兩倍價差，因此中國在福建、浙江沿海一帶設置離岸風電站，但再往北方就幾乎沒有設置。

相較於太陽能，風電裝置的增加速度顯得有些緩慢，細究原因在於風力發電比太陽能發電早一步落入產能過剩及電網不健全的瓶頸。根據二〇一七年一月中國官方公布的數據顯示，二〇一六年的風力發電已達二四一〇億度，但未得到使用而浪費的棄風電量，竟有五〇〇多億度，足足比二〇一五年多出五〇%，這些被浪費電量，相當於希臘或保加利亞一整個國家的全年用電總量。

所幸在二〇一八年的報告當中，二〇一七年棄風電量已經降為四一九億度，太陽能的棄電量也在下降，是三年來首度「雙降」。

生質能發電無法成為發電主力

另外，再生能源中，還有近年來較不熱門的生質能發電，例如透過燃燒玉米、焚化爐焚燒等有機物來發電。中國生質能發電到二〇一五年左右就不再大力推動，這除了考量到生質能發電成本之外，也和全球糧食政策有關。而且生質能發電終究還是需要靠燃燒生熱、生電，只是有機生物的燃燒較不會影響環境而已。生質能整體發電消費量在二〇一七年保持在七九四億度，比前兩年都增加，占全國發電消費量的一．二%，多半設立在農村，屬於小規模的發電類型。

以台灣的狀況為例，焚化爐所產生的電力，除了供給焚化爐與其自身相關設施使用之外，剩餘的電則賣回給台電；在中國，也多是同樣的操作模式。生質能裝置容量為一四八八萬千瓦，已達到十三五計畫的預期，中國未來的目標，在生質能方面將更多使用在燃料的提煉上，而非單純為了發電。

此外還有許多新型再生能源仍處於測試開發階段，或因規模過小，較少列入官方調查，例如地熱與潮汐在中國就不具備經濟規模，但卻極具開發潛力。總計二〇一七年所有非石化能源發電量（含所有水力和再生能源總計），已達三〇．三％，裝置容量則為三八．八％。

雖然中國的再生能源發電量與消費量都是世界第一，但比例卻僅是全球中段班。近年來葡萄牙和德國都在一年內的某幾天，達成百分之百的再生能源使用，與其相比，中國還有很長一段路要走。不過每個國家都有自己的能源發展難題，各種再生能源的使用也有所不同，像是在台灣，生質能發電就不是重點發展項目。每個能源改革都有陣痛期與過渡期，以中國的狀況來看，現在面臨的正是過渡期問題，一方面電網的建置還有待改善，超大型火力發電廠也暫時難用再生能源替代，這之間還有成本及穩定度尚待考量。

我們從中國的各種能源原物料使用狀況也可以發現，目前中國政府努力的目標，是想從會造成汙染的火力發電，轉成乾淨的火力能源，另外搭配再生能源的使用。按照中國提出的計畫，二〇三〇年以前要將再生能源的電力消費使用拉高到五〇％，是否可成，值得大家拭目以待。

6-2 不可輕忽的環境汙染

汙染問題可說是每個國家在發展過程中的必經之痛。德國、日本這些我們認為環境保護做得很好的國家，在二次世界大戰之後也曾一度面臨各種汙染的挑戰，其中水資源汙染可以說是當代各國都面臨過的難題。像是在日本，東京淺草寺旁的隅田川在一九六〇年曾被嘲弄是「東京的臭水溝」，東京市政府從一九六三年開始投入整體的汙水下水道整治，至今才成為世界各國的典範。而德國在一九八〇年前後也曾面臨萊茵河被嚴重汙染的批評。今日，萊茵河是許多小說和著名電影美麗浪漫的場景、觀光客必遊的聖地，但當時魯爾工業區的高度發展，導致德國境內的萊茵河被冠上「死亡之流」的惡名，這是現在看著美景的我們很難想像的歷史。

而除了水源河川之外，空氣、土壤、森林、海洋等等，都是工業化後這一百多年來的汙染惡夢。中國也不例外，各種汙染在改革開放之後陸續爆發，特別是近年來空氣汙染的嚴重程度已經到了令人民難以忍受，並成為鄰近國家不斷批評的對象。畢竟土壤、森林、溪川等，都是區域性為主，但空氣汙染卻會隨著風向外擴散。近年來台灣、日本、韓國都陸續開始發布沙塵暴警戒，可見中國空氣汙染的嚴重性。因此，這一章我們將從水與空氣等範疇，逐步探討中國當今最棘手難解的問題——環境汙染。

嚴重水汙染難以根治

中國的河川大致因地形西高東低，多半注入東部海岸或進入東南亞各國，因此水汙染不僅是國內問題，也牽扯到國際紛爭。

中國河川汙染的主要來源多是工業排水，其次是民生排水，農業畜牧則為第三汙染源，但情況輕重各地不一，像北京市的民生排水並非主要汙染，因為北京的下水道工程與其他城市相比，更為完善，此外十一五計畫後，大多數有色金屬化工廠也都遷移出首都圈或被關閉。但地方農村則剛好相反，其畜牧業的汙染常常才是罪魁禍首。無論如何，整體來說，工業排水是最關鍵的河川汙染元凶，而以製造業為重的中國經濟，為了發展，犧牲了許多水資源作為代價。

三分之一地表水不能飲用

二〇一七年綠色和平組織中國水質監測報告中，針對中國三十一個省市、一百四十五份資料進行分析後，發現其中有十四省的水質品質堪憂，像是天津周遭地表水有九五％不能喝，上海周遭的地表水則是八五％（優良水體一四・七％）無法供人飲用。雖然這幾座縣市有些正努力改善，但因汙染嚴重，改善幅度並不大。

其他省市中，另外有七個省的水質持續變壞，其中又以山西、四川、內蒙古三省最為嚴重，顯示西部開發確實造成汙染，嚴重影響環境。二〇一六年中國環保部也曾表示，中國約有三分之一的地表水和三分之二的地下水不適合人類接觸、飲用，大多數都被廢水、農藥、重金屬所汙染。如此大規模的污染，可見中國水汙染並非一日之寒。

除了民間組織的調查，中國環境生態部每年也都會公布十大流域的平均監控狀況及報告。在二〇一七年的報告中，海河流域（天津一帶）、淮河流域的河川水質斷面統計，可飲用水占比不到五〇％，並沒有得到有效改善。

半數以上水庫與地下水汙染嚴重

另一方面，一百一十二個重要湖泊（水庫）中，達到水質乾淨標準的有六二・五％，若以水庫優氧化程度來看，五〇%以上的水庫都有輕度優氧化的問題。與之相比，台灣近年來也有水庫優氧化的問題，約三五%超過標準，可見中國的汙染程度確實較為嚴重。此外，因為中國的數據只有指標性的一百一十二座水庫，其他小型水庫的情形，可能比這些重要水庫來得更嚴重。

地下水是人們日常用水常見的來源。雖然有些地下水會就地用來灌溉或養殖，而非直接飲用，但地下水是水循環中很重要的一部分，地下水品質的好壞，可以直接反應出整片土壤遭到汙染的程度。而且地下水不像地表水那樣容易循環蒸發，一旦受到汙染，通常難以根治，不僅影響動植物的生態發展，更因為它流向難以預測，間接汙染河川與深層土壤。

二〇一七年中國環保部在五千一百個地下水監測站中的統計如下：

水質情況	水質占比
優良級	8.8%
良好級	23.1%
較好級	1.5%
較差級	51.8%
極差級	14.7%

整體來說，中國地下水的水汙染情形嚴重，另外各大流域的地下水監測結果更值得警惕，全國有七五．五％流域的地下水觀測站水質不及格，而且部分流域的地下水中「三氮」（亞硝酸鹽氮、氨氮和硝酸鹽氮）含量偏高，可見廢水處理和工安檢測亟需改善。

近海口汙染嚴重，影響漁獲與人體健康

各類水資源中，鄰近出海口通常是一國水汙染防治的最終表現，因為無論是地下水或是地表水，最後多隨河川流出至近海口。而中國在這方面的表現並不理想，在四一七個監測點位中統計如下：

海水汙染狀況	比例	與二〇一六年相較
一類海水	34.5%	↑ 2.1%
二類海水	33.3%	↓ 7.7%
三類海水	10.1%	↓ 0.2%
四類海水	6.5%	↑ 3.4%
劣四類海水	15.6%	↑ 2.4%

◆ 中國近年重大水汙染事件

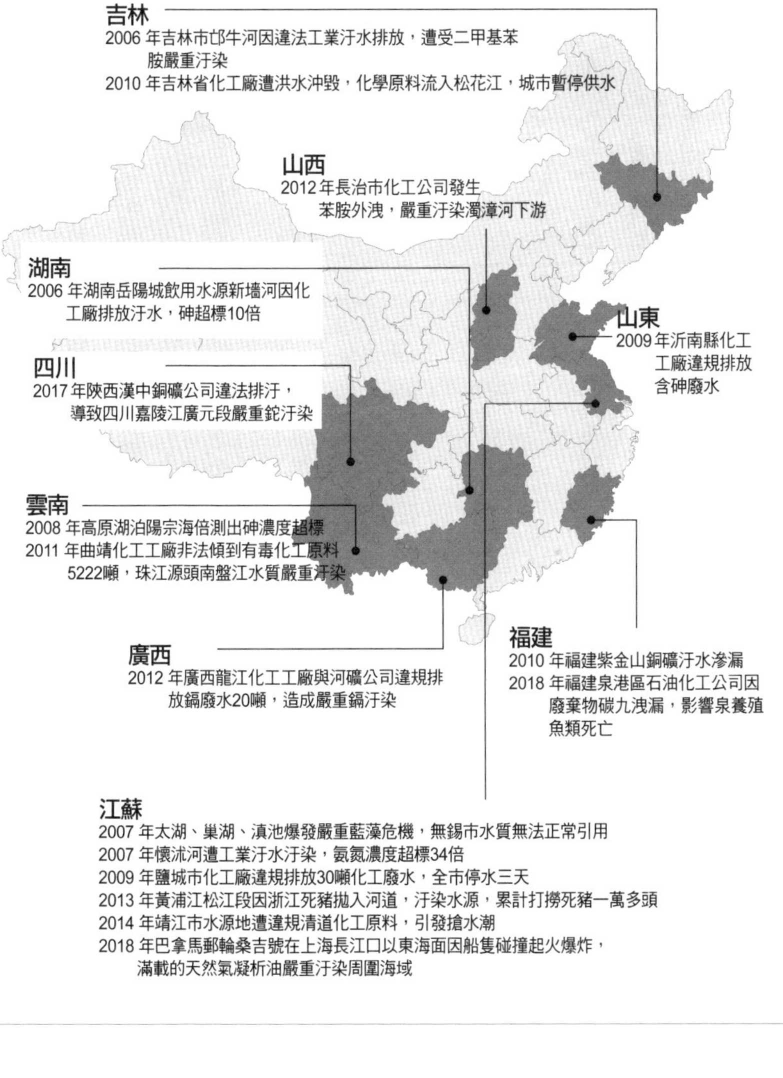
吉林
2006 年吉林市邙牛河因違法工業汙水排放，遭受二甲基苯胺嚴重汙染
2010 年吉林省化工廠遭洪水沖毀，化學原料流入松花江，城市暫停供水
山西
2012 年長治市化工公司發生苯胺外洩，嚴重汙染濁漳河下游
湖南
2006 年湖南岳陽城飲用水源新墻河因化工廠排放汙水，砷超標10倍
山東
2009 年沂南縣化工工廠違規排放含砷廢水
四川
2017 年陝西漢中銅礦公司違法排汙，導致四川嘉陵江廣元段嚴重鉈汙染
雲南
2008 年高原湖泊陽宗海倍測出砷濃度超標
2011 年曲靖化工工廠非法傾到有毒化工原料5222噸，珠江源頭南盤江水質嚴重汙染
廣西
2012 年廣西龍江化工工廠與河礦公司違規排放鎘廢水20噸，造成嚴重鎘汙染
福建
2010 年福建紫金山銅礦汙水滲漏
2018 年福建泉港區石油化工公司因廢棄物碳九洩漏，影響泉養殖魚類死亡
江蘇
2007 年太湖、巢湖、滇池爆發嚴重藍藻危機，無錫市水質無法正常引用
2007 年懷沭河遭工業汙水汙染，氨氮濃度超標34倍
2009 年鹽城市化工廠違規排放30噸化工廢水，全市停水三天
2013 年黃浦江松江段因浙江死豬拋入河道，汙染水源，累計打撈死豬一萬多頭
2014 年靖江市水源地遭違規清道化工原料，引發搶水潮
2018 年巴拿馬郵輪桑吉號在上海長江口以東海面因船隻碰撞起火爆炸，滿載的天然氣凝析油嚴重汙染周圍海域

其中以上海為首的杭州灣、天津為首的渤海灣，處於嚴重汙染，其汙染源是綜合性的，包括家庭廢水、工業排放等等，更證明了整體廢水處理問題有待加強。

但近海口往往是各種漁業的重要漁場，捕獲的海鮮透過食物鏈，最後又回到人類的體內。各種汙染不僅髒了海水，也是在汙染自己。歐洲早期的霍亂疾病，都與水汙染循環有密切相關係，雖然現在醫療發達，但水汙染比空氣汙染還要值得重視百倍，改善水汙染的問題，會比改善空氣汙染帶來更多的健康。

空氣汙染

北京沙塵暴來襲時，伸手不見五指的景象，透過網路傳播的照片，很快就成為眾人討論的話題，其實英國曼徹斯特在上世紀中也曾被各媒體形容為「英國的大煙囪」，甚至倫敦在一九五二年時也曾發生嚴重霾害，成為英國汙染防制史上的重要事件。

空汙與水汙染一樣，都是人類工業化之後無法避免的歷史共業。

空氣汙染的定義相當廣泛，一九九〇年因為南極上空臭氧層的破洞，多數研究多認定「溫室氣體」是空汙的重要原因之一。溫室氣體包括二氧化碳、甲烷、氮氧化物等等，這

◆ 2013-2017 年中國入海排汙口海域沉積物質變化趨勢

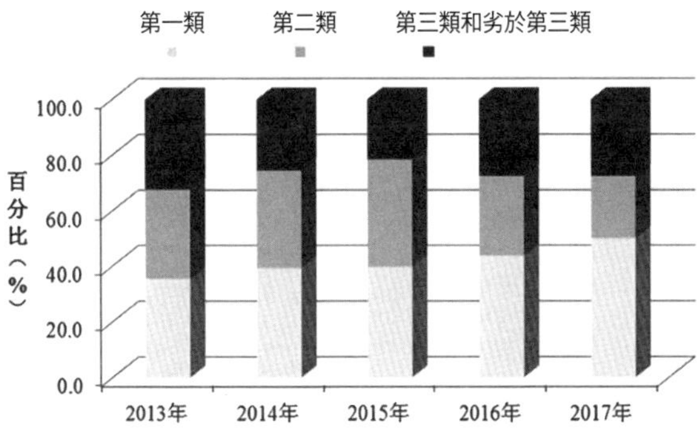

些主要都是人造汙染物，而溫室氣體不僅破壞了大氣的結構比例，也造成氣候的不穩定。一九九七年，各國簽訂「京都議定書」，想要聯手控管溫室氣體的排放，簽約各國宣示致力於減少碳排放，並且定期討論交流各種防治技術，這曾是很重要的國際會議，但簽約之後各國在能否實行和實行態度與結果上，始終紛紛擾擾意見不同。

一九九八年後，由於監測技術和電腦分析技術逐漸成熟，美國科學家首次發布空氣懸浮微粒的分析研究，也就是細懸浮微粒 PM2.5（particulate matter）以及懸浮微粒 PM10。

這些微粒主要來源為塵土、塵蟎、氧化物礦物等等，主要是經由燃燒而形成。直徑小於 PM10 的懸浮微粒，會混雜在空氣中，是產生霧霾的主要兇手；而直徑小於 PM2.5 的細懸浮微粒，則在許多研究中證實會侵入人體，造成肺部、支氣管、各種身體臟器的汙染，過去礦工之所以是矽肺病的高危險群，就是懸浮微粒侵入體內的典型例子。

懸浮粒子和溫室氣體之間有一定的正相關，但世界各國在統計時，仍然將它們分別來討論，畢竟前者是濃度和成分的概念，常因氣候、空間等因素而有不同的變化，而後者是專指一個國家各級產業耗能所排放出來的廢氣量，所以各種報導常常會這樣敘述：某大型餐廳廚房排出了一公噸的溫室氣體，PM2.5 濃度高達 10 $\mu g/m^3$。

世界衛生組織在二〇〇五年頒布了〈空氣品質準則（AQC）〉。PM2.5 在二十四小時內的平均濃度超過 10 $\mu g/m^3$ 以上、PM10 濃度超過 20 $\mu g/m^3$ 以上，就會對人體健康造成高風險傷害。此外，也發布了過渡時期的標準，讓各國有依循改善的空間。所以我們會發現，各國對於懸浮微粒的標準並不太一致，這與各國環保政策有關，並非沒有客觀數據。

在溫室氣體的排放問題中，一九九七年的京都議定書雖然帶給全世界一個改善的目標，但涉及的國家實在太多，而每個國家都有不同的國情和需求，例如美國就常常帶頭違背該協定，甚至在二〇一八年宣布退出。可見空汙問題各說各話，也彰顯了國際政治的角力及無奈。

沙塵暴導致空汙嚴重

黃沙滾滾，塵土飛揚，這類大漠飛鷹般的畫面是我們對於沙漠地區的最深印象。中國大多數土地都屬於赤道以北的季風氣候區，但在極內陸的整片西北方，其實是一片沙漠和礫漠。不僅如此，隨著大陸型高壓的形成，這些黃沙隨著水流也隨著風向，飄進了華北、華中地區，甚至遠到東南亞等國家。

沙塵暴並不一定是人為，早在百年前就有歷史記載著黃沙遮天的情形，中東沙漠國家也常有這類的氣候現象。中國在經濟改革之後，對於西北的礦產以及重工業的開發，更造成附近環境受到汙染，不僅森林被破壞，草原面積更迅速退縮，形成了更多的沙漠，這就是所謂的「漠化」。也因此當高低氣壓同時盤踞在亞洲內陸時，特別是冬季，強風就會將這些沙塵帶入城市。過去美國和前蘇聯都有類似的問題，不過隨著工業的轉移已改善許多。

如果沙塵暴單純只是自然現象，還談不上空氣汙染。但近年來之所以空氣汙染如此嚴重，是因為隨著各種燃燒和排放，這些沙塵在移動過程中與其他的懸浮微粒混雜在一起，嚴重遮蔽了正常的可見光。而且這些沙塵混雜物很容易與水氣凝結在一起，形成「霾」，這就是為何有時冬天的台北不時有灰濛濛的感覺。自然的沙塵暴和「霾」，在衛星雲圖上也都是可以分辨的。

不過無論中國或台灣官方，都沒有針對「霾」做出明確的氣象定義，單純只是一個現象的概括用詞。但根據國際氣象組織的分類，沙塵現象以能見度區別成四類：

沙塵現象能見度	定義
能見度在十公里或十公里以上	**塵霧**
能見度在一到十公里之間	**吹塵**
能見度在兩百公尺到一公里之間	**沙塵暴**
能見度低於兩百公尺	**嚴重沙塵暴**

台灣中央氣象局在二〇一七年十二月底公布了一張 PM2.5 濃度分布圖，測到相當嚴重的空氣汙染現象。當時中國華北幾乎呈現黑爆的狀態，研判應是由沙塵暴所引起。從這張圖我們可以判斷，整個華北地區的空氣品質除了與風向有關，也和中國幾個重工業區的分布有地理上的相關性。

空汙的主要來源——能源燃燒

各種燃燒中，為了發電的能源燃燒，一直是空氣汙染最主要的兇手，這也就是為何要推動乾淨能源，甚至進一步發展再生能源的主因，畢竟要想減少溫室碳排，必須要減少能源燃料的使用，沒有其他捷徑。

二〇一七年全世界能源燃燒的二氧化碳排量大約是三七〇億噸，中國排放居世界第一，約一〇五億噸。從二〇〇〇年後這個數字就不斷攀升，但好消息是，二〇一五年至今，中國的碳排量得到控制，沒有出現增長趨勢；美國排放則是第二名，約五一億噸，美國在二〇〇九年後有顯著改善；歐盟國家總排放量相當平均，總計約三四．五億噸，至高峰一九八〇年後就緩步下降。

雖然能源燃燒是溫室氣體的生產大戶，但 PM2.5 的組成中，能源燃燒比例並非最高。PM2.5 的組成在各地很不一樣，以北京來說，能源燃燒生的 PM2.5 約占總量一八％，但如果把生質燃料和工業提煉燃燒算入，則有五五％的比例，另外據媒體報導，二〇一六年北京共計二十二天 PM2.5 超過國家二級標準（75 $\mu g/m^3$），二七天超過國家一級標準，只有四天晴好天氣（日均值 35 $\mu g/m^3$）；上海的結構則有些不一樣，能源電廠燃燒僅有七．三％，但車輛等移動占了二五．八％，工業燃燒總值則占二五．四％。

◆ 2017 年中國省分與重要城市 PM2.5 濃度情況

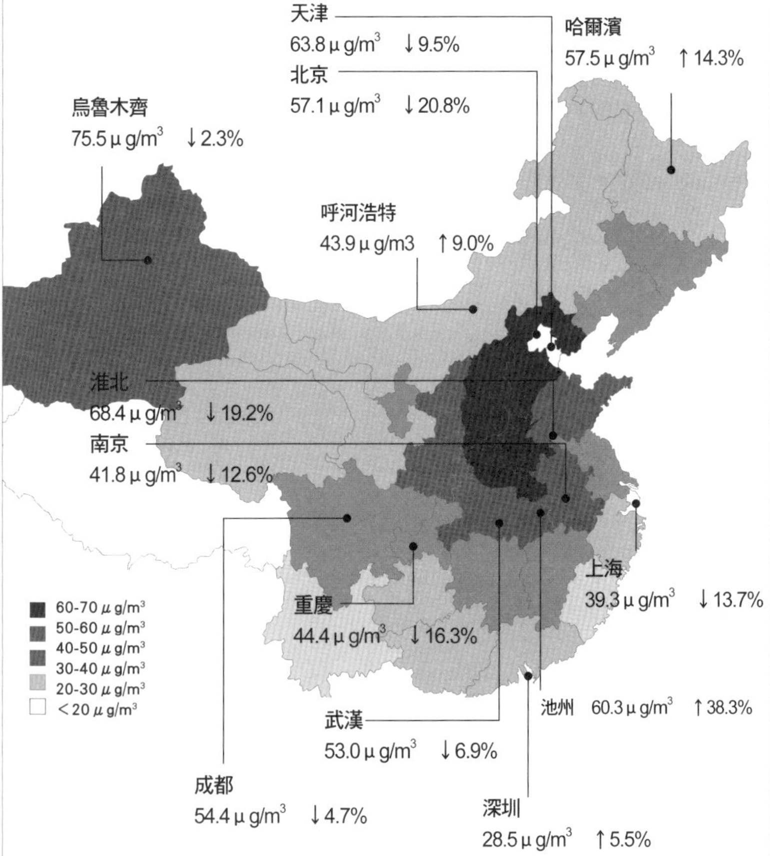
天津
63.8μg/m³ ↓9.5%
北京
57.1μg/m³ ↓20.8%
哈爾濱
57.5μg/m³ ↑14.3%
烏魯木齊
75.5μg/m³ ↓2.3%
呼河浩特
43.9μg/m3 ↑9.0%
淮北
68.4μg/m³ ↓19.2%
南京
41.8μg/m³ ↓12.6%
上海
39.3μg/m³ ↓13.7%
重慶
44.4μg/m³ ↓16.3%
池州 60.3μg/m³ ↑38.3%
武漢
53.0μg/m³ ↓6.9%
成都
54.4μg/m³ ↓4.7%
深圳
28.5μg/m³ ↑5.5%
60-70μg/m³
50-60μg/m³
40-50μg/m³
30-40μg/m³
20-30μg/m³
<20μg/m³

中國因為國土太大，發展也相差很大，討論全國平均值沒有太大意義，但從每年公布的數據，仍然可以歸納出幾個結論：

一、工業排放不論是在北京，上海、廣州等地，都是PM2.5的主要兇手；

二、能源燃燒在中國有改善的趨勢，但車輛排氣還尚待改進。

三、空氣汙染不可能只靠少數城市的力量，必須全國同心。

6-3 人口社會經濟問題

經濟數字通常是經濟活動最後的結果，而在經濟發展的過程當中，人口的組成、教育的普及、健康程度等社會經濟問題，往往是一個國家能否持續進步的重要關鍵。在這一章節中，將以小題目的方式，來呈現中國社會經濟的面貌。

中國已步入高齡化社會

中國國務院固定每十年做一次全面性的人口普查，但每年仍有許多學術或媒體機構依照出生率和死亡率推估人口數。到二〇一七年底，中國共有十三億九千多萬人，大約占了全球五分之一的人口，比二〇一六年約增加了七百六十七萬的新生兒。以比例來看，〇歲到十五歲占總人口重的一七・八％；青壯就業人口十六歲到五十九歲占總人口比重的六四・九％；六十歲以上則為一七・三％。全國男女比例則約為五二：四八。

而根據聯合國世界衛生組織的定義，六五歲以上老年人口占總人口的比例達七％時，稱為「高齡化社會（Ageing society）」，達到一四％時稱為「高齡社會（Aged society）」，前者是動態改變的概念，後者則是既定事實。

按照中國媒體推測，二〇〇七年開始，中國六十五歲以上老人人口已達七％，至今已達一一．四％，確實進入名符其實的高齡化社會。

高齡化社會是一個發展國家必然面對的趨勢，因為經濟發展連帶使得醫療和衛生環境改善，死亡率降低的速度會快過於出生率。檢視各主要國家的情況，中國目前占比一一．四％的高齡人口其實並不算高，許多已開發國家大都已經步入二〇％以上或者接近，台灣目前則為一三．九％。不過一般估計，中國在二〇二五年也將正式進入高齡社會，正式突破一四％的門檻。

「一胎化政策」還在繼續嗎？

人口負荷過重，「馬爾薩斯陷阱」[1]的陰影因此一直壟罩在中國社會。這個理論在上世紀受到中國政府的重視，因為傳統農業社會很重視家庭的勞動力，尚未實施一胎化政策

◆ 中國人口結構變化狀況

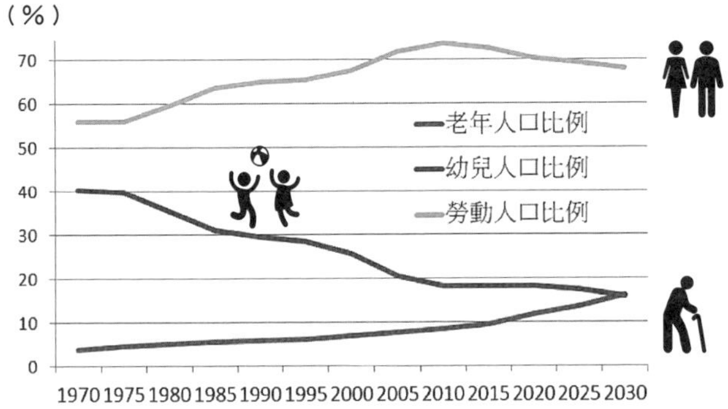

前，有些家庭一生就是四、五個孩子（早年的台灣也是一樣），但在農工業及教育並不發達的情況下，徒增人口只導致社會均貧。早期的台灣政府不斷提倡「兩個孩子恰恰好」的生育計畫，就是試圖避免這種情形發生。

一九八〇年，中國政府的生育政策正式定規成法律，規定在某些極特殊情況下，才得以生育第二胎或第三胎。因為執行手段強硬，引起國際社會尤其是西方國家的強烈批評，但粗出生率很快速地從千分之三十，在十年內降至千分之二十。這個數據並不見得非常精準，因為當時環境所限，有未報戶口及抽樣調查不準確等種種問

1 政治經濟學家托馬斯・羅伯特・馬爾薩斯認為，從大部分的人類歷史來看，人們收入停滯的原因是技術的進步與發現，僅造成人口增加，但沒有提高生活水準。

題，但整體趨勢是持續向下。

台灣經濟水準發展得快，也是在一九八三年前後，出生率降至千分之二十，但當時人均所得卻是中國的好幾十倍，可見生育政策本身確實有影響。

一九九〇年後，中國開始逐步放寬一胎化的限制，一直到二〇一五年全面解禁。過去因為擔心糧食等資源不足，限制人口成長，而現階段的中國，糧食資源分配並非重要問題，但隨即而來的高齡社會，卻會對國力造成嚴重影響。至二〇一七年底，中國粗出生率約在千分之十二，而生育率則為一．六，排名全球第一八二名。雖然二〇一五年解除了一胎化的禁令，但時代變遷，觀念改變，中國的粗出生率依然沒有起色，而這又是另一個經濟故事了。

中國教育發展趨勢如何？

無論世界競爭力指標或者是聯合國發展指標，都把教育程度或環境納入評鑑項目，因為教育永遠是經濟持續發展最有利的引擎，人力資本的素質更是國家發展的重要指標。

不過，大多數的統計較常用識字率表示教育程度。然而識字率只是一種概括性的方

◆ 中國各地與日本、台灣生育率比較

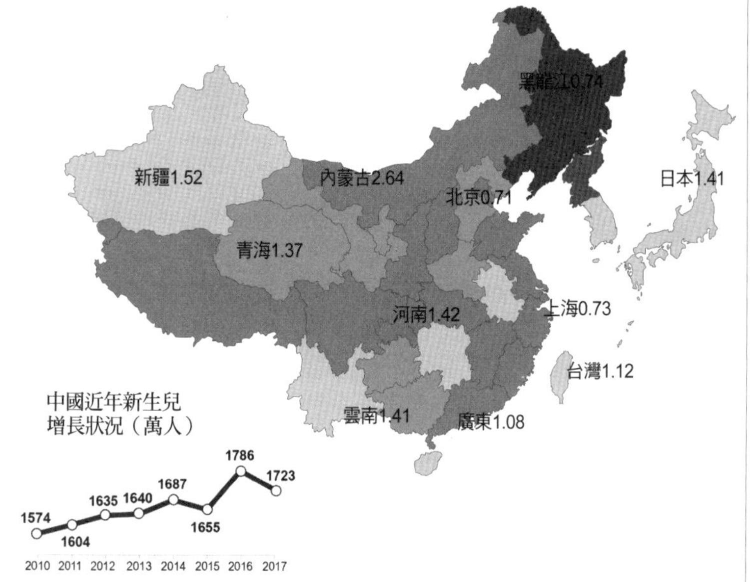

向，在現代資訊發達流通下，多數國家民眾識字率都高達九成，甚至有專家曾建議改用手機上網普及率來評鑑，但這些都無法顯示一個國家的教育環境狀況與人民真正受教程度如何。因此在經濟學裡，我們更常使用的是勞動人口的教育程度來評斷。

單純以教育程度來看的話，在二〇一〇年的大規模普查中，中國勞動市場裡的大學研究所以上程度約占總勞動人口的一〇％，高中專為一五％，初中以下程度為七一％，文盲比率則為四％，這是整體的比例數據。

另外根據研究機構的統計，在

二〇一四年，各年齡層中的初中以下程度人口正快速度減少，在二十到二十五歲（也就是西元一九七五年至一九八〇年出生）的勞動人口中，初中程度以下只剩下四五%，明顯呈現出教育程度上升的趨勢。

雖然上述比例與開發中國家相較，仍嫌太低，不過中國有如此龐大的城鄉差距及人口數量，而且它們自一九八六年起，才普遍實施九年義務教育，幾十年內能有這樣的成績，已經很不容易。

其中，特別是大專畢業人數，從二〇〇〇年的一百五十萬人左右，到二〇一七年已增長到七百九十五萬人，海外留學人數也在快速增加，顯示出經濟和教育水準同步上升的情況。

中國的人均壽命與健康狀況如何？

隨著經濟發達，不管是養生產業或者醫療產業，都將人類的平均壽命不斷往上提升，中國也不例外。根據統計，中國從二〇〇〇年至二〇一六年，平均壽命從六十五歲，一口氣提高到七十三歲半，而全球平均壽命則是七一歲。

但如果我們將中國各省市分解來看，其實上海、天津、北京等大城市，都接近八十歲的

◆ 2015年中國各省教育文化狀況

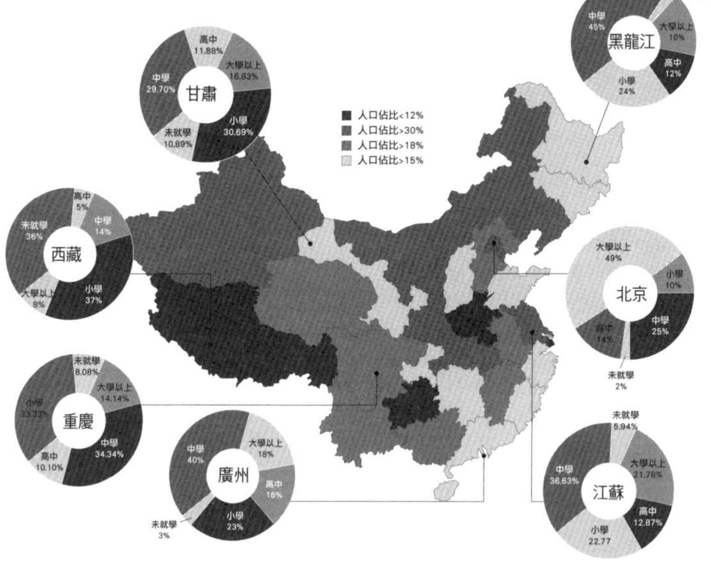

平均壽命。而平均壽命的分布，也大致符合當地經濟發展程度。比較有趣的是，幾個空氣汙染的省市，其平均壽命不見得較短，可見醫療和當地衛生水準的好壞，更是壽命長短的關鍵。

若我們細看中國的十大死因，根據中國中華醫學會發布的〈中國腫瘤防治進展〉的報告，各種癌症死亡率居於首位，心血管疾病則位居第二，腦血管疾病第三，這與台灣狀況大致相同。不過中國疾病的狀況，肺、肝、食道、胃癌遠遠超出全球平均水準，男性肺癌比例相當高，推測與長期曝露在工廠環境中有相當大的關係，當地的環境衛生還待加強。

又外，從疾病中也能看出整體環境的變化，近年來可能因為考試、競爭激烈，中國兒童的近視比例也正快速追上台灣，成為孩童健康的重要隱憂。

從「人類發展指數」，窺看中國內部情況

聯合國人類發展指數（HDI）是在一九九〇年設置，目的在於利用各國預期壽命、教育程度、人口結構以及人均所得三個方向，計算出數據，並分成四個指標加以評斷各國社會經濟發展程度。換句話說，也就是將上述的社會經濟現象加以整合，統計出發展的指標。

在調查中，中國從一九九〇年至二〇一五年，分數從〇．四九九一路上升至〇．七三八，並從二〇一〇年起，正式列於高等發展國家。但在評比的一百八十八個國家，中國僅位居九十名，僅列位中段。

另一方面，在一般經濟資料中，常會用「吉尼係數」來輔助判斷國家的所得分配狀況。通常分配狀況越糟，則社會不穩定因素必定越多。中國在二〇一七年的吉尼係數為〇．四六八，連續兩年上升，並且跨越了警戒線〇．四。崇尚資本主義的美國則為〇．

◆ 中國近年國際學校設校數量圖

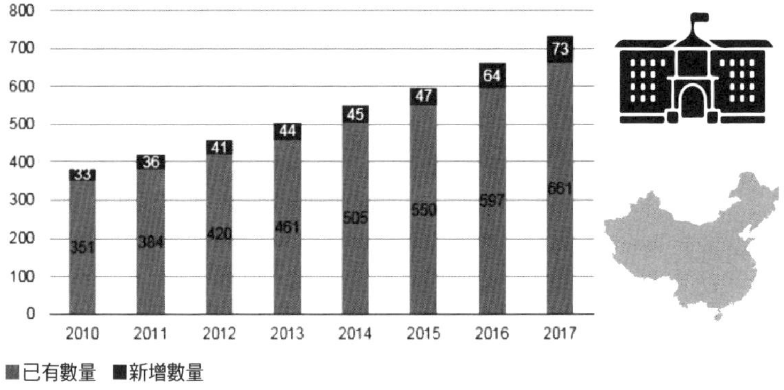

◆ 中國近年海外留學人數變化

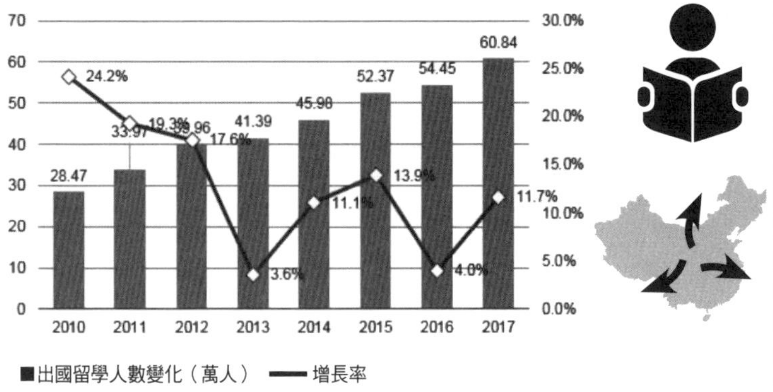

◆ 2015-2016 中國海外留學情況

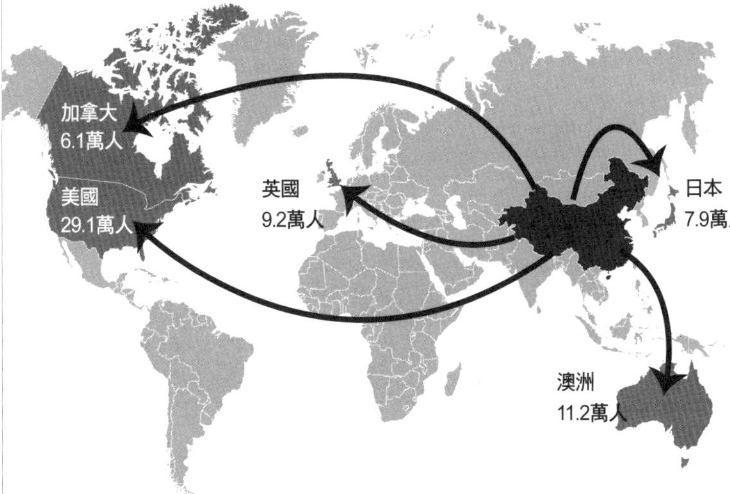

◆ 全球八大海外留學生生源國

排名	國家	在讀留學生人數	占全球留學生比例
1	中國	800701	17.38%
2	印度	253926	5.51%
3	德國	116328	5.53%
4	法國	80714	1.75%
5	哈薩克斯坦	77954	1.69%
6	馬來西亞	64482	1.40%
7	義大利	56710	1.23%
8	伊朗	51389	1.12%

◆ 中國各區常見疾病狀況

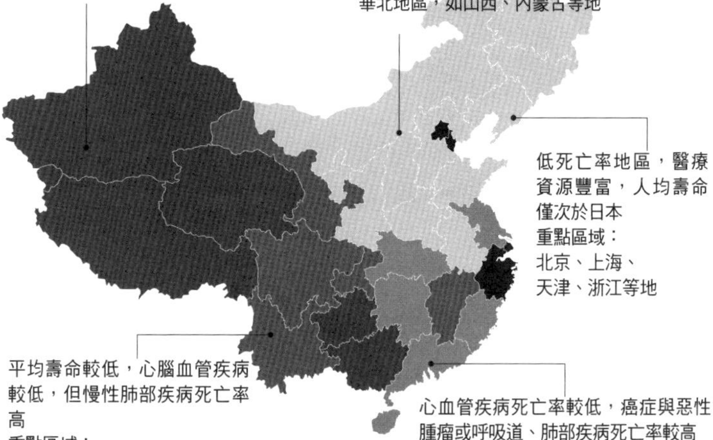
平均壽命低，嬰幼兒死亡率高，傳染疾病、腦血管疾病、胃癌致死率高，交通事故死亡率也高
重點區域：
青海、西藏、新疆、貴州、廣西
心腦血管疾病致死率較高，胃、肺、肝與食道癌症死亡率高出平均水準
重點區域：
華北地區，如山西、內蒙古等地
重點區域：
甘肅、雲南、四川等地
重點區域：
江蘇、福建、湖南、湖北

四三，顯見中國在收入分配上，有改革的必要。

常有人戲言，如果把上海或北京單獨拿出來比較，無論各種排名一定名列全球前矛。此話確實有其根據，雖然中國的經濟實力是全球數一數二，但從上述指標來看，可以看出全國人均所得不均、教育程度方面仍待提升，無形之中，阻礙中國再進一步的推升發展。

第七章

從「一帶一路」看中國經濟未來

中國是世界第二大經濟體，但貨幣政策保守，擁有強大的製造業，但能源原物料短缺，在總體經濟領先的外表下，藏著產能過剩的隱憂。

由此看來，「一帶一路」的不完全是國力延伸，更像是解決中國經濟困境的方法。

7-1 「一帶一路」究竟在講什麼？

回顧先前的章節內容，在政治上，中國計畫經濟的特色，在於每五年訂立一次目標與方向；在金融經濟方面，中國是世界第二大經濟體，但貨幣政策保守，常有外匯管制政策；在貿易上，中國是世界第一大出口國，但很多能源原物料短缺；在各級產業上，中國有領先全球的製造業，並且以「中國製造 2025」作為下個世代的製造發展目標，但近年來不斷推行去庫存、去槓桿的政策……

常有人說，一帶一路是中國國力延伸的展示，就像美國的經濟實力覆蓋於全球一樣，中國也想要擁有自己的舞台。但若我們將以上中國的面貌統合起來便不難發現，一帶一路的經濟思維不完全是國力延伸，本質上，它更是試圖為上述經濟困境找到合理的解決方案，並藉此建立中國技術的進步和品牌。

「一帶一路」的歷史淵源

二〇一三年九月，中國新任國家主席習近平在訪問中亞及東南亞期間，先後提出了「絲路經濟」以及「海上絲路」的概念，形成了一帶一路的原型。

「絲路」在十九世紀被命名，指中國早期通往中亞與歐洲的重要經濟路線，主要開拓時期可以追溯到漢朝，當時西域匈奴屢次侵犯漢朝邊界，漢武帝兩次派遣張騫出使西域進行一連串的外交工作，帶來關於西域的資訊，後來又有衛青和霍去病的鎮守，漢朝與匈奴及當時中亞各國關係逐漸穩定，也因此逐漸有了貿易交流。因為那時的航海技術和知識不足，所以通往西域的陸路交通，逐漸成為中國接受或傳遞外來文化及商品的重要交通要道，像是紡織、宗教、馬匹或水果等等，這也是絲綢之路的由來。

海上絲路則是在唐朝以後才開始有一定的規模，並且逐漸超越西域陸路的重要性。當時，中國東南沿海許多小漁港蛻變成大城市，例如泉州、廣州等等，船隻不只往來東南亞各國，甚至遠到印度東岸。宋元明清時，中國東南沿海的海上貿易更是如日中天，絲綢的出口更比以往方便，西域絲綢之路於是逐漸沒落。

過去這兩種不同型態的絲路貿易，是奠基在比較利益的原則下進行貿易買賣，不僅如此，因為當時中國較為富饒，絲路也是周遭國家爭取經濟市場的重要路線。整體來說，從前的中國像是一塊海綿，吸收外來的文化與經濟，成就了它的政治威望和民族自信心，而現在提出的一帶一路，除了同樣具備經貿交流的內涵之外，更希望能夠成為文化和政治的輸出國。

全球金融海嘯促使一帶一路成形

二〇〇七年中，美國雷曼兄弟爆發大規模的金融違約，將全球經濟的大泡泡給戳破，不僅引發恐慌性的股市下跌和債券違約，這把火更延燒到歐洲的國家債券，長期高失業率、高財政赤字、負債累累的葡萄牙、義大利、愛爾蘭、希臘與西班牙甚至被諷稱為「歐豬五國」。雖然在美國四次量化寬鬆[2]下，二〇一〇年起，全球經濟逐漸穩定復甦，但各國也紛紛被迫走向低利率的印鈔票年代，歐洲和日本甚至進行負利率政策，以鼓勵投資和

2 量化寬鬆是一種貨幣政策，當官方利率為零的情況下，央行以透過買入證券、債券的方式，繼續挹注資金至銀行體系，以確保利率能維持在低點。央行藉此增加貨幣流通量，刺激銀行借貸，達到振興經濟的作用。

◆ 一帶一路六大經濟走廊

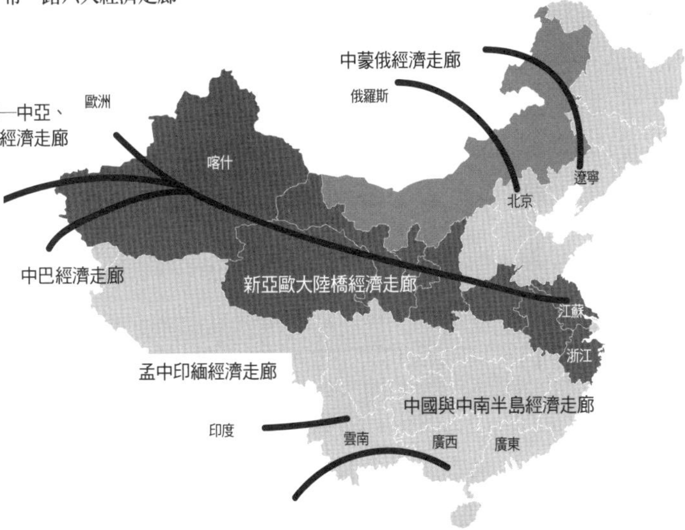

六大經濟走	起訖	主要交通	經濟目標
新亞歐大陸橋經濟走廊	中國東岸→中亞→荷蘭鹿特丹	隴海鐵路 蘭新鐵路 俄羅斯鐵路 歐洲鐵路	發展經貿 產能合作 擴大區域市場
中蒙俄經濟走廊	中國遼寧、北京→蒙古→俄羅斯	歐亞大鐵路 公路	發展經貿 過境運輸 電力網架設 開發旅遊與環保
中國—中亞、西亞經濟走廊	新疆→波斯灣→地中海、阿拉伯半島		建設天然氣管道、烏茲別克隧道鐵路電氣化與發電廠
中巴經濟走廊	新疆喀什→巴基斯坦		期建設中巴兩國聯絡公路、鐵路、石油與天然氣管線、網路線路
中國與中南半島經濟走廊	廣西（珠江三角洲）→東協十	南廣高速公路 南廣高鐵	跨境經濟貿易、擴大與東協各國合作發展
孟中印緬經濟走廊	雲南、四川→緬甸→印度→孟加拉		資源開發、跨境貿易與經濟合作，初期主要建立鐵、公路交通與通訊建設

消費的方式，來穩定失業率以及刺激通膨。

這段期間，中國也飽受全球貿易需求下滑所傷，經濟成長率從二〇〇七年的一四・二%，滑落到二〇一八年的六・六%。雖然中國內部的投資依然相當發達，撐起了GDP半邊天，但在二〇〇七年前就設置的這些產線該何去何從？在十二五計畫中，強調去產能、去槓桿政策指標，並且強力執行環境保護，藉此要求企業轉型。

中國在十二五計畫中，企圖為國內投資和產業找新的出口，於是與周邊國家訂立各種區域型的經貿組織，例如中巴經濟走廊、中印孟經濟走廊、中韓自由貿易協定、亞太自貿區，同時力推亞洲投資銀行等等。截至二〇一八年初，中國一共簽屬了十五個自由貿易協定，其中有七個位居亞洲地區，還有十二個國家在兩年內即將獲得協定。這個區域經濟整合的策略，也打造出了一帶一路的雛形。

「一帶一路」的路線和幅員

二〇一五年，中共國務院委正式推出《推動共建絲綢之路經濟帶和二十一世紀海上絲綢之路的願景與行動》「一帶一路」計畫完整浮出水面。政府除了成立領導小組之外，更進一步成立一千億美元規模的絲路基金，配合亞洲投資銀行的成立，共同協助一帶一路倡議的融資借貸。

從這個政策白皮書的名稱，已經清楚說明一帶一路的方向。

所謂「一帶」，就是指絲綢之路經濟帶，以山西省為中心，分三條路徑前進，一是經中亞、俄羅斯到達歐洲；二是經中亞、西亞到達波斯灣和地中海沿岸各國；在二〇一六年底，又將通往東南亞各國的陸上經濟區域納入第三條路徑。這個政策規畫是結合許多已建立的經濟廊帶和自由貿易區，形成一條串連歐亞大陸的經濟交流管道。

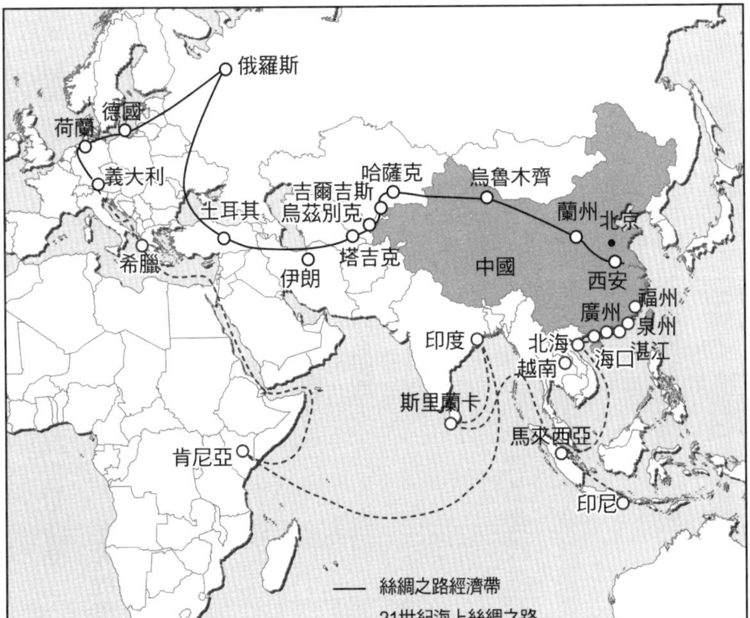

而「一路」指的是海上絲綢之路。現在規畫出兩條路線，一是從中國沿海港口過南海到印度洋，延伸至歐洲；二是從中國沿海港口過南海，抵達南太平洋的澳洲和紐西蘭。

在「一帶一路」的規畫中，不難發現，中國西北省分將是最大的受惠者，像是新疆和山西的角色就相當吃重。其中，西安為「一帶一路」最核心的轉運站，而其他城市也都有自己的定位，例如福建是海上絲綢的核心區、雲南是打造大湄公河流域的核心區等等。

另外，根據官方媒體的統計，「一帶一路」合計共有五條大幹道，其中包含了六十六個國家，占全球人口數的六六・九％，更占全球三〇％GDP經濟規模。

亞投行、絲路基金與「一帶一路」的關係

二〇一三年中國提出一帶一路的概念之後，緊接著十月又拋出了「亞洲基礎設施投資銀行」（簡稱亞投行，AIIB）的提議，作為一帶一路的建設基礎。這項金融投資計畫吸引了各工業國家的目光，很快在二〇一五年初就正式揭牌成立。

在亞投行成立之前，全球主要提供各國家政府開發貸款的機構有三個，分別是：國際貨幣基金組織、世界銀行（World Bank）與亞洲開發銀行（ADB），前兩個組織都由美國

領導，而亞洲開發銀行則由日本來主導。這三個國家級貸款機構個別有其不同的任務，但主要目的都在於消滅貧窮。

亞投行其實也有類似的目標，只是不同於歐美日主導，中國欲以自身的經濟實力投入其他窮困國家，透過提供基礎設施的完善而非捐款，共同創造和平繁榮的經濟圈。也因此在亞洲雖然已有亞洲開發銀行做為貸款機構，但中國欲獲得開發主導權的戰略目標是相當明確的，這是中國軟實力的表現。

根據二〇一四年「籌建備忘錄」的合約內容，亞投行註冊資本額為一千億美元，其中，非亞洲國家共有二五％的股權，亞洲國家則擁有七五％的股權，但同意在初創階段中國出資額可達五〇％。

截至二〇一八年中，亞投行共有八十七個會員國和組織，並已進行二十六件貸款，發展簽署共計五十三億美元，許多歐洲國家正陸陸續續等待批准加入。

亞投行成立後，中國方面曾承諾對一帶一路沿線國家提供建設資金，預計至少超過七千億元人民幣（約一千億美元）以上的基金或貸款。他並期望最終投資額可達九千億美元（約一千五百億美元）。因此媒體評論，這將是全球史上單一國家發起的最大規模海外投資行動，也將成為繼美國主導重建二戰後歐洲的「馬歇爾計畫」後，規模最大的經濟外

◆ 亞投行創始大事記

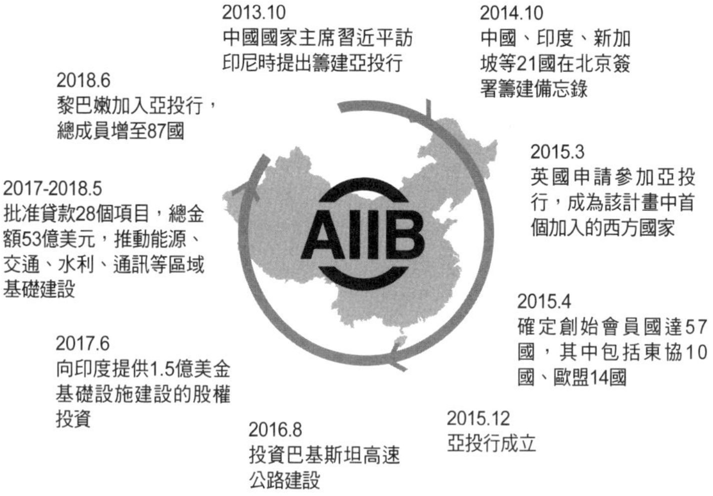
2013.10
中國國家主席習近平訪印尼時提出籌建亞投行
2014.10
中國、印度、新加坡等21國在北京簽署籌建備忘錄
2015.3
英國申請參加亞投行，成為該計畫中首個加入的西方國家
2015.4
確定創始會員國達57國，其中包括東協10國、歐盟14國
2015.12
亞投行成立
2016.8
投資巴基斯坦高速公路建設
2017.6
向印度提供1.5億美金基礎設施建設的股權投資
2017-2018.5
批准貸款28個項目，總金額53億美元，推動能源、交通、水利、通訊等區域基礎建設
2018.6
黎巴嫩加入亞投行，總成員增至87國
AIIB

交項目。擁有如此龐大的建設計畫，亞投行就成為了一帶一路最重要的舵手。

亞投行的成立，除了在經濟上有其重要性之外，在政治上，也是想要避免造成中國壟斷投資的印象。此外，亞投行結合各國國力，也能讓貸款國在接受援助時能夠更有信心。不過，亞投行終究是多國討論決議，難免會遭遇有些案子彼此意見不合的爭議；且亞投行是國家級的投資機構，私人機構無法參與投資，難免造成力量浪費。中國政府後續於二〇一四年底提出了四百億資本的「絲路基金」計畫，由中國國內各銀行機構來共同投資，主要目的在於參與「一帶一路」建設股權，並吸收國內民間力量合作完成，所以絲路基金可以說是和亞投行的互補基金。

除了亞投行和一帶一路有密切關連性之外，中國也渴望藉由亞投行的成功經營，擴張人民幣的實力，進一步推升人民幣的國際流通率。換個角度來說，一帶一路其實只是亞投行的煉金石，將來勢必會有所升級或轉換，但亞投行並不會因為一帶一路的轉變而解散或弱化，亞投行將會是中國未來在國際政治、經濟戰略上，最重要的左右手。

「一帶一路」與「中國製造2025」

中國製造業正面臨大幅度的轉型，不僅要把重心繼續放在技術效率的提升，更要注重環境保護與製造業之間的結合。當產業內容上，過去各種製造訂單來者不拒，現在則必須朝向附加價值高的製造產業升級。

但就像過去的台灣一樣，產業升級的同時，關鍵永遠都在如何加強產品的競爭力？更直接的說法是：如何與歐美市場一較高下？

從日本發展轉型看中國的製造業未來

過去的台灣和日本，是在美國技術輸出的架構下共同成長。日本在二次世界大戰後，曾是美國主要扶植的海外工業製造國，也曾被嘲弄品質不良，但隨著技術不斷提升，後來日本將部分產業技術轉移到台灣等四小龍國家，例如紡織、石化、機械等，同時國內重心朝向精密工業發展，像是各種車輛、電子精密零件等，終於成功升級製造業，至今已是全球工業技術領導強國。

日本能夠順利轉型有許多原因，除了主要有美國支持，更因當時亞洲其他國家仍處於動亂之中，因此可以專注於提升高等技術，並利用已成熟的技術帶動周邊國家一起經濟成長，這就是有名的「雁行理論」。台灣也是當年的受惠國家之一。

為何工業轉型中，技術分享極為重要？關鍵在成本和市場。舊的技術往往伴隨著完全競爭市場的型式，產品能創造的附加價值並不高，只有新技術投入，提升產品附加價值，連帶使人力成本攀升，消費需求、社會風氣也都產生轉變，於是舊的技術為了降低成本，移轉海外尋找新根據地。而另一方面，將舊技術植入海外成本較低的國家後，不僅能與該國取得技術合作的機會，更能帶動該國的經濟成長，進一步讓該國有能力進口本國的商品，像台灣就是最好的例子，不管是工業需求或是消費需求，日本近三十年來一直都是台

◆ 歐美中高階品牌汽車與中國車廠合作或購併

瑞典
▲2010年Volvo
中國吉利汽車併購Volvo，
移轉至中國成都設廠
德國
▲2004/5 賓士
德國賓士汽車在北京設廠
美國
▲2016/7 通用汽車
凱迪拉克油電混合車移往中國製造
▲2018/5 特斯拉
特斯拉開設中國工廠，生產電池與零組件
東南亞
▲2018/1 福斯汽車
福斯汽車成立中國合資廠，
生產汽車銷售東南亞

◆ 近年中國品牌汽車向外擴展

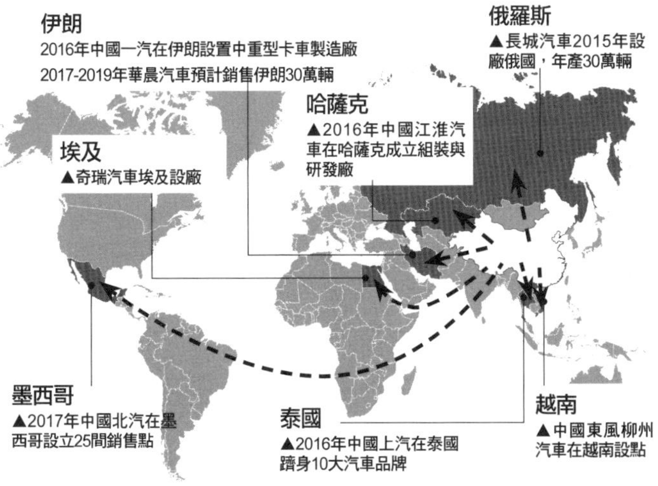
伊朗
2016年中國一汽在伊朗設置中重型卡車製造廠
2017-2019年華晨汽車預計銷售伊朗30萬輛
俄羅斯
▲長城汽車2015年設
廠俄國，年產30萬輛
哈薩克
▲2016年中國江淮汽
車在哈薩克成立組裝與
研發廠
埃及
▲奇瑞汽車埃及設廠
墨西哥
▲2017年中國北汽在墨
西哥設立25間銷售點
泰國
▲2016年中國上汽在泰國
躋身10大汽車品牌
越南
▲中國東風柳州
汽車在越南設點

灣最大的商品入超國家。

在中國經濟改革之後，歐美日也將相同的模式帶入中國，讓中國的工業技術和經濟得到快速度發展。

「一帶一路」可解決中國產業擴張問題

那今日的中國又如何呢？經過三十年的改革開放後，中國也出現了和當時日本一樣的工業擴張需求，而一帶一路將會成為中國版的雁行理論。在該計畫發展的區域中，特別是中亞和中東，中國一方面把基礎設施帶入，像是鐵路、機場、港口與水電廠的設置等等，另一方面，透過資金借貸，讓生產管理和生產技術進入各地區的工業地帶。

從二〇一八年初公布的〈一帶一路大數據報告（二〇一七）〉中，不難發現，各製造業者對一帶一路投入的資金比重高達四〇％，其中又以中國中車股份有限公司、中國化工集團公司、東風汽車集團股份有限公司、河鋼集團有限公司、江西銅業集團公司等企業為最大製造業投資者。

簡單來說，一帶一路為中國製造打出了一座亮麗的伸展台；而中國製造2025，也成為一帶一路計畫對外的重要影響力。

「一帶一路」目前的成果

自從二〇一五年中國提出一帶一路後，隨之籌備「一帶一路國際合作高峰論壇雙年會」，並於二〇一七年中首次在北京舉辦。此會除了對全球展示成果之外，也進行區域經濟的多邊會談。

在二〇一七年的會議當中，首次公布了許多重要的成果。

政策上與各國簽署合作協議

在政策面上，中國和巴基斯坦、柬埔寨、烏茲別克斯坦、白俄羅斯、衣索比亞、斐濟、孟加拉、緬甸等三十個國家政府簽署了經貿合作協議。

此外，中國商務部與六十多個國家商務部門或國際組織共同發布「一帶一路貿易暢通計畫」。二〇一八年，經貿合作國家更延伸至突尼西亞、泰國、馬來西亞，另外包括土耳其、阿根廷等，也正積極與中國探討合作關係。日後在疫檢、關稅與商品標準等方面，將有更多的開放。

◆ 中國高鐵與海外合作計畫

英國
中英雙方就在英投資修建倫敦到曼徹斯特高鐵簽署合作協議
馬其頓
中國中車股份有限公司出售馬其頓6列動車正式上路
俄羅斯
中俄簽訂〈高鐵合作備忘錄〉，優先修建莫斯科到喀什高速鐵路
美國
中方多家企業組建公司，參與美國高鐵建設
土耳其
中國承建土耳其「安伊高鐵」通車
委內瑞拉
委內瑞拉北部平原鐵路由中鐵一局施工
馬來西亞
中國北車出售馬來西亞6組4節「準高速」列車
泰國
中國與泰國簽署〈中泰鐵路合作諒解備忘錄〉
印尼
中國與印尼組建合資公司，建設印尼雅萬高鐵

多種交通建設將聯繫亞洲與歐洲關係

交通設施則是一帶一路規畫的的重中之重。中歐鐵路於二〇一七年一月正式全線貫通，陸續從深圳、廣州、成都等地發車送貨物至歐洲，中國也於二〇一八年完成〈中國、白俄羅斯、德國、哈薩克斯坦、蒙古、波蘭、俄羅斯鐵路關於深化中歐班列合作協議〉。

高速鐵路一直是中國想極力向外推銷的主力產品，原有十八條高鐵計畫，但至今僅有中泰鐵路於二〇一七年底正式開工，預計將穿越部分東南亞國家，讓中國與東南亞緊密連結成為生活圈。

港口建設是海上絲路的重點項目，共有十六個協助興建或中國參與招標的港口建設，也預計將部分港口打造成物流區，加強修建鐵、公路以連結主要市場。這些港口營運及建設規畫總計起來，已達到三百億美元，其中，巴基斯坦的瓜達爾港將是中國一帶一路最倚重的港口。

此外，中國也已簽署了九座海外工業及經貿園區的合作案，包括馬來西亞、泰國、哈薩克、白俄羅斯、匈牙利、阿曼、柬埔寨以及非洲利比亞等國，讓中國企業和商品得以進駐，也為未來「一帶一路」深入非洲打下基礎。

其他交通聯絡設施部分，還有光纖網路、能源互聯網等技術應用，但目前尚停留在規畫階段，鐵、公路和基礎橋梁等交通硬體建設是比較優先施作的項目。

不僅促進貿易投資，也顧及人道救援

貿易部分，除了上述三十個貿易政策協定之外，還包括與斯里蘭卡的經濟合作框架協議阿富汗的海關事務合作與柬埔寨的農業關稅協定等等，中國正積極朝向零關稅的區域經濟前進。

在金融方面，除了擴大絲路基金規模之外，另於國內成立多項相關貸款基金，以促進民間參與。在國際上，也利用雙邊關係設置共同開發基金，「中俄地區合作發展基金」就是第一個成立的聯合投資機構。

此外，中國也鼓勵國內大型金融業者，向區域內各國銀行以及歐美主要銀行簽署一帶一路合作備忘錄，例如中國國家開發銀行與法國國家投資銀行已成立合作基金，人民銀行與國際貨幣基金組織合作成立「中國能力建設中心」，中國出口信用保險公司也向許多貿易政策協定國簽署合作協議，提供擔保和再保的服務。

在人道援助方面，中國也與紅十字會、聯合國、世界衛生組織等，簽定「一帶一路發展夥伴關係備忘錄」。中國並成立環境、財經、文化、農業等研究單位，專責協助其他國家發展，提供人道捐款及糧食。

雖然四年下來的努力成果豐碩，但距離中國想要架構的區域經濟理想，還有遙遠的距離。至今尚未見得中國在其中獲得貿易或經濟成長等直接利益，反而因為積極的建設，導致許多不必要的紛爭，這也是一帶一路接下來將面臨的困難。

「一帶一路」的困難與反彈

對中國來說，一帶一路雖然是個倡議的計畫，但在西方歐美國家看來，卻將之視為經濟戰略。不過即便雙方存在嚴重差異，但不能否認，一帶一路確實是近百年來最浩大的全球區域經濟布局計畫，比起ＷＴＯ、ＡＰＥＣ等組織不遑多讓，涉及的領域也相當廣泛。無論正確名稱為何，光是中國透過這套計畫中所展現出來的企圖心，已經影響美國改變了與中國之間的相處模式。

海外諸國政治局勢改變，影響「一帶一路」發展

中國無論是透過亞投行給予融資，或是絲路基金等投資開發，都很容易引起該國政府

和反對黨之間的政治攻防。像是斯里蘭卡，因為政府承認無法負擔之後的負債，於是將重要港口讓給中國經營，遭當地媒體批評被殖民；馬來西亞在二〇一八年的大選中，親中派的馬來西亞總理因為民眾對他和中國之間的往來不信任，導致選舉落敗，而新政府甫上任即依貪汙罪將前任總理拘捕，並立即中斷「馬星高鐵」計畫。

德國媒體於二〇一八年四月刊載的歐盟報告中指出，「中國政府的一帶一路政策是為了實現其國內政治目標，例如減少產能過剩、開創新興出口市場、確保原物料供給等，並藉一帶一路打造符合其自身利益的全球化。」該報告接著警告，「如果中國不遵守歐盟透明化、環境、社會標準等規則，歐盟國家可能無法與中國談成好的生意。」

從這些事件，我們可以歸納出一個重要的核心問題，那就是：當一帶一路成就中國領導之後，會不會破壞目前由歐美主持的世界政治經濟秩序？

這個問題沒有辦法經由試驗而得出答案，也沒有人能夠對未來進行精準預測，更沒有對錯之分。對歐美國家來說，它們擔心的不是戰爭，而是中國的專制作為一旦強大，會導致其在智慧財產和貿易等方面，引起更多不平等。在選擇放任或干預的兩難之間，美國先對中國採取了嚴厲的貿易戰，而美歐日等國更簽署了自由貿易協定，試圖加強區域經濟聯繫，藉此與中國「一帶一路」競爭。

不僅如此，就連東協、印度等國，在親美歐的力量抬頭下，也有可能結合起來拒絕一帶一路。

而來自國際之間的疑惑與挑戰，最嚴重的莫過於美中之間的貿易戰爭。貿易保護主義讓兩國都受傷，但中國在二〇一八年六月之後，股匯市雙雙失守，也造成推展一帶一路的信心衝擊，對於周遭合作國家來說，不僅開始對中國經濟狀況產生狐疑，也因為貿易戰情勢升高，採取避免得罪美國的外交策略，例如俄羅斯就是很明顯的例子。

一帶一路是關乎中國未來經濟的大型計畫，既然已經啟動，就不太可能因細故而暫停，至於未來會如何發展，就讓我們拭目以待。

國家圖書館出版品預行編目資料

用地圖看懂中國經濟 / 張昱謙著 . -- 初版 . --
臺北市 : 商周 , 城邦文化出版 : 家庭傳媒城邦分公司
發行 , 2018.12
320 面 ; 14.8X21 公分 . -- (生活館)
ISBN 978-986-477-567-5 (平裝)

1. 經濟發展 2. 中國
552.2 107019092

用地圖看懂中國經濟

作　　　者／張昱謙
企 畫 選 書／陳思帆
責 任 編 輯／陳名珉

版　　　權／翁靜如
行 銷 業 務／李衍逸、黃崇華
總　編　輯／楊如玉
總　經　理／彭之琬
發　行　人／何飛鵬
法 律 顧 問／元禾法律事務所 王子文律師
出　　　版／商周出版
城邦文化事業股份有限公司
台北市中山區民生東路二段 141 號 9 樓
電話：(02) 2500-7008 傳真：(02) 2500-7759
E-mail：bwp.service@cite.com.tw
發　　　行／英屬蓋曼群島商家庭傳媒股份有限公司城邦分公司
台北市中山區民生東路二段 141 號 2 樓
書虫客服服務專線：(02)2500-7718・(02)2500-7719
24 小時傳真服務：(02)2500-1990・(02)2500-1991
服務時間：週一至週五 09:30-12:00・13:30-17:00
劃撥帳號：19863813 戶名：書虫股份有限公司
E-mail：service@readingclub.com.tw
歡迎光臨城邦讀書花園 網址：www.cite.com.tw
香 港 發 行 所／城邦（香港）出版集團有限公司
香港灣仔駱克道 193 號東超商業中心 1 樓
電話：(852) 2508-6231 傳真：(852) 2578-9337
E-mail：hkcite@biznetvigator.com
馬 新 發 行 所／城邦 (馬新) 出版集團【Cité (M) Sdn. Bhd. (458372U)】
41, Jalan Radin Anum, Bandar Baru Sri Petaling,
57000 Kuala Lumpur, Malaysia
電話：(603)9057-8822 傳真：(603) 9057-6622
Email：cite@cite.com.my

封 面 設 計／李莉君
內 文 美 編／李莉君
印　　　刷／韋懋實業有限公司
經　銷　商／聯合發行股份有限公司
電話：(02) 2917-8022 傳真：(02) 2911-0053
地址：新北市 231 新店區寶橋路 235 巷 6 弄 6 號 2 樓

■ 2018 年（民 107）12 月 6 日 初版
■ 2021 年（民 110）4 月 22 日 初版 8 刷
定價／ 350 元

ISBN 978-986-477-567-5

廣　告　回　函
北區郵政管理登記證
台北廣字第000791號
郵資已付，免貼郵票

104台北市民生東路二段141號2樓

英屬蓋曼群島商家庭傳媒股份有限公司　城邦分公司

請沿虛線對摺，謝謝！

書號： BK5140　**書名：** 用地圖看懂中國經濟　**編碼：**

請於此處用膠水黏貼

商周出版

讀者回函卡

謝謝您購買我們出版的書籍！請費心填寫此回函卡，我們將不定期寄上城邦集團最新的出版訊息。

姓名：＿＿＿＿＿＿＿＿＿＿＿＿＿＿＿＿ 性別：☐男 ☐女

生日：西元＿＿＿＿＿＿＿年＿＿＿＿＿＿＿月＿＿＿＿＿＿＿日

地址：＿＿＿＿＿＿＿＿＿＿＿＿＿＿＿＿＿＿＿＿＿＿＿＿＿＿

聯絡電話：＿＿＿＿＿＿＿＿＿＿＿＿ 傳真：＿＿＿＿＿＿＿＿＿＿＿＿

E-mail：＿＿＿＿＿＿＿＿＿＿＿＿＿＿＿＿＿＿＿＿＿＿＿＿＿＿

學歷：☐ 1. 小學 ☐ 2. 國中 ☐ 3. 高中 ☐ 4. 大專 ☐ 5. 研究所以上

職業：☐ 1. 學生 ☐ 2. 軍公教 ☐ 3. 服務 ☐ 4. 金融 ☐ 5. 製造 ☐ 6. 資訊

☐ 7. 傳播 ☐ 8. 自由業 ☐ 9. 農漁牧 ☐ 10. 家管 ☐ 11. 退休

☐ 12. 其他＿＿＿＿＿＿＿＿＿＿＿＿＿＿＿＿＿＿＿＿＿＿＿＿

您從何種方式得知本書消息？

☐ 1. 書店 ☐ 2. 網路 ☐ 3. 報紙 ☐ 4. 雜誌 ☐ 5. 廣播 ☐ 6. 電視

☐ 7. 親友推薦 ☐ 8. 其他＿＿＿＿＿＿＿＿＿＿＿＿＿＿＿＿＿＿

您通常以何種方式購書？

☐ 1. 書店 ☐ 2. 網路 ☐ 3. 傳真訂購 ☐ 4. 郵局劃撥 ☐ 5. 其他

您喜歡閱讀哪些類別的書籍？

☐ 1. 財經商業 ☐ 2. 自然科學 ☐ 3. 歷史 ☐ 4. 法律 ☐ 5. 文學

☐ 6. 休閒旅遊 ☐ 7. 小說 ☐ 8. 人物傳記 ☐ 9. 生活、勵志 ☐ 10. 其他

對我們的建議：＿＿＿＿＿＿＿＿＿＿＿＿＿＿＿＿＿＿＿＿＿＿＿＿

＿＿＿＿＿＿＿＿＿＿＿＿＿＿＿＿＿＿＿＿＿＿＿＿＿＿＿＿

＿＿＿＿＿＿＿＿＿＿＿＿＿＿＿＿＿＿＿＿＿＿＿＿＿＿＿＿

＿＿＿＿＿＿＿＿＿＿＿＿＿＿＿＿＿＿＿＿＿＿＿＿＿＿＿＿

請於此處用膠水黏貼